1,60

W0321559

MAUDE JULIEN
MIT URSULA GAUTHIER

DER WILLE MEINES VATERS

KNAUR

MAUDE JULIEN
MIT
URSULA GAUTHIER

DER WILLE MEINES VATERS

Wie ich seinem Wahn entkam

Aus dem Französischen
von Anna Leube
und Heinrich Leube

KNAUR

Die französische Originalausgabe erschien 2014 unter dem Titel »Derrière la grille« bei Editions Stock.

Besuchen Sie uns im Internet:
www.knaur.de

FSC
www.fsc.org
MIX
Papier aus verantwortungsvollen Quellen
FSC® C083411

Deutsche Erstausgabe
© 2014 Editions Stock
© 2015 der deutschsprachigen Ausgabe Knaur Verlag
Ein Imprint der Verlagsgruppe Droemer Knaur
GmbH & Co. KG, München
Alle Rechte vorbehalten. Das Werk darf – auch teilweise – nur mit Genehmigung des Verlags wiedergegeben werden.
Covergestaltung: ZERO Werbeagentur, München
Coverabbildung: Privat
Satz: Adobe InDesign im Verlag
Druck und Bindung: CPI books GmbH, Leck)
ISBN 978-3-426-65570-2

2 4 5 3 1

Die Namen einiger Personen,
die Maude Juliens Weg kreuzten,
wurden zu deren Schutz geändert.

Für meine Mutter,
das erste Opfer des Ungeheuers

Inhalt

Im Jahr 1936 ist Louis Didier vierunddreißig Jahre alt. Er ist ein Mann, der einen bemerkenswerten sozialen Aufstieg erfahren hat, er hat Geld, ist Unternehmer in Lille. Als Anhänger der esoterischen Freimaurerei vertritt er eine spirituelle, extrem düstere Auffassung von einer gescheiterten, von finsteren Mächten beherrschten Welt.

In jenem Jahr begegnet er einem Mann, vermutlich Bergarbeiter in Fives, der nur mit Mühe die zahlreichen Mitglieder seiner Familie versorgen kann. Louis Didier macht ihm den Vorschlag, die Jüngste, ein sechsjähriges Mädchen mit flachsblondem Haar, seiner »Obhut« anzuvertrauen: »Jeannine wird es an nichts fehlen, sie wird eine ausgezeichnete Erziehung bekommen und ein sehr komfortables Leben führen. Einzige Bedingung: Sie werden sie nie wiedersehen.«

Es ist nicht bekannt, ob bei dieser Transaktion Geld geflossen ist. Der Bergmann war einverstanden. Jeannine zog nach Lille, unter die Fittiche Louis Didiers, und sah ihre Familie nie wieder.

Louis Didier hielt sein Versprechen. Jeannine kam ins Internat und erhielt eine hervorragende Erziehung. Als sie volljährig wurde, zog sie zu ihrem Beschützer. Er ließ sie Philosophie und Latein an der Universität von Lille studieren und sorgte dafür, dass sie beide Fächer mit einem Lehramtsdiplom abschloss.

Ich weiß nicht, wann Louis Didier sein großes Vorhaben Jeannine offenbarte. Sprach er mit ihr bereits darüber, als das kleine Mädchen bei ihm die Ferien verbrachte? Oder wartete er ab, bis sie erwachsen, bis sie seine Frau geworden war? Ich glaube, Jeannine »wusste schon immer«, was ihr Auftrag war: ihm ein Kind zu schenken, das ebenso blond wäre wie sie, und seine Erziehung zu übernehmen.

Dieses Kind, das sie zur Welt bringen sollte, wäre wie sein Vater eine »Auserwählte«, dazu bestimmt, die »Menschheit zu veredeln«. Dank der Diplome ihrer Mutter würde sie fern vom Schmutz und Unrat dieser Welt aufwachsen. Louis Didier sollte sich um ihre physische und geistige Bildung kümmern, damit sie das höhere Wesen würde, das imstande wäre, die schwierige und bedeutende Aufgabe zu erfüllen, die er für sie vorgesehen hatte.

Zweiundzwanzig Jahre nachdem er Jeannine in Besitz genommen hatte, hielt Louis Didier den Augenblick für gekommen, dass sie ein Mädchen zur Welt bringen sollte, und legte das Datum der Geburt auf den 23. November 1957 fest.

Am 23. November 1957 schenkte Jeannine einem strohblonden Mädchen das Leben.

Drei Jahre danach gab Louis Didier, nun neunundfünfzig Jahre alt, seine Geschäfte auf, kaufte in der Nähe von Cassel, zwischen Lille und Dunkerque, ein Anwesen und zog sich mit Jeannine dorthin zurück, um sich ausschließlich der Verwirklichung seines 1936 ins Auge gefassten Plans zu widmen: aus seinem Kind einen Übermenschen zu machen.

Dieses Kind war ich.

Linda

Als ich in das Haus komme, bin ich noch nicht ganz vier Jahre alt. Ich trage einen roten Mantel. Noch immer spüre ich den festen Filzstoff unter den Fingern. Ich gebe niemandem die Hand, und niemand ist bei mir. Ich spüre die geballten Fäuste in den Taschen, zerre am Stoff, wie um mich daran festzuklammern.

Der Boden ist bedeckt von unzähligen braunen Kieselsteinen. Ich hasse diesen Ort. Ich habe das Gefühl, dieser Garten, der mir unendlich groß vorkommt, verschlingt mich. Und dann ist da diese düstere, bedrohliche Masse: ein riesiges Haus, das rechts von mir aufragt.

Hinter mir höre ich, wie sich das schwere Tor schließt. Ein schrilles Knirschen auf dem Kies, bis die beiden Flügel aufeinandertreffen. Dann das Klicken des Schlosses, darauf das endgültige Klack des Einrastens. Ich wage nicht, mich umzudrehen. Ich habe den Eindruck, ein Deckel würde sich auf mich herabsenken.

Wenn wir beide allein sind, hält mir meine Mutter immer vor, ich sei schuld, dass wir aus Lille wegmussten und nun in diesem gottverlassenen Loch begraben sind. Ich bin nicht normal. Man muss mich verstecken, sonst würde ich auf der Stelle in Bailleul eingesperrt. Bailleul ist die Irrenanstalt. Ich war einmal dort, als meine Eltern eine der Insassinnen als Hausmädchen anstellten. Ein entsetzlicher Ort, voller Geschrei und Unruhe.

Ja, es stimmt: Ich bin nicht ganz normal. In Lille hatte ich schlimme Wutausbrüche und schlug dabei mit dem Kopf gegen die Wände. Ich war eigensinnig, nicht zu bändigen, voller Freude und Lebensgier. Es tat weh, wenn der körnige Verputz mir die Kopfhaut aufschürfte, wenn meine Mutter mir schier die Hand in ihrer zerquetschte oder mich am Arm zerrte. Aber Angst hatte ich keine. Ich wusste, ich war tapfer, nichts konnte meinen Willen brechen.

Um mich zu »bändigen«, ließ mein Vater einen noch rauheren Putz anbringen. Auch das nützte nichts. Mein Kopf musste so oft genäht werden, dass meine Kopfhaut bis heute mit Narben übersät ist. Meine Mutter war böse auf mich, weil sie sich beim Vorbeigehen die Haut aufschürfte oder ihre Kleider ramponierte.

Seit wir hier im Haus leben, fühle ich mich weniger stark. Ich bin allein. Ich gehe nicht mehr in den Kindergarten. Meine Mutter unterrichtet mich im zweiten Stock. Die Arbeiter in der Werkstatt meines Vaters, die mich früher zum Lachen brachten, sehe ich nicht mehr. Wir gehen praktisch nie aus und bekommen so gut wie keinen Besuch.

Aber ich will zur Schule gehen, in eine richtige Schule mit Schulkameraden und einer Klassenlehrerin. Obwohl ich schreckliche Angst vor meinem Vater habe, frage ich ihn: »Werde ich eines Tages zur Schule gehen dürfen?« Beide Eltern schauen mich an, als hätte ich etwas Ungeheuerliches gesagt. Meine Mutter macht ein angewidertes Gesicht. Mein Vater sieht mich durchdringend an: »Machst du dir eigentlich klar, dass ich deine Mutter allein wegen dir all die Jahre habe studieren lassen? Und sie hat sich geplagt, das kannst du mir glauben. Sie dachte, sie würde es nicht schaffen, aber ich habe sie gezwungen, weiterzumachen. Mit ihren Diplomen könnte sie eine ganze Klasse unterrichten. Und du, du hast sie ganz allein für dich, bis zum Abitur. Das ist eine einzigartige Chance, und du wagst es, dich zu beklagen?«

Ich weiß nicht, welcher Teufel mir diesen bösen Einfall zugeflüstert hat: »Wenn sie eine ganze Klasse unterrichten kann, könnte man dann nicht eine zusammen mit anderen Kindern machen?« Eisiges Schweigen. Ich erstarre von Kopf bis Fuß. Und begreife, dass ich dieses Thema nie mehr ansprechen werde. Ich werde nicht zur Schule gehen.

Zum Glück gibt es Linda. Sie kam ungefähr zur gleichen Zeit ins Haus wie wir. Wir sind zusammen groß geworden. In meinen frühesten Erinnerungen an sie ist sie noch nicht ganz ausgewachsen. Wenn sie mit dem Schwanz wedelt, kitzelt sie mich an der Nase. Dann muss ich lachen. Ich mag den Geruch ihres Fells.

Solange sie klein ist, schläft sie in der Küche, denn die Nächte sind kalt im Norden. Aber alle anderen Räume sind für sie verboten. Wenn wir im Esszimmer sind, höre ich sie am anderen Ende des Gangs jaulen. Bald wird sie in einen entlegeneren, ungeheizten Raum verbannt, in die Waschküche.

Mein Vater hat es eilig, sie ganz aus dem Haus zu verbannen. Er lässt eine Hundehütte aus Holz kommen, die im Garten hinter der Küche aufgestellt wird. Dort muss Linda künftig schlafen. Betreten des Hauses strengstens verboten. Schließlich, nach einer eiskalten Nacht, darf das arme Geschöpf, zitternd und mit froststeifem Fell, in die Waschküche zurück.

Meinem Vater passt das nicht. »Hunde«, sagt er, »haben das Haus zu bewachen. Sie gehören nach draußen.« Nach der Kälteperiode wird Linda immer häufiger am Geländer der Außentreppe angebunden. Dort gehe ich zu ihr, sooft es geht. Sie kommt mir riesengroß vor. Ich umarme ihren Hals und versenke mein Gesicht in ihrem Fell. Mein Vater schreit ihr Befehle zu, versetzt sie in Schrecken. Meine Mutter, die sich im Allgemeinen einer kühlen Höflichkeit befleißigt, ärgert sich. »Diese Hündin gehört mir«, sagt sie immer wieder, »aber du musst natürlich alles an dich reißen. Du tust so, als gehöre sie dir. Und du hast es geschafft, dass dieses dumme Tier das glaubt.«

Ich schäme mich. Ich verstehe nicht, wer wem gehört. Linda ist das egal. Sie begrüßt mich weiterhin schwanzwedelnd.

Eines Tages kommen die Maurer. Der Vater erklärt mir, dass Linda einen Palast bekommt. Ich freue mich riesig für sie. Dann steht der »Palast« eines Tages, doch er sieht höchst merkwürdig aus. Als Erstes betritt man einen mannshohen Raum, in dessen Verlängerung sich ein niedriger, mit Glaswolle austapezierter Raum befindet: »Damit es der Hund schön warm hat.« In Zukunft kann also Linda draußen bleiben, einerlei, wie kalt oder warm es ist.

Seltsamerweise weigert sie sich beharrlich, eine Pfote in den hinteren Teil der Hütte zu setzen. Um sie daran zu gewöhnen, sagt mein Vater zu mir: »Setz du dich nach hinten.« Und tatsächlich kommt Linda gleich zu mir gelaufen. Ein paar Tage vergnügen wir uns damit, in den kleinen Alkoven zu schlüpfen und uns aneinanderzuschmiegen.

Eine Woche später läutet mein Vater mitten am Nachmittag nach mir und befiehlt mir, mit der Hündin in die Hütte zu gehen. Juhu! Überraschungspause! Linda läuft begeistert herbei, und wir kuscheln uns in unserem kleinen Refugium aneinander. Im selben Augenblick höre ich die Arbeiter kommen. Ich weiß nicht, warum mir plötzlich das Herz stockt. Sie betreten die Hütte, bringen ein schweres Metallgitter mit weiß und schwarz gestrichenen Stäben, heben es hoch und lassen es, klack!, in den Angeln einrasten.

Mein Vater brüllt: »Maude, komm sofort da raus!« Ich gehorche. Es bleibt mir nichts anderes übrig. Ich komme heraus und lasse Linda hinter den Gitterstäben zurück, in ihrem Blick Verständnislosigkeit und Trauer. Mein Vater schaut mir direkt in die Augen und sagt: »Siehst du, sie hat dir vertraut, und was hat ihr das gebracht? Man darf niemals jemandem vertrauen.«

Von diesem Tag an bis zum Ende ihres Lebens ist Linda von acht Uhr morgens bis acht Uhr abends eingesperrt. Sie hat mir vertraut, und ich habe nichts geahnt. Ich bin schuld, dass sie in die Falle gegangen ist.

Zu Beginn winselt Linda, scharrt an den Gitterstäben, streckt die Pfote heraus, wenn ich vorbeigehe. Ich darf nicht stehen bleiben. Ich schaue sie an und bitte sie stumm um Verzeihung. Im Laufe der Wochen sehe ich sie hinter dem Gitter, stumm, mit erloschenem Blick, sie wedelt höchstens noch mit dem Schwanz, wenn sie mich bemerkt.

Ihr Charakter ändert sich. Sie wird plötzlich aggressiv, ohne erkennbare Ursache. Hört sie Schritte, knurrt sie und fletscht die Zähne. Wenn sie abends nach acht in den Garten gelassen wird, verfolgt sie manchmal sogar meine Mutter. Sie ist eine große Schäferhündin; wenn sie will, kann sie sehr bedrohlich wirken. Um sie von sich fernzuhalten, schüttet meine Mutter Eimer voll Wasser über ihr aus. Wenn Linda einen leeren Eimer sieht, beginnt sie zu zittern.

Mein Vater ist zufrieden. Linda ist ein recht guter Wachhund geworden. Um ihre Dressur zu vervollkommnen, lässt er sie gelegentlich aus ihrem Gefängnis heraus und befiehlt ihr, sein Fahrrad zu bewachen. Sie hat dann regungslos neben dem Rad zu sitzen. Dann lässt er mich herankommen, und sobald die Hündin mit dem Schwanz wedelt, schnauzt er sie an. Sofort senkt sich ihr Schwanz. Als sie begriffen hat, wie sie das Rad bewachen muss, lobt er sie und belohnt sie mit einer oder zwei Stunden Freiheit.

Nachdem er sie einige Monate lang auf diese Weise trainiert hat, beschließt er, sie zu testen. Während Linda stocksteif beim Fahrrad Wache hält, ruft mich mein Vater: »Lauf jetzt zum Rad, schnapp es dir, und fahr davon.« Ich gehorche. Als Linda sieht, wie ich auf sie zurenne, schreckt sie auf, springt hoch und schlägt ihre Fangzähne in meinen Oberschenkel. Ich schreie auf vor Überraschung und Schmerz. Linda lässt sofort von mir ab, legt sich in ganzer Länge flach vor mir auf den Boden und blickt verzweifelt zu mir hoch. Schulmeisterlich sagt mein Vater zu mir: »Keiner wird zögern, dich anzugreifen, wie unsinnig der Befehl auch sein mag, sogar diese Hündin, von der du glaubst, sie sei dir treu ergeben.«

Linda liebe ich immer noch so wie früher, niemals werde ich glauben, sie habe mich absichtlich gebissen. Es war bloß ein Unfall. Später kommt mein Vater oft auf dieses Ereignis zu sprechen. Ich soll verstehen, dass er der Einzige ist, der mich liebt und mich beschützt. Dass ich nur ihm vertrauen darf.

Pitou

Jeden Abend um acht Uhr befreie ich Linda aus ihrem Gefängnis. Bevor ich sie für die Nacht in den Garten lasse, erzähle ich ihr halblaut Geschichten; Linda hört aufmerksam zu. Da ich nicht will, dass jemand mithört, flüstere ich ihr ins Ohr. Manchmal kitzelt sie das, und dann reibt sie ihr Ohr an meiner Wange. Ich erzähle ihr oft von den Enten, die bei dem Tümpel leben, den mein Vater hinten im Garten hat ausheben lassen.

Es ist die Zeit des Vogelzugs, und manchmal lassen sich ein paar Wildenten im Park nieder. Mein Vater befürchtet, unsere Tiere könnten »verseucht« werden durch Tiere von außerhalb. Er holt seine Jagdflinte und schießt auf die Eindringlinge. Um sie zu vertreiben, setzt meine Mutter einen braunen Blasebalg in Gang, der einen unerträglichen Krach macht.

Um unsere Enten davon abzuhalten, mit ihnen zu entwischen, stutzt man ihnen einen Flügel. Meine Aufgabe ist es, sie zu fangen, denn aus unerfindlichen Gründen lassen sie sich das von mir gefallen. Es macht mich traurig, zu sehen, wie sie umstandslos meinem Ruf gehorchen. Ich reiche sie eine nach der anderen meiner Mutter, die sich mit einer großen Schere abmüht. Entengefieder ist sehr hart. Meine Mutter will die Federn sehr stark kürzen, aber manchmal schneidet sie so tief, dass die Tiere bluten. Unsere Enten kommen alle in einem lächerlichem Watschelgang daher, und der unversehrte Flügel erscheint riesig im Vergleich mit dem Stummel auf der anderen Seite.

Ich erzähle Linda, wie scheußlich es knirscht, wenn die Schere in das Gefieder schneidet, wie es stinkt, wenn die Enten vor Angst ihren Kot ausscheiden. Ich fühle mich wie die Enten am Tümpel, mit einem Flügel, den meine Eltern lang und schön haben wollen, während der andere so stark gestutzt ist, dass er blutet.

Zum Glück habe ich Linda auch lustigere Geschichten zu erzählen. Wie zum Beispiel die von Pitou, einem Barbarie-Entenküken, das wir vor dem sicheren Tod gerettet haben. Wir hörten ein klägliches Gepiepse, stürzten zu dritt herbei und sahen, wie das arme Federknäuel unter dem Bauch eines dicken Erpels eingeklemmt war, der das Küken mit Schnabelhieben unter Wasser drückte. Es sah aus, als wollte der Vater sein Küken ersäufen. Meine Mutter ergreift einen Stock und verfolgt den großen Erpel, damit er Pitou loslässt. Der aber ist ein zäher Bursche und weicht den Stockschlägen aus, ohne das Küken loszulassen. Meine Mutter muss über den schmalen Steg rennen, der über den Tümpel führt. Und platsch!, fällt sie ins Wasser. Ich beuge mich vor, um ihr die Hand zu reichen, da falle auch ich hinein. Mein Vater schreit genervt: »Was seid ihr bloß für Vollidioten!« Wir zappeln in diesem schlammigen und stinkenden Wasser, der Chignon meiner Mutter löst sich, und ihre langen blonden Haare treiben auf dem Schlamm. Schließlich packt sie mich am Kragen und stellt mich auf den Steg.

Ich bin nichts als ein verdrecktes Bündel, aber ich will Pitou nicht im Stich lassen; der hat es zwar geschafft, seinem Vater zu entkommen, flattert aber erbärmlich, um nicht zu ertrinken. Ich beuge mich wieder hinunter, bekomme ihn zu fassen, doch ich rutsche aus und falle noch einmal ins Wasser. Am Ende gelingt es mir, mich am Steg festzuhalten und mich hochzuziehen, ohne Pitou loszulassen.

Das arme Tier mit seinen verklebten Federn bibbert in meinen Händen. »Er ist steif vor Kälte! Er wird erfrieren!«, rufe ich. Mein Vater, der einen Augenblick zuvor aufs äußerste gereizt war, wird auf einmal milder gestimmt. Erinnert ihn Pitou vielleicht an das Kaninchen, das er als Kind so liebte und das sein herzloser Vater eines Abends der Familie auftischte? Barsch schlägt er mir vor: »Du brauchst ihn nur in den Backofen zu stecken, um ihn aufzuwärmen.«

Überglücklich renne ich in die Küche. Nachdem das Entchen wieder trocken ist, behalte ich es immer bei mir. Mein Vater empfindet wirklich Sympathie für Pitou. Er erlaubt mir, ihn überallhin mitzunehmen, in einer Schachtel behaglich auf Watte gebettet.

Ein paar Tage danach ist Schluss mit der weichen Tour: Ich muss Pitou in den Entenschuppen zurückbringen. Aber der große Erpel ist immer noch genauso in Rage: Sobald er Pitou sieht, attackiert er ihn mit heftigen Schnabelhieben. Ich bitte meinen Vater um Erlaubnis, ihn außerhalb des Gitters leben zu lassen, das den Tümpel eingrenzt. »Wie du willst«, antwortet mein Vater, »aber wenn Linda ihn frisst, hast du dir das selbst zuzuschreiben.« Pitou hat aber überhaupt keine Angst vor Linda. Er spaziert frei im Garten umher, meidet jedoch die Nähe des Teichs wie die Pest. Meine Versuche, ihm das Schwimmen beizubringen, bleiben erfolglos: Sobald ich ihn in die Nähe des Wassers bringe, versucht er zu entwischen und quakt kläglich.

Pitou wächst zu einem schönen schwarzen Erpel mit rotem Kopf heran. Wenn er mich sieht, kommt er gleich angewatschelt. Er folgt mir auf Schritt und Tritt bei meiner Arbeit im Park und bringt mich mit seinem fröhlichen Geschnatter zum Lachen. Sein Glück ist, dass er eine Barbarie-Ente ist, er kann nicht fliegen. Deshalb bleibt ihm das Stutzen der Flügel erspart. Noch mehr freut mich, dass er sich sehr gut mit Linda versteht. Wenn sie eingesperrt ist, schlüpft er unter den Gitterstäben durch und gesellt sich zu ihr hinten in ihrer Hütte.

Linda und Pitou sind meine Lieblinge, ich würde alles für sie tun. Das haben meine Eltern begriffen. Wenn sie etwas von mir wollen, brauchen sie nur zu sagen: »Vorsicht! Wenn du nicht gehorchst, bleibt Linda einen Monat täglich zwei Stunden länger eingesperrt.« Oder auch: »Pitou bleibt drei Tage in einer Holzkiste ohne Essen und Trinken.« Und noch schlimmer: »Pitou kommt wieder an seinen Platz.« Sein Platz, das ist der Tümpel, wo er nicht überleben würde. Und mein zaghaftes Aufbegehren verflüchtigt sich sogleich wieder.

Mein Vater erwähnt bei seinen Unterweisungen bezüglich der menschlichen Natur oft die Geschichte mit Pitou. »Wenn du dich zu anderen Menschen gesellst, machen sie das mit dir, was die Enten im Tümpel mit Pitou taten. Sie werden nicht zögern, dich aus irgendeinem nichtigen Grund oder einfach so aus heiterem Himmel fertigzumachen. Die Leute behaupten, sie seien anständig, doch in Wahrheit haben sie nur Angst vor der Polizei.«

Lindbergh

Mein Vater will nicht, dass ich untätig dasitze. Solange ich klein war, durfte ich im Garten spielen, wenn ich meine Aufgaben erledigt hatte. Jetzt, wo ich bald fünf bin, habe ich weniger Muße. Mein Vater sagt: »Du hast keine Zeit mehr zu verlieren. Konzentrier dich auf das, was du zu tun hast.«

Trotzdem bin ich manchmal geistesabwesend, nicht bei der Sache, richte den Blick ins Leere. Wenn ich von der Arbeit im Park erschöpft bin, halte ich manchmal einen Moment inne, um tief durchzuatmen. Unweigerlich überfällt mich dann die Stille. Mein Herz beginnt zu klopfen, ich drehe mich vorsichtig um … Dann steht er da, hinter mir, kerzengerade. Er brüllt: »Was machst du da?« Ich bekomme den Mund nicht auf, was mich, das weiß ich, schuldbewusst aussehen lässt. Starr vor Schreck mache ich mich wieder fieberhaft an die Arbeit.

Ich weiß nicht, wie er das macht, aber mein Vater besitzt einen sechsten Sinn für meine Schwächen. Sobald ich nachlässig werde, weiß ich, er ist da, hinter mir, mit seinem durchdringenden Blick. Selbst wenn er zufällig einmal nicht anwesend ist, spüre ich seine Augen in meinem Nacken.

Wenn ich mit meiner Mutter im Park Gestrüpp entferne, betrachte ich aus dem Augenwinkel gerne einen herrlichen Baum. Er ist weder der größte noch der üppigste, doch der schönste. Ein niedriger dicker Ast ragt waagrecht aus dem Stamm, bildet einen hübsch geschwungenen Bogen und wächst dann dem Himmel entgegen. Ich träume davon, mich in diese gemütliche Kuhle zu setzen, die wie für Kinderspiele geschaffen scheint. Eines Tages, meine Mutter ist weggegangen, setze ich mich behaglich auf den niedrigen Ast. Ich weiß nicht, wie lange ich dort gehockt habe, aber ich erinnere mich noch genau an die Hand meines Vaters, der mich von hinten heftig an den Haaren packte und mich mit solcher Wucht zu Boden warf, dass mir die Luft wegblieb. Ich hatte ihn nicht kommen hören. Seither begnüge ich mich damit, den Glücksbaum aus der Ferne zu betrachten.

Auf jeden Fall habe ich nicht viel freie Zeit. Mit dem Unterricht, den Musikstunden, meinen Pflichten im Haushalt und den Arbeiten für meinen Vater sind meine Tage ausgefüllt. Manchmal kann ich mich in den großen Saal schleichen, dessen Fenster auf die Straße führen. Ein paar Minuten lang beobachte ich die Passanten. Ich versuche, morgens gegen acht Uhr dort zu sein, vor dem Einkaufen mit meiner Mutter, denn zu dieser Zeit gehen die Arbeiter zu Fuß in das Chatelain-Werk, direkt auf der anderen Seite des Parks. Sie gehen rasch am Haus vorbei, in der Hand den Henkelmann mit ihrem Mittagessen. Zuweilen gelingt es mir, sie auch abends gegen sechs zu sehen. Auf dem Heimweg wirken sie müde, aber ich habe das Gefühl, dass sie fröhlich sind. Dann wartet auf ihrem Heimweg eine Frau auf sie, oder ein Kind läuft ihnen entgegen. Ich betrachte die Gesichter. Nachts im Bett stelle ich mir vor, wie ich einmal als Ehefrau eines Arbeiters allmorgendlich meinen Mann verabschiede, der mit einem Henkelmann und dem von mir zubereiteten Essen in die Fabrik geht.

Morgens beobachte ich auch die Kinder, die zu zweit oder

in Gruppen zur Schule gehen. Ich finde das ganz außergewöhnlich: ein »Schulweg«. Ich träume davon, auch einen »Schulweg« zu haben. Meine »Schule« ist freilich im zweiten Stock. Ich nehme meinen ganzen Mut zusammen und spreche mit meiner Mutter darüber: Ich schlage vor, ich könnte zum Parktor hinaus, das Gitter entlanggehen und dann durch die Haustür wieder hereinkommen. Stumm hört mir meine Mutter zu.

Einige Zeit danach werde ich ins Esszimmer gerufen. Wie stets schauen meine Eltern ernst drein. Mein Vater erzählt von dem berühmten amerikanischen Flieger Charles Lindbergh, dem er in seiner Jugend einmal begegnet ist. Er ist einer der wenigen lebenden Menschen, denen er Respekt entgegenbringt. Sie haben manches gemein. Beide sind im Jahr 1902 geboren; wie Lindbergh war mein Vater Flieger; wie er ist er Freimaurer im Meistergrad. Charles Lindbergh hatte einen Sohn, der als Säugling entführt und getötet wurde. Es war das »Jahrhundertverbrechen«, das meinen Vater tief geprägt hat. Ich weiß nicht mehr, ob er erwähnt hat, dass das vor langer Zeit, vor dem Krieg, geschehen ist. Jedenfalls bin ich derart beeindruckt von seinem feierlichen Ton, dass ich glaube, das Drama habe sich eben erst abgespielt. Es tut mir unendlich leid für den armen Charles Lindbergh.

Meine Mutter erzählt eine Geschichte: »Der Sohn der Familie Peugeot wurde auch entführt«, erzählt sie. Ich weiß nicht genau, wann das war, aber ich glaube, es ist noch nicht lange her. Zum Glück wurde das Kind gerettet, aber es schwebte in Lebensgefahr. Auch hier gibt es eine Verbindung, denn mein Vater hatte lange die größte Peugeot-Vertretung von Lille.

Er blickt mir direkt ins Gesicht. »Auch du«, sagt er, »bist in Gefahr. Es gibt Leute, die dich entführen wollen. Deshalb darfst du das Haus nicht verlassen. Es braucht nur ein Wagen zu kommen wie der schwarze Peugeot 403, in dem der kleine

Eric Peugeot gekidnappt wurde, und du verschwindest mit den Entführern.«

Er ruft mir eine andere Sicherheitsvorschrift in Erinnerung, die ich bereits gut kenne: Niemals Licht einschalten bei offenen Läden, denn sonst sind wir ein leichtes Ziel für einen Schützen, der auf der anderen Straßenseite lauert. Also zuerst die Rollläden herunterlassen, dann erst das Licht anmachen.

Mir wird klar, dass es gegenwärtig eine »Welle der Kindesentführungen« gibt. Nach dem kleinen Lindbergh und dem kleinen Peugeot bin ich die Dritte auf der Liste! Mein Entsetzen ist wohl offensichtlich, denn mein Vater fühlt sich bemüßigt, mich zu beruhigen. Er erklärt mir, ich hätte zum Glück Narben »auf beiden Seiten meines Körpers, an denen man mich erkennen« könne. So liefe ich nicht Gefahr, »Opfer von Mädchenhändlern« zu werden. Und vor allem würden diese Narben meinem Vater helfen, mich wiederzufinden und wiederzuerkennen, was immer auch passiert. Mein Vertrauen in ihn darf nicht nachlassen.

Meine Mutter pflichtet ihm bei: »Monsieur Didier kann alles, sieht alles.« Ich weiß nicht, ob mich das eher beruhigt oder erschreckt.

Mein Vater wird nicht müde zu erklären, dass er alles, was er tut, für mich tut; dass er sein ganzes Leben mir weiht, mich bilden, formen, mir Gestalt geben will, auf dass ich das außergewöhnliche Geschöpf werde, das zu sein ich bestimmt bin. Er sagt mir, er habe mich schon lange vor meiner Geburt geliebt, er habe sich schon immer ein Mädchen namens Maude gewünscht, Maude mit einem E, wie die wunderbare Gefährtin von Will Scarlett, dem treuen Kameraden von Robin Hood. Eine außergewöhnliche Frau, Kriegerin, Amazone, in ihrer Liebe treu bis in den Tod. Mein Vater erzählt mir, er habe von mir schon geträumt, als er noch ganz jung war. Und sobald er dazu in der Lage war, tat er das Nötige, damit ich zur Welt kam. Dazu brauchte er einen langen Atem. Zuerst suchte er diejenige, die mir später das Leben schenken sollte. Er fand meine Mutter, die erst fünf oder sechs Jahre alt war, als er sie erwählte. Da sie das letztgeborene Kind einer Bergarbeiterfamilie im Norden und er bereits ein sehr vermögender Mann war, bedurfte es keiner großen Überredungskunst, bis ihre Eltern sie ihm anvertrauten. Er brach jeglichen Kontakt zu ihrer Familie ab, um sie vor allen äußeren Einflüssen zu schützen. Mit Herzblut zog er sie auf, hielt sie zum erfolgreichen Studieren an, und als die Zeit gekommen war, brachte sie mich zur Welt.

Ich muss einsehen, dass sich alles in meinem Leben dem großen Vorhaben meines Vaters verdankt. Ich weiß, ich bin verpflichtet, mich der Aufgaben würdig zu erweisen, die er mir später übertragen wird. Doch ich fürchte, seinen Vorstellungen nicht zu genügen. Ich fühle mich zu kümmerlich, zu ungeschickt, zu dumm. Und ich habe so große Angst vor ihm. Allein schon seine Riesenstatur, sein massiger Kopf, seine schmalen langen Hände, seine stahlblauen Augen schüchtern mich dermaßen ein, dass mir die Beine versagen, wenn ich in seine Nähe komme.

Es graut mir vor ihm umso mehr, als ich diesem Titanen allein gegenüberstehe. Von meiner Mutter kann ich weder Trost noch Schutz erwarten. Für sie ist »Monsieur Didier« ein Halbgott, den sie anbetet und zugleich verabscheut, und sie würde es nie wagen, sich ihm zu widersetzen. Ich habe keine andere Wahl, als mich mit geschlossenen Augen und zitternd vor Angst in die Obhut meines Erzeugers zu begeben.

Mein Vater ist sich ganz sicher, dass der Geist alles vermag, absolut alles: Er kann alle Gefahren überwinden, alle Hindernisse beseitigen. Um das zu erreichen, bedarf es jedoch langjähriger und strenger Übung abseits des Schmutzes dieser verderbten Welt. Ständig wiederholt er: »Der

Mensch ist schlecht bis ins Mark, die Welt ist voller Gefahren. Auf der Erde wimmelt es nur so von Schwächlingen und Feiglingen, die aus Schwäche und Feigheit zu Verrätern werden.« Mein Vater ist von der Welt oft bitter enttäuscht worden. Zu mir sagt er: »Du weißt gar nicht, wie viel Glück du hast, dass wir dich vor dem Schmutz der anderen bewahren.« Das Haus dient dazu, den schlimmen Gestank von draußen fernzuhalten.

Manchmal erklärt er, ich dürfe das Haus nie verlassen, selbst nicht nach seinem Tod. Wenn ich sein Gedächtnis bewahrte, so dass er immer noch präsent wäre an diesem Ort, wäre ich sicher und geborgen. Dann wieder sagt er etwas anderes. Er behauptet, später könnte ich tun und lassen, was ich wollte, ich würde Präsidentin von Frankreich, Herrscherin der Welt. Doch wenn ich das Haus verließe, dann nicht, um schlicht ein Leben als »Madame Soundso« zu führen, sondern um den Planeten Erde zu erobern und »große Dinge zu vollbringen«. Von Zeit zu Zeit müsste ich meine Reserven wieder »an der Basis« aufladen, also im Haus, das immer wieder neu von der Kraft meines Vaters durchdrungen würde.

Es gibt noch eine dritte Möglichkeit: Ich bleibe zu Hause, übe die Lektionen in Selbstbeherrschung, die er mir seit meiner Kindheit abverlangt, und halte mich bereit für den Tag, an dem ich aufgerufen werde, die »Menschheit zu veredeln«. Ich frage ihn, woran ich erkennen könne, dass dieser Augenblick gekommen sei. »Ich werde es dich wissen lassen, selbst wenn ich nicht mehr auf Erden weile.«

Wenn ich an meine geheimen Träume von der Ehe mit dem Arbeiter und seinen Henkelmann denke, schäme ich mich.

Um meinen Vater nicht allzu sehr zu enttäuschen, kämpfe ich gegen meine zahlreichen Fehler an. Einen aber bekomme ich nicht in den Griff: Ich neige dazu, Mund, Nase und Augen zu bewegen. »Lass die Grimassen«, höre ich oft von meiner Mutter. Mein Vater kann das auf den Tod nicht leiden. Schon seit meiner frühen Kindheit zwingt er mich, ihm »mucksmäuschenstill« gegenüberzusitzen.

Anfangs musste ich so einige Minuten aushalten, dann eine Viertelstunde. Als ich fünf Jahre alt bin, werden diese sogenannten »Gefasstheitsübungen« abends zwischen acht und Viertel nach acht tägliche Praxis, zusätzlich zu meinem Arbeitsprogramm. Dann werden die Sitzungen länger und finden zu irgendeinem beliebigen Zeitpunkt im Laufe des Tages statt, dehnen sich manchmal auf mehrere Stunden hintereinander aus, was zu einer Verschiebung meiner Unterrichtsstunden und Aufgaben führt, die ich allesamt nachholen muss. Jetzt muss auch meine Mutter diese Sitzungen über sich ergehen lassen – was sie mir vorwirft, sobald wir beide allein sind.

»Weder deinem Gesicht noch deinem Körper darf man etwas anmerken«, schärft mir mein Vater mit seiner hohlen Stimme ein, »sonst wirst du zugrunde gerichtet. Nur ein Schwächling zeigt einen Gesichtsausdruck. Du musst lernen, dich zu beherrschen, wenn du eine große Pokerspielerin werden willst.«

Will ich eine große Pokerspielerin werden? Ich weiß es nicht, ich habe noch nie Poker gespielt. Aber ich muss bereit sein für den Fall, dass ich es später einmal können muss. In manchen schwierigen Momenten seines Lebens konnte sich mein Vater dank seines Pokerface aus der Affäre ziehen. Er verstand es, eine völlig neutrale Haltung einzunehmen, und dabei waren Körpersprache und Gesichtsausdruck seiner Gegner für ihn wie ein offenes Buch.

Das Schlimmste bei den Gefasstheitssitzungen ist der Juckreiz, von Anfang an kratzt es überall. Nach einer Weile hört er auf. Dann geht es wieder umso stärker los, und es wird zur Qual. Am wenigsten schafft es meine Mutter. Immer wieder kommt der Moment, wo ein Arm oder ein Bein zuckt, als hätte man auf eine Feder gedrückt. Ich muss mich sehr zusammennehmen, um nicht laut loszulachen. »Deine Mutter hat den Veitstanz«, verkündet mein Vater mit tiefster Verachtung und kontrolliert im vor mir aufgestellten Spiegel, ob bei mir auch nicht eine einzige Wimper zuckt. Für ihn ist der Veitstanz das Wesensmerkmal der Schwächlinge und der Unfähigen.

Ich habe Angst, auch schwach und unfähig zu sein. Schach mit meinem Vater zu spielen ist eine Qual. Ich sitze aufrecht auf der Stuhlkante und muss die Gefasstheitsregel einhalten, während ich meinen nächsten Zug überlege. Ich löse mich auf unter seinem Blick. Wenn ich mit einem Bauern vorrücke, fragt er ironisch: »Hast du auch gut überlegt, was du da tust?« Erschrocken möchte ich den Zug rückgängig machen, aber er sagt ungerührt: »Du hast die Figur angefasst, also musst du den Zug machen. Überlege, bevor du etwas tust. Überlege gut.«

Kennedy

Ich sitze im Pyjama im Zimmer meiner Mutter. Sie diktiert mir einen merkwürdigen Brief, und ich schreibe: »Mein lieber kleiner Papa«, und es folgen zahlreiche »Ich liebe Dich«. Seit ich schreiben kann, diktiert mir meine Mutter jedes Jahr zwei Briefe: »Alles Gute zum Muttertag« und »Alles Gute zum Vatertag«. Da sie die genauen Daten nicht kennt, hat sie beschlossen, dass Muttertag auf den dritten Sonntag im Mai, Vatertag auf den dritten Sonntag im Juni fällt.

Ich sage nichts, aber jedes Mal finde ich das wirklich verrückt! Koseworte benutzen wir niemals, die sind gut »für die Schwachen und die Weichlinge«. Das Wort »Schatz« zum Beispiel wird nie im Hause ausgesprochen. »Meine liebste Mama« zu schreiben, kommt mir noch seltsamer vor angesichts des Tons, in dem sie mir die Wörter diktiert. In Wirklichkeit ist ihr mein Name zuwider, und sie richtet es so ein, dass sie ihn nicht aussprechen muss. Ich meinerseits vermeide es, »Mama« zu sagen.

Die Zeit, in der geschrieben wird, geht von meinem Schlaf ab, denn es handelt sich um ein »Geschenk«. Abends vor dem Zubettgehen muss ich mich auf den Puff vor ihrer Frisierkommode setzen. Das ist ganz und gar nicht praktisch, wenn man Briefe zu schreiben hat. Mache ich einen Tintenklecks, wird sie sonst immer hysterisch und befiehlt mir, eine neue Seite anzufangen, auch zehnmal, wenn es sein muss. An diesen Tagen ist es jedoch unwichtig, ob ich Fehler mache oder nicht. Wenn ich nicht weiß, wie man ein Wort schreibt, sagt sie: »Schreib es, wie du willst.« Und das ist wirklich merkwürdig. Normalerweise schlägt sie mir mit dem Lineal auf den Kopf, wenn ich Rechtschreibfehler mache.

Manchmal bringt mich das, was ich schreiben soll, innerlich zum Lachen. Heute beende ich meinen Brief mit: »Ich wünsche mir später einen Mann wie Dich.« Das ist ja völlig falsch! Wenn ich später einmal einen Mann haben werde, dann ist der hoffentlich wie die Fabrikarbeiter bei Chatelain, nicht wie er. Letztes Jahr musste ich schreiben: »Ich möchte keinen anderen Papa als dich.« Kann man sich seinen Vater denn aussuchen?

Wenn ich mit meinem Brief »Alles Gute zum Muttertag« fertig bin, entlässt sie mich ohne einen Gutenachtkuss. Bei uns berührt man sich nie, nicht einmal am Muttertag. Dann muss ich in mein Zimmer gehen und warten, bis sie im Bett liegt, um meinen Muttertagsbrief unter der Tür durchzuschieben. Am anderen Morgen zeigt sie ihn meinem Vater und sagt: »Schauen Sie, was ich heute früh beim Aufstehen gefunden habe!« Der Brief für meinen Vater muss am Abend vor dem fraglichen Tag unter seiner Tür durchgeschoben werden: zum Beweis, dass ich das Datum nicht vergessen habe.

Ich kapiere diese Briefe nicht, wie auch viele andere Dinge. Aber ich stelle keine Fragen. Ich bekäme auch keine andere Antwort als: »Es gibt Regeln, die sind einzuhalten. Lass die dummen Fragen.«

Da ist zum Beispiel die Regel des Weckens. Mein Zimmer ist von dem meiner Mutter durch ihr Badezimmer getrennt. Jeden Morgen um sechs Uhr dreißig reißt sie meine Tür mit einem Ruck auf, knipst das Licht an und ruft: »Aufstehen!«

Für meine Mutter sind Leute, die um sieben aufstehen, »Faulenzer«. Unter ihren Argusaugen habe ich sofort aufzuspringen und mich in weniger als zwei Minuten anzuziehen. Dann heißt es: »Geh deinen Vater wecken, und sieh nach, ob er wohlauf ist.«

Das spielt sich allmorgendlich um sechs Uhr dreißig in exakt der gleichen Weise ab. Manchmal gibt es eine kleine Variante in der Art: »Geh deinen Vater wecken, und sieh nach, ob er gut gelaunt ist.«

Aber heute Morgen ist es anders. Irgendetwas stimmt nicht. Gleich nachdem sie mein Licht angeschaltet hat, geht sie in ihr Zimmer zurück. Ich schlüpfe so rasch wie möglich in meine Kleider, um nicht zu frieren. Dann stehe ich da und weiß nicht, was ich tun soll. Wenn ich meinen Vater nicht wecke, werde ich angeschnauzt. Wecke ich ihn aber, ohne dass sie es mir aufgetragen hat, werde ich ebenfalls angeschnauzt. Verzweifelt versuche ich, mich daran zu erinnern, ob man mir am Abend zuvor etwas gesagt hat … Schließlich klopfe ich an die Tür meines Vaters.

Und das alles, weil heute mein Geburtstag ist? Für meinen Vater ist der Geburtstag kein Fest, und ich muss mich daran gewöhnen, dass er auch niemals eines sein wird. Deshalb fällt jeden 23. November meine Pause aus, und mein Schultag dauert bewusst länger. Voller Unruhe rechne ich mit einer neuen »Lektion« an meinem sechsten Geburtstag.

Wir sind im Esszimmer. Meine Mutter und ich stehen vor meinem Vater, der uns mit Blicken durchbohrt. Noch nie habe ich meine Mutter so erschrocken gesehen. Sie stammelt etwas von jemandem, der umgebracht wurde, von seiner Frau, die sich über ihn geworfen hat, vom »Ende der Welt«. Mein Vater fährt mich mit seiner Stentorstimme an: »Woher weiß sie das? Wie hat sie davon erfahren?« Ich bin wie vor den Kopf geschlagen. Ich habe keine Ahnung, wovon er spricht. Woher weiß sie was? Meine Kehle ist wie zugeschnürt, ich bringe keinen Ton heraus. Er beschuldigt mich, meine Mutter zu »decken«, dann wendet er sich ihr zu und überschüttet sie mit einem Schwall von Fragen: »Wie hast du es erfahren? Wer hat dir von Kennedy erzählt? Woher weißt du, dass er ermordet wurde? Antworte! Dumme Gans! Antworte!«

Jemand ist ermordet worden? Wer? Ist die Leiche im Haus? Und warum sagt meine Mutter dauernd, dass gleich der dritte Weltkrieg ausbricht?

Schließlich wird sie schwach und gibt zu, dass sie heimlich Radio gehört hat. Mein Vater ist außer sich und brüllt mich an: »Wo ist dieses Radio? Los, hol es her!« Ich rühre mich nicht vom Fleck, ich weiß nur, dass ich nicht weinen darf. Meine Mutter tritt hinter mich, stößt mir das Knie in den Rücken und murmelt zwischen den Zähnen: »Da siehst du, was passiert, wenn du Geburtstag hast!« Sie geht in den zweiten Stock und kommt zurück mit einem alten Radioapparat mit großen Knöpfen. Mein Vater schickt mich in den Keller, dort soll ich einen Hammer holen, dann befiehlt er meiner Mutter: »Da, schlag drauf.«

In der Nacht höre ich meine Mutter in ihrem Zimmer weinen. Ich fühle mich schuldig, ich habe etwas Entsetzliches getan, und wegen mir ist jemand tot. Ich frage mich, ob mein Vater wirklich mein Vater ist, ob er in Wahrheit nicht der Vater meiner Mutter ist. Ich stelle mir vor, dass der Ermordete ihr wahrer Ehemann ist. Der Ermordete ist also mein richtiger Vater, und er ist vielleicht tot, weil er uns helfen wollte. Mir ist schwer ums Herz, und ich zittere vor Kälte in meinem Bett.

Die Frage treibt mich um: Wer sind die wahren Eltern meiner Mutter? Ich stelle fest, dass ich nicht die geringste Ahnung habe. Meine Mutter spricht nie darüber. Auch mein Vater ist nicht sehr gesprächig, doch manchmal erzählt er zu meiner Erbauung von seiner schweren Kindheit. Als kleiner

Junge musste er zwischen Gitterstäben hindurchschlüpfen oder in Kellerfenster kriechen, um Waren zu stehlen, die sein Vater dann in seinem Laden verkaufte. Er war ein strenger, hartherziger Mann. Mein Vater erzählt auch vom Granatfeuer des Ersten Weltkriegs, 1914 war er zwölf, er hat Hunger erlebt, musste Ratten essen. Ganz selten erwähnt er seine Mutter, dann beginnt seine Stimme zu zittern.

Meine Mutter erzählt nie etwas von ihrer Kindheit. Wenn ich sie frage: »Wer ist deine Mutter, wo ist sie?«, antwortet sie einsilbig. Nach und nach erfahre ich, dass sie aus einer Familie mit sieben oder acht Kindern stammt, alles Mädchen, außer einem Buben. »Sie sind nicht gebildet und auch nicht gescheit«, erklärt sie dann.

Ich frage sie, warum sie von zu Hause weggegangen ist. »Eines Tages ist meine ältere Schwester Henriette mit deinem Vater gekommen, der mir beim ersten Mal wie ein großer und furchteinflößender Herr vorgekommen ist. Sie haben mich zu ihm gebracht. Ich wusste nicht, dass ich nicht mehr zu meinen Eltern zurückkommen würde, aber als mir das klarwurde, habe ich sie nicht vermisst.« Bald kam sie ins Internat, wo sie sehr glücklich war, und dann studierte sie, damit sie mich später zu Hause unterrichten konnte.

»Als dein Vater mich abgeholt hat, war ich sechs, so alt, wie du jetzt bist«, sagt sie. »Du siehst, ich bin für ihn genauso wichtig wie du.« Es ist wie ein plötzlicher Lichtschimmer am Ende des Tunnels. Hoffnungsvoll frage ich: »Und jetzt, wo ich auch so alt bin, kommt da jemand, um mich abzuholen?« Sie antwortet eisig: »Wir haben alles für dich getan, aber du verstehst gar nichts. Du willst immer nur weg. Wenn du das zu deinem Vater sagst, wird ihn das umbringen. Und daran bist dann allein du schuld.«

Madame Descombes

Meinem Vater ist Musik wichtiger als alle anderen Fächer. Da weder er noch meine Mutter ein Instrument spielen, melden sie mich zu den Fernkursen an der »École universelle« an. Mit fünf kann ich schon die Tonleitern und die Notenschlüssel. Ich fange an mit den Kreuztonarten, mit Dur und Moll. Jetzt ist es an der Zeit, ein Musikinstrument zu erlernen. Anfangs wollen meine Eltern, dass ich Klavier auch im Fernkurs lerne, aber schließlich sehen sie ein, dass das nicht praktikabel ist.

Daher tritt Madame Descombes in mein Leben. Meine Eltern haben sie ausgesucht, weil sie am Konservatorium in Lille Klavier unterrichtet und Konzertpianistin war. Sie ist eine ältere, magere kleine Dame mit kurzen grauen Haaren, was ich sehr schön finde. Ich habe noch nie eine Frau mit kurzen Haaren gesehen. Sie fragt, ob ich spielen kann. Schüchtern antworte ich: »Ich kann Tonleitern.«

»Schön, dann spiel mir die C-Dur-Tonleiter.«

Zu ihrer Überraschung spiele ich die Tonleiter korrekt mit der rechten Hand, aber falsch herum mit der linken. Sie ruft: »Wer hat dir das denn beigebracht?« Da meine Mutter in dieser ersten Klavierstunde dabei ist, wage ich nicht zu sagen, dass sie mir »erklärt« hat, wie man eine Tonleiter spielt, so wie es in den Unterlagen der »École universelle« stand. Ich stammele: »Ich selber, mit dem Musikkurs.« Madame Descombes' Ton wird barsch: »Wenn man etwas nicht weiß, muss man sich erkundigen! Du brauchtest nur deine Mama zu fragen.«

Zweimal im Monat bringen mich meine Eltern im Auto zu ihr in der Nähe von Lille. Auf dem langen Weg dorthin ist mir immer angst und bange. Da ist vor allem die peinliche Erinnerung an meine erste Klavierstunde. Ich schäme mich, weil ich behauptet habe, ich könne spielen, wo ich es doch nicht konnte. Und ich befürchte, ich könnte die letzte Lektion nicht begriffen und die Übungen nicht richtig gemacht haben. Aber gleichzeitig freue ich mich auch, sie wiederzusehen. Sie hat mir schnell beigebracht, wie man die Tonleitern richtig herum spielt, und jetzt kann ich alle Tonarten lesen.

Wenn sie mir ein Stück vorspielt, bekomme ich Herzklopfen, so wunderbar spielt sie. Sie ist eine strenge und anspruchsvolle, aber gerechte Lehrerin. Sie legt mir ein Fünf-Francs-Stück auf beide Handrücken, die beim Spielen ganz ruhig bleiben müssen. Wenn ich einen Fehler mache, gibt sie mir mit dem Lineal einen kleinen Klaps auf die Finger. So korrigiert sie mich, aber sie beschämt mich nie. Ich weiß, was Disziplin ist, und wir halten sie alle beide ein. Sie ist zurückhaltend und macht keine Komplimente. Aber ich mag sie sehr und spüre, dass sie mit meinen Fortschritten zufrieden ist.

Wir spielen auf ihrem schönen Stutzflügel unter einem Bild, das ihre Tochter gemalt hat. Madame Descombes hat mir einmal erzählt, ihre Tochter habe sich nie für Musik interessiert. Dafür liebte sie die Malerei, weswegen sie sich entschieden hat, Malerin zu werden. Wenn ich das Bild betrachte, verstehe ich nicht recht, wie sie sich »entscheiden« konnte. Man macht doch etwas, weil man es machen muss.

Madame Descombes kann Musiker nicht ertragen, die

beim Spielen dauernd das Gesicht verziehen. Wenn ich manchmal die Stirn runzle oder mir auf die Lippe beiße, holt sie einen Spiegel heraus und stellt ihn vor mich hin: »Wir sind hier nicht im Zirkus, und du bist kein Affe, der das Publikum mit Grimassen belustigt. Du interpretierst ein Stück, es ist deine Musik, die etwas ausdrücken soll, nicht dein Gesicht.«

Was Madame Descombes auch nicht leiden kann, sind schlimm zugerichtete Hände. Wenn sie meine Schrammen und Kratzer sieht, schimpft sie. Ich senke den Blick, wage nicht, ihr zu sagen, dass mein Vater eine neue Baustelle aufgemacht hat. Dieses Jahr betonieren wir den Kellerboden. Wie immer beauftragt er Albert und Rémi, mich als »Handlanger« anzustellen, zweimal zwei Stunden am Tag. »Um die harten Realitäten des Lebens kennenzulernen.« Dann muss ich Schubkarren mit Sand herbeischaffen, die Betonmischmaschine bedienen und haufenweise Backsteine von Hand transportieren. Schutzhandschuhe sind streng verboten.

Eines Tages wird Madame Descombes beim Anblick meiner blutenden Fingerkuppen böse: »Jetzt reicht es aber, ich werde mit deinen Eltern ein ernstes Wort reden, das muss aufhören.« Wie ist sie bloß darauf gekommen? Ich höre, wie sie nach der Stunde zu meiner Mutter sagt: »Sie wissen doch, wie wichtig die Hände für einen Pianisten sind. Es ist jedenfalls nicht normal, dass ein kleines Mädchen derart zugerichtete Hände hat.« Sie will unbedingt mit meinem Vater sprechen, der unten im Wagen wartet. Meine Mutter hält sie zurück: »Hören Sie, mein Mann ist krank, wir müssen fahren. Aber ich rede mit ihm, das verspreche ich.« Madame Descombes sagt noch: »Sie ist schon recht gut, sie ist begabt, Sie müssen sie aufs Konservatorium schicken, dort kann sie sich richtig auf die Examen vorbereiten.« Sofort sehe ich mich mit Madame Descombes zum Konservatorium gehen, wo ich andere Musiker kennenlerne und wirklich hart arbeite. Ich bin zu jeder Anstrengung bereit, damit sie stolz auf mich ist.

Madame Descombes erwähnt das Konservatorium nicht zum ersten Mal. Aber meine Mutter sagt nie ein Wort dazu. Bevor wir losfahren, fragt mein Vater: »Alles gutgegangen?« Auch diesmal sagt meine Mutter ja. Ich versuche, das Thema Konservatorium anzusprechen, da unterbricht sie mich: »Sei still, das sind nichts als Flausen.« Mein Vater fragt, was sie meine. »Nichts, nichts, das erkläre ich Ihnen später«, antwortet sie.

Erst viel später stelle ich mir vor, wie es läutet: Madame Descombes steht vor der Tür, sie will meinen Vater sprechen und verlangt, dass er mich aufs Konservatorium schickt. In Wirklichkeit höre ich nie mehr etwas von ihr. Meine Eltern schweigen, und ich wage nicht, sie nach ihr zu fragen. Es ist, als hätte sie niemals existiert.

Allerdings ist keine Rede davon, dass ich das Klavierspielen aufgebe. Mein Vater beschließt, dass in Zukunft Yves, mein Akkordeonlehrer, auch den Klavierunterricht übernimmt. Yves leitet ein kleines Orchester, das auf ländlichen Festen zum Tanz aufspielt. Er ist ein ausgezeichneter Musiker, kann Liszt und Chopin spielen, aber er macht mir Angst mit seiner Sprunghaftigkeit.

Als Kind musste er Akkordeon auf die harte Tour üben, zwölf Stunden am Tag setzte ihn sein Vater auf den Stuhl. Das machte ihn zum Virtuosen, aber auch zu einem entsetzlichen Lehrer. Der magere Mann raucht ununterbrochen, er zappelt herum, wenn ich spiele. Beim kleinsten Fehler überschüttet er mich mit Beschimpfungen, es hagelt Ohrfeigen. Er schreit dermaßen, dass ich nicht verstehe, an welcher Stelle ich falsch gespielt habe.

Manchmal ist er nicht ganz so nervös, aber das ist noch bedrohlicher. Um mich zu bestrafen, schüttet er mir sein Bier ins Gesicht. Oder er drückt seine Zigarette auf meinem

Oberschenkel aus. Ich bin so verkrampft, dass ich immer schlechter spiele. Dauernd werde ich bestraft. In der ersten Klavierstunde ist er sichtlich überrascht über mein Spiel, das ich vor allem Madame Descombes verdanke. »Wie kommt's, dass du so gut Klavier spielst? Mit dem Akkordeon hast du zwei linke Hände.« Von einem Augenblick auf den andern verwandelt sich sein Erstaunen in Wut. Er gibt mir zwei Backpfeifen, und um sich wieder zu beruhigen, nimmt er meine Lieblingsnoten und zerreißt sie in kleine Fetzen.

Mein Vater läutet nach mir, drei Klingeltöne, er bestellt mich auf die Veranda: »Bald wirst du sieben, da kannst du verstehen, was ich dir jetzt sage. Ich habe dir schon erklärt, was die deutschen Konzentrationslager während des Krieges waren. Wenn du in einem Lager landest, nimmt man dir alles weg, was du hast. Hast du einen Goldzahn, reißt man ihn dir heraus. Ob du reich und schön oder arm und hässlich bist, spielt keine Rolle: Man steckt dich in einen Pyjama und schert dich kahl. Ob du irgendwelche Fähigkeiten hast, das sieht man nicht. Die Wächter sind dumm und böse. Seine Intelligenz zu zeigen ist gefährlich. Die Einzigen, die lebend den Konzentrationslagern entkommen sind, waren die Musiker. Es gab immer Orchester, und es wird immer welche geben. Denn die Schafe hüpfen lieber herum, als zu denken. Die Wächter sind Herdentiere, sie tanzen gern zur Musik, und deshalb behandeln sie ihre Musiker gut und ernähren sie besser als die anderen. Du musst alle Musikstile beherrschen, doch mit einem Musettewalzer hast du bessere Chancen, davonzukommen, als mit einem klassischen Konzert. Du kannst nicht im Voraus wissen, welches die gefragtesten Instrumente sind, deshalb wirst du mehrere lernen. Wir ändern daher dein Programm, damit du mehr Zeit für diese Musikstunden hast. Ich habe Yves kommen lassen, er soll mir die Liste der Instrumente aufstellen, die wir für dich besorgen werden. Geh jetzt.«

Keine Silbe über Yves' Brutalität. Er wird für viele Jahre mein offizieller Musiklehrer. Mein Vater schätzt an ihm besonders, dass er zahlreiche Instrumente beherrscht. Während er flucht und Ohrfeigen austeilt, lerne ich außer Akkordeon und Klavier auch noch Gitarre, Klarinette, Geige, Tenorsaxophon und Trompete spielen. Wenn ich acht bin, werde ich mehr oder weniger gerüstet sein, um ein Konzentrationslager zu überleben.

Wir Schützen

Im Arbeitszimmer meines Vaters befinden sich zwei Tresore, beide größer als ich. Sie sind breit und massiv, ich finde sie beinahe schön, irgendwie beruhigend. Der eine hat eine Zahlenkombination. Mein Vater bestellt mich manchmal in diesen Raum, um mir zu zeigen, wie man einen Tresor öffnet, ohne den Code zu kennen. Das könne mir später im Falle eines Falles sehr nützlich sein. Dann müsse ich nur ein Casino ausfindig machen, das ich überfallen kann. Die Tresore in einem Casino haben den Vorteil, dass sie voller Geld, aber weniger scharf bewacht sind als die der Bank von Frankreich. Wenn ich den Tresor geöffnet habe, muss ich unter allen Umständen eine Regel beachten: Ich darf nur Bargeld nehmen, keinen Schmuck oder andere Wertsachen. Man wird nämlich leicht geschnappt, wenn man Schmuck in Umlauf bringt, da die Hehler oft mit der Polizei unter einer Decke stecken.

Er befiehlt mir, mich auf den Boden zu setzen und mein Ohr an den Mechanismus halten. Während er vorsichtig am Drehknopf hantiert, muss ich konzentriert auf das Geräusch der Zahnräder horchen, die sich um ihre Achse bewegen. Mit leiser und ruhiger Stimme erklärt er mir ausführlich jeden Schritt mit einer erstaunlichen Geduld, die ganz im Gegensatz zu seiner sonstigen Schroffheit steht. Ich mag diese Momente, wenn wir beide in tiefstem Schweigen auf das kaum wahrnehmbare, hinter der Metalltür verborgene Klicken lauschen.

Das Training dauert nie sehr lange. »Schluss jetzt, es ist wieder Zeit für den Unterricht.« Bevor ich ihn verlasse, möchte ich ihm etwas Nettes sagen. Einmal habe ich ihn gefragt: »Glaubst du, dass ich eines Tages Tresore aufmachen kann so wie du?« – »Du bist meine Tochter, du wirst alle Tresore öffnen können.« Aus seinem Mund ist das ein aufrichtiges Kompliment und Balsam für meine Seele. Ich wünschte mir so sehr, dass er mich ein bisschen anerkennt!

Manchmal lässt mich mein Vater in den großen Billardsaal kommen, um mir die Weltkarte zu erklären anhand eines großen Globus, der auf einen Sockel montiert ist und sich in einem Holzreif drehen lässt. Ein wunderbarer Gegenstand, der mich träumen lässt. Ich weiß nicht, aus welchem Material er gefertigt ist, aber seine Oberfläche ist glatt und zart, wenn meine Finger darüberstreichen. Wenn ich allein in diesem Raum bin, streichle ich den Planeten Erde, auf dem es so viele magische Orte gibt. Ich drehe ihn mit geschlossenen Augen und berühre mit meinem Finger auf gut Glück eine Stelle, dann mache ich die Augen auf und nehme mir mit leiser Stimme vor: » Dorthin wirst du später einmal reisen!« Ich betrachte die Sternzeichen, die auf dem hölzernen Reifen eingraviert sind. Mein Vater hat mir gezeigt, wie man den Schützen erkennt, der seinen Bogen spannt. »Das sind wir, die Schützen.« Er glaubt nicht an den »Blödsinn der Astrologie«, aber er hat doch eine Schwäche für unser Sternzeichen. Sooft ich kann, betrachte ich die sagenhafte Kreatur, halb Mensch, halb Pferd, bewundere seine Kraft, seinen gespannten Bogen und diesen Pfeil, der »in die richtige Richtung zielt«, wie mein Vater sagt, der immer einen Kommentar hinzufügt, den ich nicht recht in Verbindung mit einem Pfeil bringen kann: »Mit Augenmaß handeln!«

Einmal frage ich ihn, welches das Sternzeichen meiner Mutter ist. Verächtlich deutet er auf den armen Skorpion, der sich schmählich krümmt. Meine Mutter tut mir leid. Aber ich sage mir, sie muss doch auch ein wenig vom Pferd haben, weil ihr Zeichen direkt vor unserem kommt.

Auf dem Globus zeigt mir mein Vater alle Länder, über die er im Ballon gemeinsam mit seiner bevorzugten Kameradin, meiner Tante Henriette, geflogen ist. Er spricht von ihr als einem ganz besonderen Menschen, wie er selbst ist sie eine leidenschaftliche Ballonfahrerin. Ich habe meine Tante Henriette nur ein einziges Mal gesehen. Kurz nach unserem Einzug kam sie in Begleitung von zwei wunderschönen Border-Collies. Ich war noch zu klein, ich erinnere mich nur undeutlich an sie.

Vor dem Krieg, als meine Mutter noch ein Baby war, flogen Henriette und mein Vater oft gemeinsam und gewannen Luftschiffwettbewerbe. Er ruft sich immer wieder begeistert die Momente ins Gedächtnis, als er unmittelbar vor der Landung in letzter Minute Ballast abwerfen musste, weil die Tante einen Stier in der Nähe gesichtet hatte und sich kategorisch weigerte, zu landen. Sie stiegen wieder auf und wussten nicht, wo und wann sie wieder landen könnten.

Eines Tages führten sie ihre Abenteuer nach einem verheerenden Navigationsfehler über die deutsche Stadt Landsberg an der Warthe, ausgerechnet in dem Moment, als Hitler dort eine Rede hielt! Er zeigt mir ein Foto, auf dem man sie beide mit vier deutschen Offizieren und zwei weiteren Herren in Zivil sieht, meine Tante mit einem gequälten Lächeln inmitten der Männer, die fasziniert zu sein scheinen von dieser zierlichen Frau im karierten Männerhemd und in Reithosen.

Über Henriettes Schrecken und Irrtümer schmunzelt mein Vater nur. Wenn ich ihm so zuhöre, sage ich zu mir, dass Henriette eine wirklich tüchtige Frau sein muss. Wenn wir, meine Mutter und ich, ihr nur das Wasser reichen könnten, dann würden auch wir die Nachsicht und die Anerkennung meines Vaters verdienen.

Im Krieg arbeitete Henriette als Krankenschwester, und in einem Lazarett traf sie ihren späteren Mann. Mein Vater war in der Résistance in Lille. Er half beim Bau von Tunneln, durch die Juden nach Belgien fliehen konnten. Er handelte auch auf dem Schwarzmarkt, um Lebensmittel, Papiere und Schleuser für die Flüchtlinge bezahlen zu können.

Wenn mein Vater von seiner Jugend erzählt, hellt sich sein Gesicht auf, seine Stimme wird weich. Seine Geschichten faszinieren mich ebenso wie der Ausdruck, der plötzlich auf seinem sonst so verschlossenen Gesicht auftaucht. Er war ein Held. Wie gern wäre ich früher geboren, um dem ungestümen, leidenschaftlichen Mann zu begegnen, der er einmal war. Der geflügelte Zentaur, der wegen eines Navigationsfehlers ganz Europa überquerte, der Robin Hood, der sein Leben aufs Spiel setzte, um die Verfolgten den Klauen der Nazis zu entreißen. Der große Freimaurer-Würdenträger, der sich »alles herausnehmen« konnte, wie zum Beispiel vor der Queen in roten Schuhen aufzutreten. Der »Wohltätige Ritter der Heiligen Stadt«, der im Geheimen für das Wohl der Menschheit wirkte. Ich erinnere mich noch an mein stummes Erstaunen, wenn dieser Ritter in vollem Ornat, den Degen an der Seite und ein großes Kreuz auf der Brust, an manchen Abenden in mein Kinderzimmer trat. Aber das war früher. Bevor er beschloss, diese abscheuliche Welt zu verlassen und sich mit uns in diesem Haus einzuschließen.

Das letzte Mal, als ich meinen Vater in die Werkstatt hinter dem Schwimmbecken zu begleiten hatte, hieß er mich, einen Ballen auszupacken: viele, viele Meter eines merkwürdigen blassgelben Materials; aus diesem speziellen Stoff waren die Ballons gefertigt worden. Er stammte aus der Zeit nach dem

Krieg, als mein Vater sich bemühte, das Fliegen mit Gasballons auf dem Flugplatz von Bondues wiederzubeleben. Henriette und er waren die Ersten, die wieder mit diesen Ballons flogen, die sie eigenhändig hergestellt hatten. Bisweilen streichle ich heimlich diesen magischen Stoff und stelle mir vor, auch ich baue einen Ballon und fliege damit fort, Linda und Pitou an meiner Seite.

Das Schwimmbecken

Seit ich keine Klavierstunden bei Madame Descombes mehr habe, gehen wir praktisch nicht mehr aus dem Haus. Alles ist so geregelt, dass Besorgungen außer Haus auf ein Minimum reduziert sind. Unnötig ist zum Beispiel der Gang zum Bäcker: Wir besitzen eine Knetmaschine und einen professionellen Backofen, in dem meine Mutter und ich zweimal im Monat Brot backen. Auch zum Kaufmann müssen wir nicht: Viermal im Jahr wird eine Großbestellung per Telefon aufgegeben, und die Einkäufe werden im Lastwagen angeliefert.

Die seltenen Male, wenn wir das Haus verlassen, fahren wir immer gemeinsam und immer mit dem Peugeot, der in der Garage nebenan steht. Jedes Mal ist das ein Riesenaufwand, der uns an den Rand eines Nervenzusammenbruchs bringt. Oft ist die Batterie leer und muss aufgeladen werden, was ausreicht, um das Vorhaben zu verschieben oder es ganz ins Wasser fallen zu lassen. Wenn wir Glück haben und der Motor startet, muss alles sehr schnell gehen: Ich bin schon vorne eingestiegen, und mein Vater hat bereits den Rückwärtsgang eingelegt, wenn meine Mutter das Tor öffnet; dann schlägt sie es in Windeseile wieder zu und springt auf den Rücksitz. Der große Peugeot braust davon, als hätten wir eine lebenswichtige Mission zu erfüllen. Tatsächlich fahren wir aber bloß auf den Markt von Hazebrouck, um Küken für unseren Hühnerstall einzukaufen.

Während der Fahrt mache ich mich ganz klein auf dem Beifahrersitz. Bei den seltenen Ausfahrten muss ich stets vorn sitzen. Ich sehe genau, dass meine Mutter mir finstere Blicke im Rückspiegel zuwirft. Weiß sie denn nicht, dass ich liebend gerne mit ihr tauschen würde? Als wir einmal allein außer Hörweite meines Vaters sind, flüstert sie mir zu: »Du weißt, dass das der Todessitz ist. Bei einem plötzlichen Bremsmanöver fliegst du durch die Windschutzscheibe. Bei einem Unfall kommt er um und reißt dich mit in den Tod. Deshalb setzt dich dein Vater dorthin. Mich aber beschützt er.«

Ich weiß nicht, warum sie so böse auf mich ist, ich sage nichts. Jedenfalls bin ich völlig absorbiert von der unerträglichen Anspannung während aller unserer Fahrten. Meine Eltern überwachen mich noch strenger als sonst. Ich fühle mich niedergedrückt. Aus dem Augenwinkel erhasche ich Bilder all der Dinge, die ich so gerne näher betrachten würde. Doch mein Vater setzt exakt die Minute fest, zu der wir zurück sein müssen. Er wartet im Auto, so dass wir immer mit Blick auf die Uhr im Dauerlauf die Einkäufe machen.

Vor drei Monaten haben wir das letzte Mal das Haus verlassen. Wir fuhren nach Hazebrouck, um uns mit Küken zu versorgen. Auf dem Rückweg hielt mein Vater auf dem Dorfplatz an, und meine Mutter und ich gingen auf einen Sprung in die Buchhandlung. Ich fragte sie, ob ich mir die Bücher anschauen dürfe. Der Buchhändler sagte freundlich: »Die Kinderbücher sind hier vorne.«

»Beeil dich, dein Vater wartet.« Aufs Geratewohl schnappte ich ein Buch aus der Rosa Bibliothek und eines aus der Grünen. Meine Mutter zahlte hastig und verbarg die Bücher in ihrer Tasche. Sie brauchte mir nicht zu sagen, dass ich kein Sterbenswörtchen darüber verlieren durfte. Mein Vater will, dass ich bedeutende Bücher lese. Bestimmt würde er mir diese Bücher verbieten und meine Mutter anschnauzen, weil sie mir erlaubt hatte, sie zu nehmen. Auf dem Heimweg sitze ich wie auf Kohlen: Was ist, wenn sie mir die Bücher zu Hause verweigert?

Aber an diesem Tag geschah ein Wunder. Als wir allein waren, überreichte mir meine Mutter wortlos das Paket. Ich versteckte die Bücher zwischen meiner Matratze und dem Bettrost. Am Abend wartete ich, bis alles still war, und betrachtete meine neuen Wunderwerke, die festen Einbände, die bunten Bilder auf dem glänzenden Umschlag. Zum ersten Mal las ich Kinderbücher. Ich hatte sie ausgesucht, weil ich hoffte, sie würden Geschichten aus verschiedenen Buchreihen erzählen. In der Tat waren es ein Band der *Fünf Freunde* und einer aus der Krimiserie *Alice Roy, détective*.

Jeden Abend nach den Schul- und Musikstunden und den Arbeiten im Park darf ich eine halbe Stunde im Bett lesen. Wenn ich sicher bin, dass mein Vater schläft, nutze ich die seltene Milde meiner Mutter, um mich genussvoll in die Abenteuer meiner kindlichen Helden zu vertiefen. Hingerissen lese ich sie immer wieder. *Alice* und die *Fünf Freunde* bauen mich richtig auf, sie öffnen mir ein Fenster zu dieser atemberaubenden Welt, die zu erforschen mir mein Vater verbietet.

Eines Tages hört meine Mutter zufällig, wie ich eine Melodie vor mich hin summe, die ich gerade am Klavier übe; das reicht, um sie auf die Palme zu bringen. Da fallen ihr die beiden Bücher ein, und sie befiehlt mir, sie ihr zu bringen. »Du lässt nach in letzter Zeit. Bestimmt wegen dieser Bücher, die ich dir nicht hätte kaufen sollen. Sie sind hiermit beschlagnahmt.« Ich schaue betreten drein, wie immer, wenn sie mich zurechtweist. In Wahrheit macht mir das nichts aus. Ich kenne ja die Geschichten meiner Helden so genau, dass ich mich auch einfach in Gedanken in sie hineinversetzen kann.

Manchmal drückt meine Mutter bei meinen Verstößen gegen die Disziplin ein Auge zu. Meistens aber ist sie noch strenger als mein Vater. Ist er da, spüre ich, dass sie aufs äußerste angespannt ist. Vor allem fürchtet sie, in seinen Augen als schlechte, inkompetente und schwächliche Erzieherin dazustehen. Sobald wir in unserem »Klassenzimmer« im zweiten Stock sind, übt sie schonungslos Druck auf mich aus, damit meine Leistungen »besser als exzellent« sind.

Als Erstes musste sie mir Lesen und Schreiben beibringen. Ich weiß noch, wie verzweifelt sie war, weil ich nur so langsam Fortschritte machte. Wenn ich meinem Vater eine Seite vorlesen musste, machte ich Fehler. Aus dem Augenwinkel konnte ich zusehen, wie sie vor Scham und Zorn rot anlief. Das Schreiben war noch schlimmer. Warum musste ich auch mit Füllfeder und Tintenfass schreiben lernen? Sie überwachte meine Schatten- und Haarstriche, und der kleinste Klecks versetzte sie in Wut. Sie riss die Seite heraus, und ich musste jedes Mal eine neue anfangen. Ich war noch zu klein und konnte meine Tränen nicht zurückhalten. Sie zerflossen mit der Tinte auf meinen Wörtern, und da wurde sie noch hysterischer. Nach den Schreibstunden hatte ich immer ganz schwarze Finger.

Meine Mutter sieht in mir ein heimtückisches Wesen, sie ist überzeugt, dass ich zutiefst bösartig bin. So wie ich mit Absicht meine Blätter mit Klecksen besudle, so mache ich mit Absicht Scharten in die Glasplatte des großen Esstischs. Absichtlich stolpere ich über eine Stufe, absichtlich schürfe ich mir die Hand auf beim Unkrautjäten im Park. Ich falle mit Absicht hin, mit Absicht bekomme ich Kratzer. Ich bin eine »Schwindlerin«, eine »Schauspielerin«. Es geht mir nur darum, Aufmerksamkeit zu erregen.

Außer Lesen und Schreiben lernte ich auch Fahrradfahren. Ich hatte ein Kinderfahrrad mit Stützrädern. Meine Mutter sagte: »Jetzt machen wir die Stützräder ab.« Wortlos beobachtete mein Vater von hinten die Szene. Sie hieß mich auf das Rad steigen, das auf einmal ein wackliges Gefährt geworden war, packte mich mit beiden Händen und stieß mich – zack! – die abschüssige Allee hinunter. Ich stürzte und schürfte mir auf dem Kiesweg das Knie auf. Vor Schmerz und Scham brach ich in Tränen aus. Aber angesichts ihrer versteinerten Miene versiegten meine Schluchzer von selbst. Ohne ein Wort zu sagen, setzte mich meine Mutter wieder auf das Rad und schob mich so oft von neuem an, bis ich das Gleichgewicht halten konnte.

Meine Schrammen werden an Ort und Stelle versorgt: Meine Mutter hält mein Knie fest, und mein Vater träufelt neunzigprozentigen Alkohol auf die Wunden. Weinen oder Stöhnen verboten. Ich soll »die Zähne zusammenbeißen«.

Auch Schwimmen habe ich auf diese Weise gelernt. Natürlich nicht im öffentlichen Schwimmbad. Im Sommer, als ich vier war, ließ mein Vater »extra für mich« hinten im Park ein Schwimmbecken bauen. Kein hübsches Becken mit blauem Wasser, sondern eher eine Art langer und schmaler Graben zwischen Betonwänden. Das Wasser ist trüb und eiskalt, man sieht nicht auf den Grund.

Wie beim Fahrradfahren ging meine erste Lektion einfach und schnell: Meine Mutter warf mich ins Wasser, ich zappelte, schrie, schluckte Wasser. Kurz bevor ich ganz unterging, sprang sie hinein und fischte mich heraus. Dann das Ganze noch mal. Ich brüllte wieder, heulte, kriegte keine Luft mehr. Wieder holte mich meine Mutter aus dem Wasser. »Für dein dämliches Geflenne setzt es was«, sagte sie, bevor sie mich gnadenlos wieder ins Becken warf. Mein Körper wehrte sich gegen das Ertrinken, aber meine Willenskraft erlahmte bei jedem Eintauchen ein bisschen mehr.

Mein Vater beobachtete die Szene aus der Ferne, um nicht nass gespritzt zu werden, und sagte ungerührt: »Wer stark ist, weint nicht. Du musst schwimmen können. Das ist unerlässlich, falls du von einer Brücke fällst oder fliehen musst.« Mit der Zeit lerne ich, den Kopf über Wasser zu halten, ich werde sogar eine gute Schwimmerin, aber ich hasse das Wasser, so wie ich das Schwimmbecken hasse, in dem ich weiterhin üben muss.

Um zu beweisen, dass ich kein »Waschlappen« bin, muss ich von da an ins eiskalte Wasser springen, ohne langes Getue. Jedes Mal stockt mir der Atem. Doch mein Vater versäumt keine Gelegenheit, mich »abzuhärten«.

Cap Gris-Nez

Ginette und François, Freunde meines Vaters, haben uns ein paar Tage lang besucht. Ich kann François gut leiden. Er ist ein beinahe kahles Männchen, immer gut gelaunt. Er spricht freundlich mit mir, ist lustig und lacht gern und viel. Ein ganz besonderer Ausflug steht auf dem Programm. Wir fahren ans Cap Gris-Nez, gegenüber der englischen Küste. »Oh, das wird lustig!« Die Begeisterung von François ist ansteckend. Ich bin sicher, mit ihm wird es bestimmt lustiger als auf dem Markt von Hazebrouck. Der Entschluss war schnell gefasst. Vielleicht gibt es ab jetzt häufiger Ausflüge. Ich fühle mich leicht wie ein Schmetterling.

Aber kaum am Kap angekommen, zwingt mich mein Vater zu einer neuen »Abhärtungsübung«: Er verlangt, dass ich mich über den Rand der Klippe beuge. Nein, nein und nochmals nein! Ich will nicht, ich kann nicht! Eigentlich kann ich inzwischen meine Angst ganz gut verbergen. Aber das, das ist unmöglich! Ich bin wie gelähmt, kann keinen Schritt tun. Das versetzt meinen Vater in Wut, und mit Hilfe von Ginette und meiner Mutter packt er mich, sie führen mich mit Gewalt an den Rand der Klippe und halten meinen Kopf über den Abgrund. Ich bäume mich auf vor Entsetzen. Mit geschlossenen Augen spüre ich, wie die Leere mich einsaugt. Mir ist schlecht, so schwindlig ist mir.

Während ich mich strampelnd wehre, sehe ich in der Ferne den blauen Pullover und die helle Hose von François. Es sieht aus, als ginge er spazieren, die Hände in den Hosentaschen, anscheinend peinlich berührt. Ich bin ihm dankbar dafür, dass er auf Distanz geht zu den Händen, die mich nicht loslassen und gegen die ich völlig machtlos bin. Ich bin meinen Eltern ausgeliefert. In mir und um mich herum gibt es keinerlei Lebensraum mehr. Brülle ich? Schluchze ich? Ich merke nur, dass man mich ins Auto auf den Rücksitz wirft und abschließt.

Ich, die ich nur davon träume, hinauszugehen, hoffe nun inständig, dass man mich eingeschlossen lässt … Wenn schon die einfache Vorstellung, mich einer Klippe zu nähern, mich in Panik versetzt, dann bin ich eben zu dumm, zu feige, einfach eine Enttäuschung. Meine Mutter hat recht, ohne die Eltern wäre ich in der Klapsmühle.

Am nächsten Morgen läutet mein Vater dreimal. Ich soll zu ihm kommen. Mein Herz beginnt zu rasen. Ich unterbreche sofort meine Lektüre und gehe ins Büro, um auf der Tafel zu schauen, woher das Läuten kommt: aus seinem Zimmer. Ich befürchte Schlimmes, steige die Treppe hoch, klopfe an seine Tür und warte auf die Erlaubnis, einzutreten. Dann setze ich mich und achte genau darauf, die »Konzentrationshaltung« einzunehmen: weder zu weit vorn noch zu weit hinten. Meine Eltern sind der Ansicht, wer sich mit dem Rücken anlehnt, ist ein Faulenzer, wer sich auf die Stuhlkante setzt, ist ein Angsthase. Mein Vater fährt mit geschlossener Faust meinen Rücken entlang, um zu überprüfen, ob ich die Lehne berühre. Dann gibt er einem der vorderen Stuhlbeine einen kräftigen Tritt. Sitze ich zu weit vorn am Rand, falle ich. Da ich mich »richtig in die Mitte« hingesetzt habe, bleibe ich fest auf meinem Stuhl sitzen.

Daraufhin setzt er sich mir gegenüber und schaut mir direkt in die Augen. Unter gar keinen Umständen darf ich meinen Blick abwenden.

Die »Unterweisung« beginnt: »Das Dritte Reich war eine der stärksten Nationen, stärker noch als Sparta. Das Dritte Reich wird wiederauferstehen und die Weltherrschaft erringen. Es ist allen anderen Nationen überlegen, aufgrund der Unterweisung und des Trainings, das es seiner Jugend angedeihen lässt. Eine *harte* Ausbildung« – er spricht das Wort aus, ohne die Stimme zu heben –, *»die keinerlei Schwäche duldet«* – er betont jedes einzelne Wort. »Eine harte, grausame, starke, furchtlose, unerschütterliche Jugend. Das ist meine Lehre. Kein Raum für Schwäche. Anstrengende körperliche Übungen sind unerlässlich. Dein Wille wird siegen, weil er stärker ist als dein Körper, er wird die Materie beherrschen.«

Dann verstummt er, die Augen immer noch unverwandt auf mich gerichtet. Nach einer Weile befiehlt er: »Und jetzt geh.«

Beim Aufstehen passe ich auf, dass mein Stuhl nicht knarrt. Die Stuhlbeine dürfen nach der Unterweisung auf keinen Fall knarren.

Mein schmähliches Verhalten am Cap Gris-Nez wird mit der Höchststrafe geahndet. Außer beim Unterricht wird drei Wochen lang das Wort nicht mehr an mich gerichtet. Auch Ginette und François sprechen nicht mehr mit mir. Die folgenden drei Wochen werde ich gesiezt. Während dieser sechs Wochen habe ich Sprechverbot, ausgenommen, wenn mir eine Frage gestellt wird, und ich muss den Fragesteller bei der Antwort siezen.

Schon zu normalen Zeiten reden wir wenig. Mein Vater »unterhält« sich nicht, er macht nicht »Konversation«. Er gibt »Unterweisungen« oder Befehle. Sobald er den Mund aufmacht, höre ich ihm mit höchster Aufmerksamkeit zu. Oft verstehe ich überhaupt nichts von dem, was er sagt. Dann gerate ich innerlich in Panik. Ich zwinge mich, seinem Blick standzuhalten, und in meinem Kopf fühlt es sich an, als prallte ein wild flatternder Vogel gegen die Wände meines Gehirns. Wenn ich bei Tisch eine Frage zu stellen wage, schreit er mich an: »Du sprichst nur, wenn du etwas Intelligentes zu sagen hast.« Ich verstehe den Begriff »intelligent« nicht. So bleibe ich die meiste Zeit stumm. Wenn meine Mutter über mich spricht, beginnen ihre Sätze mit »sie«. Manchmal fällt mein Name. Dann mache ich mich ganz klein, auch wenn sie nichts Nachteiliges sagt, wie beispielweise: »Heute Morgen hat Maude die zweite Deklination in Latein gelernt.« Seltsamerweise spricht sie meinen Namen nur bei zwei Gelegenheiten aus: wenn sie über mich mit meinem Vater spricht, oder wenn sie mich anschreit.

Ich stelle fest, dass das Sprechverbot viel schlimmer ist, als ich dachte. Ich fühle mich eingesperrt hinter einer Mauer des Schweigens, die mich von Tag zu Tag mehr erdrückt, ich darf mich nicht mehr wehren, ich darf nichts mehr fühlen. Es kommt mir vor, als würde ich in mir selbst verschwinden. Am schlimmsten sind die Mahlzeiten. Wir essen in tödlichem Schweigen. Ich stehe unter solchem Druck, dass ich noch ungeschickter werde: Ich stoße mein Glas um, mein Besteck klappert auf dem Teller. Mein Vater wirft mir einen vernichtenden Blick zu. Ich kann kaum schlucken und kaue endlos auf meinen Bissen herum. »Nur Schwächlinge kauen lange, große Bissen zu schlucken zwingt deinen Magen, dir zu gehorchen, und das stählt deinen Charakter.« Als er jung war, gewann er immer eine Wette, der zufolge er sechs harte Eier verdrücken musste während der zwölf Glockenschläge um die Mittagszeit. Aber ich, ich versuche vergeblich, etwas hinunterzubekommen. Schließlich schreit mich meine Mutter an: »Das reicht jetzt! Verschwinden Sie! Machen Sie Ihre Aufgaben.«

Wenn ich nicht mit dem Gedanken an Selbstmord spiele, dann dank eines wunderbaren Trostes, der mir gegen die schweigende Leere hilft: das Gespräch der Tiere. Ob ich an einer Aufgabe sitze oder im Park beschäftigt bin, ich horche insgeheim auf das geschwätzige Gezwitscher der Vögel im Garten. Einer fragt etwas, ein anderer antwortet, ein dritter mischt sich ein. Dann diskutieren sie miteinander. Manchmal bellt in der Ferne ein Hund. Ein anderer fängt ebenfalls an zu bellen, dann ein dritter, ein vierter ... Und auf einmal stimmen alle Hunde des Dorfes und der Umgebung in die allgemeine Kakophonie mit ein.

Ich versuche, den Sinn dieser hitzigen Diskussionen zu erraten, die mit vertraulichem Getuschel beginnen und immer wieder in einem lauten, fröhlichen Stimmengewirr enden, bei dem alle gleichzeitig drauflosplappern. Begrüßt ein Hühnerhof interessiert einen Neuankömmling? Freut sich ein Pferdestall über eine Stute, die ihr Fohlen wiedergefunden hat? Linda hinter ihren Gitterstäben fällt mir ein. Bestimmt lauscht auch sie aufmerksam den Stimmen. Doch vergeblich spitze ich die Ohren, nie höre ich ihre Stimme im Chor der Hunde. Hat man auch ihr befohlen zu schweigen?

Beim Üben der zwei- und dreistimmigen Inventionen von Bach habe ich noch etwas Spannenderes entdeckt: Die Musik verfügt über ihre eigene Form von Gespräch. Die rechte Hand spielt eine Phrase, die linke reagiert, die rechte nimmt sie auf, die linke antwortet wieder. Und wie bei den Tieren spielen beide Hände schließlich zusammen. Diese Dialoge begeistern mich, es wird mir nie langweilig, sie immer wieder zu spielen. Mit der Zeit erfinde ich eigene Improvisationen dazu, nach dem Beispiel des Gepiepses aus dem Garten: Meine rechte Hand nimmt eine Melodie auf, die ein Vogel trällert, die linke ahmt die Antwort eines andern nach. So getreu wie möglich gebe ich die Plauderei wieder, dann lasse ich meine Finger frei über die Tasten gleiten und tue dabei so, als würde ich aufmerksam der Partitur folgen. Um meine List zu tarnen, gebe ich vor, ein Stück zu üben, das meine Eltern nicht kennen. Sie können keine Noten lesen und sehen nur, wie eifrig ich bei der Sache bin.

Mehrere Monate nach dem Sprechverbot fällt es mir immer noch schwer, einen Laut herauszubringen. Ich stottere, werde rot, verschlucke die Wörter. Am schlimmsten ist es, wenn meine Mutter die Treppe herunterkommt und mich halblaut warnt: »Glaub ja nicht, dass du so davonkommst. Gleich wirst du von Monsieur Didier abgefragt.« Zitternd trete ich vor ihn. Nach jeder Frage sagt er: »Überleg gut, bevor du antwortest.« Das reicht schon, damit meine Stimme zittrig klingt, und ich verfalle schnell in ein jämmerliches Gestammel. Wenn er dann schreit: »Sprich deutlicher! Deutlicher!«, bringe ich nur noch unartikulierte Laute hervor. Wütend schickt mich mein Vater weg: »Hinaus mit dir! Komm wieder, wenn du die Antwort weißt.« Ich kämpfe mit den Tränen und gehe. Ich weiß die richtige Antwort, aber ich bringe sie nicht heraus.

Meine Eltern sind überzeugt, dass ich absichtlich stammle, um zu vertuschen, dass ich meine Aufgaben nicht gemacht habe. Beide sind sehr unzufrieden. Meine Mutter fürchtet, für meine schlechten Leistungen verantwortlich gemacht zu werden. Meinen Vater schaudert bei der Vorstellung, dass ich mich trotz all seiner Bemühungen und aller Übungen, zu denen er mich zwingt, am Ende als das erweise, was er am meisten auf der Welt verabscheut: als »Waschlappen«.

»Hör mir gut zu«, sagt er immer wieder. »Wir sind nicht wie die anderen. Wir sind keine Herdentiere. Wir in unserer Familie haben einen starken Geist, und du wirst ein starker

Geist werden wie ich. Enttäusch mich nicht, werde kein Schwächling wie deine Mutter.« Seine Riesengestalt beugt sich über mich, und er spricht zu mir, ohne mich aus den Augen zu lassen, wobei er jede Silbe einzeln betont, schrecklich wie ein olympischer Gott. Seit ich die griechische Mythologie lerne, sehe ich Zeus, den Blitze schleudernden Gott, in den Zügen meines Vaters.

Der Keller

Es ist mitten in der Nacht. Wir steigen alle drei in den Keller. Ich habe einen Pullover über den Pyjama gezogen und bin barfuß. Normalerweise darf ich nicht ohne Schuhe gehen, damit ich mich nicht erkälte. Schlotternd vor Kälte, gehe ich weiter, ich habe Angst, mich an etwas Scharfem zu verletzen. Vor mir die massige Gestalt meines Vaters, hinter mir meine Mutter, die die Kellertür abschließt. Warum schließt sie ab? Ich begreife nichts von dem, was um mich herum geschieht, und beginne zu bibbern. Auf jeder Stufe wird der Kellergeruch stärker, die feuchten Ausdünstungen, der Gestank nach Schimmel, der mir den Magen umdreht.

Mein Vater setzt mich auf einen Stuhl in der Mitte des großen Kellerraums. Sein Atem geht schwer, und ich sehe die dichten grauen Bartstoppeln, die seit der gestrigen Rasur gesprossen sind. Heimlich spähe ich ins Halbdunkel, ob ich etwa Mäuse entdecke. Hinter dem Kohlehaufen in der Ecke sind vielleicht Ratten. Allein bei dem Gedanken daran falle ich beinahe in Ohnmacht.

Mein Vater spricht: »Du bleibst hier und rührst dich nicht von der Stelle. Du wirst über den Tod nachdenken. Öffne deinen Geist.« Ich habe keine Ahnung, was er damit meint, aber ich versuche nicht, es zu verstehen. Ich denke nur an das, was gleich passieren wird. Was wird er von mir verlangen? Was haben sie mit mir vor? Wollen sie mich etwa hier unten lassen? Und das Schlimmste geschieht: Ich höre, wie sie weggehen, dann erlischt das Kellerlicht. Noch kommt ein kleiner Lichtschein von der Treppe her, dann ist es auf einmal stockdunkel.

Sie sind weg und haben das Licht ausgemacht.

Meine Augen starren in die Finsternis. Nur meine Ohren nehmen etwas wahr, und was ich höre, stürzt mich in einen Abgrund des Grauens. Unheimliche Geräusche von Tieren, die fiepend im Dunkeln umherhuschen, die trippeln, wieder anhalten, irgendetwas durchstöbern und wieder loslaufen. Ich möchte schreien, aber ich bringe keinen Ton heraus, weil ich die Lippen krampfhaft zusammenpresse. Mein Vater hat mir erklärt, dass Mäuse und sogar Ratten es merken, wenn ich den Mund aufmache, dass sie über mich hinwegklettern, in meinen Mund eindringen und mich von innen her auffressen. Er hat mehrere Leute auf diese Weise sterben sehen in den Kellern, in die er sich vor den Granaten im Ersten Weltkrieg geflüchtet hatte. Voller Entsetzen frage ich mich, ob die Mäuse nicht auch durch die Ohren in mich eindringen könnten. Aber ich presse meine Hände an den Kopf, so höre ich nichts mehr und bin blind und taub.

Ich bin nur noch ein jämmerliches Häufchen Elend. Ich bewege mich so wenig wie möglich, ich atme kaum, ich unterdrücke mein Zittern, ich kaue innen an meinen Backen, damit meine Zähne nicht klappern, ich versuche zu verschwinden, gar nicht mehr zu existieren. Vielleicht vergessen die Tiere, dass ich da bin. Aber ich habe Bauchschmerzen. Außerdem habe ich Angst, dass ich gleich in die Hose mache, das ist bestimmt die Art Geruch, die sofort eine ganze Rattenfamilie anlockt. Ich höre sie geschäftig herumwuseln. Manchmal kommen die trippelnden Schritte näher, dann höre ich, wie das Tier innehält und an meinem Stuhlbein schnuppert. Das ist der Augenblick, in dem ich vor Angst wie von Sinnen bin. Hastig ziehe ich die Füße an, doch das tut nach einer Weile so weh, dass ich sie hin und wieder ausstrecken muss, allerdings mit größter Vorsicht, damit sie ja nicht direkt mit dem Fell oder den Zähnen einer Ratte in Berührung kommen.

Endlich geht das Licht wieder an, meine Mutter kommt mich holen. Ich gehe nicht, ich fliege zur Treppe und klettere fast auf allen vieren zur Tür hinauf, die ich um jeden Preis erreichen muss, bevor sie wieder zugeht. Ich weiß, es gibt keinen Grund, warum sie wieder zugehen sollte. Aber eine Stimme in mir brüllt: »Mach, so schnell du kannst, sonst bleibst du auf immer und ewig hier eingesperrt.« Ich höre meine Mutter hinter mir sagen: »Jetzt schaut euch bloß diesen Angsthasen an!« Das ist mir egal, ich muss hier raus.

Ich war derart außer mir, das Entsetzen hatte so sehr meinen Körper erfasst, dass ich mich an nichts hinterher erinnern kann, an keine Erleichterung, nichts. Ich weiß nicht mehr, wie ich den Rest der Nacht verbracht habe, wie ich geschlafen habe und in welcher Verfassung ich aufgewacht bin. Am nächsten Tag war alles wie sonst. Nach der Prüfung gab es keinen nachgeholten Schlaf, keine Entschädigung für den Aufruhr der Gefühle. »Sonst wäre es doch keine Prüfung!«, sagte mein Vater.

Als mich meine Eltern einen Monat danach erneut mitten in der Nacht wecken, begreife ich blitzartig: Das war keine einzelne Prüfung, das war erst der Anfang einer Übungsreihe, die ich jeden Monat durchzustehen habe. Ich weiß nicht, wie es mir gelingt, einen Fuß vor den anderen zu setzen. Wie ein Automat gehe ich die Treppe hinunter, mache nicht einmal den Versuch, zu fliehen. Als wäre ich festgebunden auf einer Rolltreppe, die zu einem Fleischwolf führt, der mich in Stücke hackt. Bald nimmt mir der eklige Kellergeruch den Atem, bald ersticke ich im totalen Schrecken der totalen

Dunkelheit und der totalen Stille. Mit aller Kraft bete ich, dass das aufhört, dass ich verschwinde. Ich rufe nach dem Tod, ich flehe ihn an, mich zu holen. Ist das damit gemeint, »über den Tod nachzudenken«?

Eines Nachts, als wir wieder zu dritt die Kellertreppe hinuntergehen, vergisst mein Vater, sich zu bücken, und schlägt heftig mit der Stirn gegen einen Eisenträger. Die Prüfung wird augenblicklich ausgesetzt. Wenn mein Vater verletzt oder krank ist, wird alles andere sofort hintangestellt, bis er sich wieder erholt hat. Wir steigen also hastig wieder hoch, um seine Wunde zu versorgen. Insgeheim fühle ich mich erleichtert, gleichzeitig aber auch schuldig. Ich bin ein böses Mädchen, das sich über die Verletzung seines Vaters freut. Ein böses Mädchen, das für seine bösen Gedanken wird bezahlen müssen.

Ich brauche nicht lange darauf zu warten. Einen Monat später begleitet mich mein Vater nicht mehr, wenn ich in den Keller hinuntersteige. Im Vorbeigehen sehe ich ein Stück gelben Schaumstoff an der Stelle, wo er sich den Kopf angeschlagen hat. Mit einem Anflug von Wehmut spüre ich wieder die unverhoffte Freude, die ich empfunden hatte. Ich bin also wirklich ein schlechter Mensch. Und das ist meine Strafe: Ich muss eine Weste mit aufgenähten Schellen überstreifen, bevor ich mich auf einen Hocker setze. Ich kann mich nicht mehr anlehnen und damit auch nicht mehr die Beine anziehen. Wenn ich mich bewege, hören meine Eltern vom Büro aus die kleinen Glöckchen. Ich beschließe, dass mir das egal ist, dass mir ab jetzt alles egal ist.

Aber ich spüre, wie mein Herz schneller schlägt, als ich die Schritte meiner Mutter auf der Treppe nach oben höre. Das Licht erlischt, der Schlüssel dreht sich im Schloss. Die Finsternis verschlingt mich wieder. Ein weiteres Mal bin ich den Geräuschen ausgeliefert. Ich habe jetzt Schuhe an. Von Zeit zu Zeit schlage ich sie gegeneinander und passe auf, dass die

Glöckchen an meiner Weste nicht klingeln. Das scheint zu wirken, denn gleich nach dem Klappern meiner Schuhsohlen höre ich Geräusche von Pfoten, die davontrippeln.

Mein Vater erklärt mir, warum ich über den Tod nachdenken soll: Es geht darum, mich an das Reich der Toten zu gewöhnen, ich soll mich mit ihnen wohl fühlen und sie sich mit mir. In der Dunkelheit kann man mit ihnen in Verbindung treten. Später soll ich mich dann zwischen dem Reich der Lebenden und dem der Toten bewegen. Er weiß wahrscheinlich nicht, dass mich nicht die Toten in Angst und Schrecken versetzen, sondern die Ratten. Ich erzähle ihm aber nichts davon, denn wenn er es wüsste, würde er mich gewiss von meinen Ängsten heilen wollen und mich zwingen, die Ratten noch näher an mich heranzulassen.

Arthur

Nachdem ich Rad fahren und schwimmen gelernt habe, muss ich jetzt reiten lernen. Mein Vater will, dass ich eine ebenso perfekte Reiterin wie Will Scarletts Maude werde. Es gibt aber auch praktischere Motive. Vor allem kann Reiten sehr nützlich sein, wenn man fliehen muss, was ja auch für das Schwimmen gilt. Zweitens ist es unabdingbar notwendig für den Augenblick, wo ich, wie mein Vater, in einen Ritterorden aufgenommen werde; natürlich muss ich mich dazu für einen Mann ausgeben. Über diese Erklärung zerbreche ich mir vergeblich den Kopf, sie lässt mich ratlos. Freilich ist mein Vater ein Ritter, aber bestimmt hat er noch nie auf dem Rücken eines Pferdes gesessen …

Ein dritter, noch triftigerer Grund: Ich muss beim Zirkus unterkommen können, falls ich später einmal untertauchen oder unerkannt unterwegs sein muss. In einem Zirkus fragt man nicht nach deinen Papieren, da verlangt man, dass du dich auf einem Pferd halten kannst, auf den Händen laufen und Saltos machen kannst. »Diese Fähigkeiten wirst du dir alle aneignen«, versichert mein Vater. »Jetzt beginnen wir erst einmal mit dem Reiten.«

Natürlich kommt es nicht in Frage, in einen Reitverein einzutreten. Meine Ausbildung erfolgt unter der Leitung meiner Mutter, und im Park existiert bereits ein kleiner Pferdestall nahe beim Ententeich. Mein Vater hat vor kurzem einem Bauern ein Pferd abgekauft. Es heißt Arthur und ist ein Schatz von einem schwarz-weiß gescheckten Doppelpony. Zwischen Arthur und mir ist es Liebe auf den ersten Blick. Wenn er mich sieht, schaut er mich mit einem breiten Lächeln an. Er stupst mich mit dem Kopf an und senkt ihn dann, um mich aufsteigen zu lassen. Ich klettere auf seinen Hals, halte mich an seiner Mähne fest und setze mich rittlings auf seinen Rücken. Er wartet, bis ich mich umgedreht habe, und dann geht es zusammen ab durch die Alleen des Parks.

Ich reite ohne Sattel und halte mich mit beiden Händen an der Mähne fest. Ich bin überglücklich. Ich mag Arthurs Geruch, ich liebe das Klappern seiner Hufe auf den roten Kieseln. Kaum sind wir auf dem Rasen, trabt er an, aber nicht zu schnell: Er achtet darauf, dass ich nicht aus dem Gleichgewicht gerate. Ich hüpfe auf seinem Rücken im Rhythmus seines gemächlichen Trabs, und mein Herz macht Freudensprünge.

Kurz darauf wird ein beim Versandhaus Manufrance bestellter tiefbrauner Sattel geliefert, dem ein intensiver Ledergeruch entströmt und der zwanzigtausend Francs kostet. Meine Eltern erinnern mich ständig daran, wie teuer er ist. Ich finde ihn vor allem sehr schwer für ein kleines Pferdchen wie Arthur. Meine Mutter will mir zeigen, wie man ein Pferd aufzäumt. Sie legt das Zaumzeug an, das Halfter, dann legt sie den Sattel auf und beginnt, den Sattelgurt anzuziehen … Dabei merkt sie nicht, dass Arthur seinen Bauch gebläht hat. Dann stellt sie einen Fuß in den Steigbügel und schwingt das andere Bein über die Kruppe. In dem Moment zieht der kleine Schlaumeier seinen Bauch wieder ein, der Sattel rutscht herunter und … plumps!, liegt sie zwischen Arthurs Beinen, ihr Knoten hat sich gelöst, die Haarnadeln liegen über den

Kies verstreut, sie ist furchtbar wütend. Arthur wohnt der Szene mit würdevoll erhobenem Haupt bei, als wäre der Vorfall seine Aufmerksamkeit nicht wert.

Meine Mutter steht wieder auf und traktiert den Bauch des Pferdes mit Fußtritten. Arthurs unerschütterliches Phlegma, seine Weigerung, sich aufzuregen, auszuschlagen oder zu beißen, löst bei mir hemmungsloses Lachen aus. Sie geht und lässt alles liegen und stehen. Selbst die Ohrfeige, die sie mir im Vorbeigehen verpasst, verstärkt nur noch meine Heiterkeit. Ich kann mein Lachen kaum unterdrücken, löse den Gurt und nehme den Sattel ab, schwanke unter dem Gewicht. Dann nehme ich das Zaumzeug und die Trense ab. Wortlos verfolgt mein Vater die Szene. In meinem Rücken spüre ich seinen missbilligenden Blick, aber ich versuche, ihn zu ignorieren, ich könnte sonst erneut in Gelächter ausbrechen.

Zwei Wochen später kommt ein Paket von Manufrance mit einer Reitpeitsche. Wieder sattelt meine Mutter Arthur. Aber diesmal überzeugen ihn einige Schläge mit der Gerte, seinen Bauch nicht aufzublähen. Es gelingt ihr also, ihn richtig zu satteln und aufzusitzen. Arthur setzt sich in Bewegung, aber nur im Schritt, mit gesenktem Kopf verweigert er den Trab. Meine Mutter sagt: »Schau genau zu: So muss man reiten, nicht wie du, wie eine kleine Wilde.« Ich weiß nicht genau, was sie damit meint, aber »kleine Wilde« ist ein hübsches Wort. Gern bin ich eine kleine Wilde, vor allem, wenn es all das umfasst, was Arthur und ich zusammen erleben.

Arthur liebt noch jemand anders, nämlich Linda. Tagsüber sehe ich ihn manchmal wie angewurzelt vor ihrem Gitter stehen. Morgens, wenn ich die Hündin zehn vor acht einsperren muss, versucht Arthur, ebenfalls in die Hütte zu gelangen. Natürlich geht das nicht, aber ich weiß, dass sie das nachts nachholen: Linda besucht ihn im Stall. Vor dem Einschlafen stelle ich mir vor, wie sie sich aneinanderschmiegen. Und mich sehe ich neben ihren warmen Leibern kauern.

Kann man sagen, ein Tier bringt einem bei, wie man sich freut? In all meiner Not habe ich das unerhörte Glück, diese Quelle großer Freude zu haben. Wenn ich an Arthur denke, ist mein Herz erfüllt von Zärtlichkeit und Leichtigkeit, schon bei dem Gedanken, an ihm vorbeizugehen, seinen fröhlichen Blick zu erhaschen. Nachts rufe ich mir ins Gedächtnis zurück, wie er geduldig und gelassen die Fußtritte eingesteckt hat. Ich lache leise unter der Bettdecke. Ich liebe Arthur. Ich liebe Linda. Linda liebt Arthur, und Arthur liebt Linda. Gemeinsam sind wir stark und schön. Allein die Augenblicke der Liebe wiegen alles auf, was ich ertragen muss.

Und es gibt immer mehr zu ertragen. Die »harte Pädagogik« verlangt, dass ich mich an spartanische Lebensverhältnisse gewöhne. Vergnügungen sind natürlich ausgeschlossen. Man muss lernen, mit möglichst wenig Schlaf auszukommen, schlafen ist Zeitverschwendung. Man muss üben, auf alle Freuden zu verzichten, allen voran die Freuden des Gaumens, die der sicherste Weg zur Verweichlichung sind. Meine Mutter lässt Mehl, Öl, Zucker, Butter, Hefe und so weiter säckeweise liefern, aber nie gibt es Obst, Joghurt, Schokolade oder irgendeine andere Süßigkeit. Wegen meines Trainings habe ich besondere Regeln einzuhalten, wie zum Beispiel niemals frisches Brot zu essen. Mein Anteil an dem Brot, das wir alle vierzehn Tage backen, wird systematisch aufgehoben, damit es altbacken wird.

Etwas zu genießen, stellt einen schweren Fehler dar. Mein Vater legt größten Wert darauf, die Festtage zu entzaubern, vor allem die am Jahresende, sie sind am schlimmsten, mit dieser Entfaltung künstlicher Ausgelassenheit, die überall auf der Welt zelebriert wird. Ich muss mich darin üben, nicht diesen Irrtümern zu frönen. Bei uns sind Weihnachten und Neujahr gleichbedeutend mit zusätzlicher Arbeit. Nach dem

Abendessen muss ich mit meiner Mutter hoch ins Klassenzimmer und sechs zusätzliche Stunden am Stück bis zwei Uhr morgens ableisten. Auf dem Programm stehen die undankbarsten Fächer, wie Latein, Deutsch, Mathematik … Am folgenden Morgen erlaubt mein Vater, trotz der fehlenden Stunden Schlaf, keinerlei Abweichung vom üblichen Stundenplan.

Letztes Jahr an Weihnachten kam der Briefträger und bot Werbekalender der Post an. Mein Vater bat ihn herein und ließ ihm ein Glas Cognac bringen. Dann sagte er zu mir: »Maude, komm, such dir einen Kalender aus.« Ich betrachtete einen nach dem anderen, sie waren alle so schön! Schließlich wählte ich einen, auf dem ein entzückender Wurf Welpen abgebildet war. Als ich aufsah, begegnete ich dem vernichtenden Blick meines Vaters.

Meine Mutter steckte dem Briefträger einen Geldschein zu und begleitete ihn zur Tür. Mein Vater wandte sich mir zu mit donnernder Stimme: »Maude, wenn ich sage, du sollst etwas aussuchen, dann heißt das nicht ›aussuchen‹. Das heißt, entschlossen das nehmen, was vor dir liegt, so dass dein Gegenüber nicht das geringste Zögern wahrnimmt. Aussuchen heißt nicht, etwas zum eigenen Vergnügen tun, nur Schwächlinge zögern und tun etwas zu ihrem Vergnügen. Das Leben ist nicht zum Vergnügen da, das Leben ist ein erbarmungsloser Kampf. Wenn du jemandem zeigst, was dir Vergnügen bereitet, zeigst du ihm deine Schwachstellen, und die wird er nutzen, um dich fertigzumachen. Wenn du so handelst wie gerade eben, bringst du uns alle in Gefahr.«

Ich bin sicher, mein Vater hat recht. Trotzdem, wie kann man mir vorwerfen, ich sei vergnügungssüchtig? Ich weiß schon, was Vergnügen ist, das steht in den Büchern: Eis, Kuchen, Feste, Bälle, Weihnachtsbäume … alles Dinge, die ich nie gesehen oder gekostet habe, und ehrlich gesagt, sie fehlen mir auch nicht. Warum verdächtigt er mich nur so beharrlich? Ich habe noch nie von einem Weihnachtsbaum geträumt.

Wovon ich träume, das sind die Schmetterlinge, die Marienkäfer, die Kleeblätter, die Löwenmäulchen, die aussehen wie kleine Münder, wenn man sie zusammendrückt; ich stelle mir vor, ich könnte mit ihnen sprechen, und ich bedaure, kein Bauchredner zu sein, damit ich zu ihren Lippenbewegungen passende Wörter sagen könnte. Die Stachelbeeren, die Arthur und ich heimlich pflücken, um ihren säuerlichen Geschmack zu kosten. Die Vögel, die am Himmel fliegen und nicht durch die Gitter rings ums Haus aufgehalten werden. Und die Tauben, vor allem wenn sie miteinander turteln.

Seit der Geschichte mit dem Kalender habe ich begriffen, dass ich meine Begeisterung, mein Entzücken verbergen muss. Wenn ich jetzt etwas Wunderbares sehe, schaue ich gleichgültig drein.

Der Schlächter

Für meinen Vater ist Komfort Teil des verderblichen und daher zu bekämpfenden »Vergnügens«. Die Betten dürfen nicht weich, die Laken nicht angenehm anzufassen sein, die Sitzgelegenheiten nicht bequem. Angesichts der vielen Stunden, die ich am Klavier verbringe, hatte Madame Descombes mehrmals vorgeschlagen, meinen Hocker durch einen Beethovenstuhl mit Lehne zu ersetzen. Natürlich vergeblich.

Trotz der eiskalten Winter in Nordfrankreich wird das riesige Haus kaum beheizt. Mein Zimmer darf überhaupt nicht geheizt werden, um den Vorschriften einer Erziehung »auf die harte Tour« zu genügen. Manchmal ist es so kalt, dass die Fensterscheiben innen vereisen. Das halbe Jahr über ist die Zeit des Zubettgehens und des Aufstehens eine Qual, die ich abzumildern versuche, indem ich mich so schnell wie möglich an- und ausziehe.

Aus den gleichen Gründen muss ich mich mit kaltem Wasser waschen. »Warmes Wasser ist etwas für Weichlinge. Wenn du später einmal eingesperrt bist, musst du zeigen, dass du eisiges Wasser nicht scheust. Du musst dich selbst mit Schnee waschen können, ohne mit der Wimper zu zucken.« Meine Eltern dürfen warmes Wasser benützen, besonders mein Vater, der ja »der Wille selbst« ist und nichts mehr zu beweisen braucht.

Wir baden einmal in der Woche. Mein Vater glaubt nicht an die Wohltat täglicher Waschung: »Dein Körper gibt eine Schicht Antikörper ab, die dich vor Keimen schützt. Beim Baden verlierst du deine Abwehrkräfte und setzt dich Krankheiten aus«, versichert er und fügt hinzu: »Außer du badest im selben Wasser wie ich: Ich schütze dich vor Verschmutzungen von außen.« Darum muss ich warten, bis meine Eltern gebadet haben, um dann in die Wanne zu steigen, ohne das Wasser zu wechseln. Mein Vater sagt immer: »Dir mein Wasser zu überlassen, ist eine Ehre für dich. So bekommst du meine Energien, die in dich eindringen.« Nicht nur, dass das Wasser in der Zwischenzeit kalt geworden ist, sondern es ist auch mit scheußlichem graugelbem Seifenschaum bedeckt. Ich wasche mich schnell, presse Lippen und Augenlider zu und versuche, möglichst wenig zu atmen.

Immer mit dem Ziel, mich »abzuhärten«, muss ich nun zusammen mit meiner Mutter dem Metzger helfen, der alle vier bis fünf Monate kommt, um die Tiere zu schlachten, die mein Vater lebend liefern lässt. Das sind jedes Mal zwei oder drei Tage des Schreckens, die jeweils mit dem Wecken um halb vier Uhr morgens beginnen. Der Metzger, ein Angestellter des Schlachthauses von Wormhout, trifft um vier Uhr ein. Während wir auf den Lieferwagen warten, bekommt er Weißwein in der Küche. Er verzapft einen solchen Unsinn, dass wir uns fassungslos anschauen. Fasziniert betrachte ich seinen einzigen Zahn, einen braunen Stumpf, der an seinem Oberkiefer hängt und den er ständig mit der Zunge hin und her bewegt.

Ich muss ihn begleiten, wenn er das Tier vom Lastwagen herunterholt. Handelt es sich um eine Kuh, gehen wir in den Stall. Er nimmt seine schwere Bolzenpistole, setzt sie zwischen den Augen des Tiers auf und drückt ab. Wie vom Blitz getroffen stürzt die Kuh mit einem dumpfen Geräusch zu Boden. Dann hängt er sie mit dem Kopf nach unten an einem Haken auf. Ein Schaf oder ein Schwein bringen wir in die Nähe der Voliere ins Freie, und der Schlächter trennt ihm mit einem großen Messer die Kehle durch. Dann schleppt er den Kadaver in den Stall und hängt ihn dort auf. Mit den Schweinen ist es ganz schlimm. Sie wissen, was sie erwartet, wehren sich mit allen Kräften und quieken markerschütternd.

Der Schlächter lässt sich nicht aus der Fassung bringen. Er verrichtet seine Arbeit, wie wenn er Holz hacken würde. Damit das Fleisch nicht zäh wird, erklärt er, muss das Tier vierundzwanzig Stunden aufgehängt bleiben. Er fährt also wieder ab und kommt erst am nächsten Morgen in aller Frühe wieder, um den Kadaver zu zerlegen. Er schafft das Fleisch in großen Stücken in den Keller, wo wir bis zur weiteren Verarbeitung auf ihn warten. Hier zerlegt er es in kleinere Portionen, die meine Mutter und ich verpacken. Jedes Stück muss mit einem Etikett bezeichnet werden, bevor es in der Gefriertruhe eingelagert wird. Eine Kuh oder ein Schaf ergibt Hunderte von Päckchen, die nach und nach die drei großen, an ein Stromaggregat angeschlossenen Tiefkühltruhen füllen. Dann kommen die minderwertigen Teile an die Reihe: Der Schlächter entleert die Eingeweide und stellt Blutwurst her. Die Arbeit dauert bis in den Abend inmitten des grässlichen Gestanks von Blut und rohem Fleisch. Manchmal werden wir nicht fertig, dann muss der Schlächter am folgenden Tag noch einmal kommen und die Arbeit beenden.

Ich hasse es, in diesen Keller gesperrt, von diesem Todesgeruch umgeben zu sein. Ich habe Rückenschmerzen, mir ist übel. Unaufhörlich packen wir noch mehr Portionen ab. Das Allerschlimmste aber ist die Schlachtung eines Kalbs. Damit das zarte Fleisch nicht »kippt«, muss das Tier ruhig und entspannt sein. Es ist meine Aufgabe, es zu beruhigen. Mit seinem breiten, zahnlosen Lachen erklärt der Schlächter: »Ah, nichts kann ein Tier besser beruhigen als ein Kind, ganz besonders ein kleines Mädchen!«

Ich werde also allein gelassen mit dem angeketteten Kalb. Wie lange bleibe ich bei ihm, nahe beim Stall? Ich habe ein wenig Angst vor dem Tier, es ist ja auch viel größer als ich. Auch habe ich Angst, dass mir meine Aufgabe misslingt. Mein Vater hat mir gesagt, dass man morgen an der Farbe des Fleisches feststellen kann, ob ich es richtig gemacht habe. Ist das Fleisch rosa, ist es schiefgegangen, dann muss ein neues Kalb gebracht und getötet werden. Ich spreche leise mit ihm, ich bete, dass sein Fleisch nicht rosa wird. Aber je länger ich das Tier streichle, desto mehr wächst es mir ans Herz. Ich wünschte, die Zeit würde anhalten, der Augenblick seines Todes auf ewig hinausgeschoben.

Plötzlich steht der Schlächter vor dem Tier, und mit einer raschen Handbewegung setzt er die Pistole an seiner Stirn auf. Das Kalb stürzt augenblicklich zu Boden. In seinem fassungslosen Blick die Frage: »Warum?« Ich falle ebenfalls hin, mein Fuß ist eingeklemmt unter dem leblosen Körper. Der Schlächter befreit mich unter schallendem Gelächter.

Während der Schlachttage breche ich fast zusammen aus Schlafmangel und Erschöpfung, wegen des Gestanks und der Heftigkeit der Gefühle. Auch bei meiner Mutter liegen die Nerven blank. Manchmal bekommen wir ohne Vorwarnung beide einen Lachkrampf beim Anblick eines dämlichen Gesichtsausdrucks des Schlächters oder wegen eines Blödsinns, den er von sich gibt. Es gelingt uns nur mit Mühe, wieder ernst zu werden; dann reicht ein kurzer Blickaustausch, und wir platzen wieder los vor Lachen.

Beim Essen bemühen wir uns sehr, unsere Heiterkeit zu verbergen. Lachen reizt meinen Vater aufs äußerste. Er betrachtet es als Energieverschwendung, als Beweis, dass man sich nicht beherrschen kann. Auch Lächeln findet vor seinen Augen keine Gnade. Wenn er mich ganz entrückt lächeln sieht, fährt er mich an: »Willst du der Dorftrottel sein? Nur Idioten lächeln. Dein Gesicht hat ernst und ausdruckslos zu sein, damit deine Gegner verunsichert werden. Gib nie etwas preis.«

Wir flüchten uns in die Küche unter dem Vorwand, den Nachtisch zu holen. Die Anwesenheit eines Gastes ist eine der seltenen Gelegenheiten, wenn es am Ende der Mahlzeit Apfelkuchen gibt. Das letzte Mal, als der Schlächter hier war, passierte ein Missgeschick. Auf dem Weg zur Veranda rutscht der Kuchen vom Tablett und landet auf einer Handvoll Hundehaare! Entsetzt schauen wir uns an: Mein Vater wird uns vor diesem Dummkopf eine Szene machen. Wortlos lesen wir den Kuchen auf und gehen wieder in die Küche. Meine Mutter kratzt ihn mehr schlecht als recht mit einem Messer ab und stellt ihn wieder auf das Tablett.

Nach den ersten Bissen erstickt der Schlächter beinahe. Zwischen zwei Hustenanfällen sagt er ein paarmal verwundert: »Komisch, fühlt sich an, als hätte ich ein Haar verschluckt.« Während mein Vater mit tiefernster Miene zuschaut, wie er nach Luft ringt, beeilen wir uns mit gesenktem Blick, um uns ja nicht anzusehen, den Tisch abzuräumen. Dann rauschen wir in die Küche, wo wir endlich in schallendes Gelächter ausbrechen können. Erst nach etlichen Minuten haben wir uns einigermaßen beruhigt und können uns anschauen, ohne erneut loszulachen. Meine Mutter schaut mich einen Augenblick mit fröhlich funkelnden Augen an. Sehr rasch wenden wir aber verlegen den Blick wieder ab. Wir sind es nicht gewohnt.

Die Bohrer

Im Leben gibt es zwei Arten von Bohrern. Der eine macht sich unverzüglich ans Werk, um den Boden anzubohren, auch wenn er auf Kiesel oder Backsteine trifft; Millimeter für Millimeter gräbt er sich in die Erde ein. Der andere möchte ebenfalls so schnell wie möglich eindringen, beschließt aber, zuerst den »richtigen« Boden zu finden. Einige Zeit später hat es der erste geschafft und steckt vollständig im Boden, während der zweite noch herumexperimentiert, da er noch nicht die Stelle gefunden hat, die keinen Widerstand bietet.

Ich muss dem Beispiel des ersten Bohrers folgen, der durch Ausdauer zum Ziel gelangt. Aber die Vorstellung, ich könnte eines Tages dieses Ding werden, das bis zum Hals in den Boden gerammt ist, macht mir große Angst. Ich möchte lieber wie der zweite Typ Bohrer herumexperimentieren, ohne mich irgendwo festzulegen. Natürlich sage ich das nicht, doch meine Eltern scheinen es zu ahnen. Wenn ich mich für etwas interessiere, was nicht in meinem Lernprogramm vorgesehen ist, zum Beispiel Spanisch lernen oder seilhüpfen will, dann verkündet mein Vater in strengem Ton: »Der Bohrer!«

Die Lektüre des *Rattenfängers von Hameln* hatte mir

Lust gemacht, Flöte zu lernen. Angesichts der vielen Instrumente, die ich spielen können muss, dachte ich, das wäre kein Problem. Da bekam ich zu hören: »Der Bohrer.« Wenn ich im Unterricht eine Frage stelle zu dem Thema, das wir gerade behandeln, wie zum Beispiel: »Wie leben die Eskimokinder?«, antwortet meine Mutter: »Was hat dir dein Vater über den Bohrer beigebracht?«

Liegt das an meiner heimlichen Vorliebe für den leichtsinnigen Bohrer? An meiner unangebrachten Neugier? Oder an meiner zweifellos allzu ausgeprägten Lust, die Welt jenseits der Gartentore kennenzulernen? Wir gehen überhaupt nicht mehr aus dem Haus, und seit Monaten spricht niemand mehr auch nur von der Möglichkeit, zum Markt in Hazebrouck oder sonst wohin zu gehen. Wenn mein Vater mich zu sich ruft, spricht er stets vom Gleichnis mit den zwei Bohrern. Er findet wohl, dass ich mich zu sehr verzettele.

Manchmal befiehlt er mir, die alte Pendeluhr auf dem Esszimmerkamin unverwandt anzuschauen. »Maude, hör mir jetzt gut zu: Du verfolgst mit den Augen die Pendelbewegung, ohne an irgendetwas anderes zu denken, und zwar so lange, bis ich Halt sage.« Mein Vater liebt die Uhren unter der Glasglocke mit dem vergoldeten Drehpendel so sehr, dass er einen ganzen Schwung davon gekauft hat. In mindestens sieben oder acht Räumen des Hauses stehen sie an prominenter Stelle. Freilich weiß er nicht, dass ich sie nicht mag. Ich empfinde sie als Feinde. Sie machen mir Angst, und gleichzeitig verachte ich sie wegen ihrer stupiden Mechanik, ihrer falschen Vergoldung, ihrem ewigen »Ich drehe mich zu einer Seite, ich drehe mich zur anderen Seite, einmal nach links, einmal nach rechts« und ihrem lächerlichen Stolz darauf, unter einer Glasglocke zu leben …

Heute Morgen erklärt meine Mutter auf dem Weg ins Klassenzimmer ohne Umschweife: »Ab heute Abend kommst du in ein anderes Zimmer. Du bist jetzt sieben, das ist das richtige Alter. Dein Vater hat es beschlossen.« Ich frage mich, warum er diese Entscheidung getroffen hat. Vermutlich nicht so sehr, damit ich weiter von meiner Mutter entfernt bin, deren Zimmer von meinem durch ein kleines Bad getrennt ist, sondern damit ich mich nicht mehr mit dem, was draußen vor sich geht, beschäftigen kann. Mein Fenster geht nämlich auf die Straße und hat zu meinem großen Glück keinen Fensterladen. Hat mein Vater erraten, dass ich allabendlich hinter dem roten Samtvorhang spicke und heimlich das wundervolle Leben der Nachbarn von gegenüber betrachte? Ich sehe, wie sie von einem Zimmer ins andere gehen, wie sie miteinander reden, fernsehen. Manchmal öffnen sie eine Schachtel mit Keksen und fischen einen heraus. Ich staune, dass man einfach so essen kann, ohne bei Tisch zu sitzen, ohne um Erlaubnis zu fragen ... Und alles bei eingeschaltetem Licht, als wären sie sich der Gefahr durch die im Hinterhalt lauernden Schützen gar nicht bewusst.

Beklommen warte ich auf den Augenblick, wo ich zu Bett gehen muss. Ich weiß nicht, wo ich heute Nacht unterkommen werde. Alle Zimmer machen mir Angst, noch am wenigsten das Gästezimmer. Es ist furchtbar groß, aber wenigstens geht ein Fenster auf die Straße, die Autos, die Passanten, das Leben ... Ich hoffe inständig, dass sie mir dieses geben.

Abends muss ich meine Sachen zusammenpacken. Das geht schnell, ich habe nur einen Pyjama, eine Zahnbürste, eine dicke Weste, zwei Paar Socken und vier Unterhosen. Ich folge den Eltern auf den Flur. Wir gehen an der Tür zu dem riesigen Zimmer meines Vaters vorbei und bleiben vor der nächsten stehen. »Hier wirst du jetzt einziehen. So kann ich alles hören, was du machst. Und jetzt schließ diesen Fensterladen«, befiehlt mein Vater. Bevor er geht, erklärt er mir, ich solle meine Tür verriegeln, »für den Fall, dass Einbrecher ins Haus eindringen«.

Ich bleibe allein zurück, verwirrt von dem unbekannten

Geruch dieses fremden Zimmers. Ich bin so traurig und friere so sehr, weit weg vom Licht der Straßenlaternen und von den Geräuschen draußen. Nichts gibt es mehr zwischen mir und meinen nächtlichen Ängsten.

Nach diesem Umzug trete ich in eine neue Lebensphase ein. Ab jetzt muss ich mein Programm auf die Minute einhalten. Jeden Morgen vergleichen wir unsere Uhren, »genau wie die Bombenleger und die Attentäter«, erklärt mein Vater, denn unser Erfolg hängt wie der ihrige von unserer Präzision ab. Mein Vater ist äußerst pünktlich, er hat mir eine Erwachsenenuhr geschenkt, als ich fünf wurde, und hat verlangt, dass ich die Uhr lesen kann.

Von klein auf bin ich daran gewöhnt, einen engen Zeitplan einzuhalten. Vor kurzem hat meine Mutter begonnen, meinen Gang zur Toilette zu kontrollieren; sobald ich länger als drei Minuten drin bin, klopft sie an die Tür: »Brauchst du noch lange? Komm jetzt raus!« Seitdem ist mein ganzer Tagesablauf vom Wecken um sechs bis zum Zubettgehen um halb elf nach der Uhr geregelt und läuft nach einem detaillierten Programm ab, das meine Eltern aufgestellt und in ein großes Heft eingetragen haben. Ich darf darin nicht lesen. Meine Mutter zitiert daraus, oft in Gegenwart meines Vaters.

Falls sich etwas an dem Plan ändert, wenn zum Beispiel mein Musiklehrer eine Stunde auf den nächsten Tag verschiebt oder wenn Arbeiten im Garten außer der Reihe anfallen, schreibt sie es in das Heft. Solche Änderungen werden mir beim Essen mitgeteilt. Jeder Tag meines Lebens ist in diesem Heft niedergelegt, von Montagmorgen bis Sonntagabend, sommers wie winters, ohne jede Ausnahme. Die Zeit des Aufstehens und die Schlafenszeit können variieren, wenn wir dem Schlächter zur Hand gehen müssen oder während der »Festtage«. Aber selbst diese Abweichungen gehorchen unveränderlichen Regeln.

Noch eine große Neuerung: Von nun an ist es meine Aufgabe, das Haus zu wecken. Dazu muss ich vor allen anderen aufstehen. Obwohl ich einen alten Wecker besitze, darf ich ihn nicht benützen: Ich muss in der Lage sein, von allein aufzuwachen. Wenn der Arbeitstag länger als gewöhnlich dauert, stelle ich manchmal heimlich den Wecker und verstecke ihn unter meinen Decken in der Hoffnung, sein Läuten zu dämpfen. Doch das ist eine überflüssige Vorsichtsmaßnahme. Ich fürchte so sehr, in flagranti erwischt zu werden, dass es ist, als hätte ich eine Pendeluhr verschluckt, die mich gerade noch rechtzeitig weckt. Jeden Morgen atme ich auf, wenn ich das Scheitern, die Demütigung und die Bestrafung vermieden habe.

Der Stundenplan

Wenn ich um sechs Uhr aufstehe, muss ich innerhalb von zehn Minuten fertig angezogen sein. Ich habe jetzt einen Schlüssel, mit dem ich meine Zimmertür aufschließen und meine Mutter Punkt sechs Uhr zehn wecken kann. »Wenn ich sechs Uhr zehn sage, dann meine ich nicht sechs Uhr neun und auch nicht sechs Uhr elf«, betont mein Vater. Ich warte in meinem Zimmer, bis der Minutenzeiger auf der Neun steht, dann stelle ich mich im Gang hin, und genau in dem Moment, wo der Zeiger auf die Zehn rückt, klopfe ich an die Tür.

Dann gehe ich hinunter und frühstücke zehn Minuten lang in der Küche, im Stehen, um keine Zeit zu verlieren. Ich wärme den Kaffee auf, der schon vom Vorabend bereitsteht. Ich gieße ein wenig Gloria-Milch aus der Tüte in meine Kaffeetasse. Ich mag den Geruch der Gloria-Milch nicht, aber ich muss sie nehmen, »zur Kräftigung«, ebenso wie die zwei Stück Zucker, die ich in die Tasse geben muss. Ich nehme das harte Stück Brot, das extra für mich tags zuvor aus der Lade genommen wurde. Manchmal tunke ich es heimlich in den Kaffee. Das ist zwar streng verboten, aber manchmal tun mir die Zähne so weh, dass ich es riskiere, gegen die Regel zu verstoßen, und dabei lausche ich auf Schritte.

Meine Mutter kommt nämlich gelegentlich geräuschlos herunter und versteckt sich im Büro, um mich zu beobachten. Als ich klein war, schreckte ich zusammen, wenn ich sie regungslos hinter mir stehen sah. Dann schaute sie mich wortlos an und verzog das Gesicht zu einem schmalen Lächeln, als wollte sie sagen: »Ich hab dich im Auge, du entkommst mir nicht.« Ich konnte nicht mehr schlucken, fühlte mich schuldig wegen eines schweren Vergehens, aber was war das für ein Vergehen?

Ich kenne nun die Geräusche des Hauses so genau, dass ich das geringste Knacken orten kann. Ich weiß, wenn sie auf Zehenspitzen herunterkommt, ich weiß, wenn sie sich hinter der Bürotür postiert hat. Ich drehe mich nicht um. Ich höre, wie sie den Atem anhält, auch ich atme so leise wie möglich. Ich bin »perfekt« mit meiner Art, im Stehen zu essen und dann meine Tasse zu spülen. Dann höre ich sie weggehen, was alsbald bestätigt wird durch das Knarren einer bestimmten Treppenstufe.

Um sechs Uhr zwanzig begebe ich mich im Winter in das Esszimmer, im Sommer auf die Veranda und übe dreißig Minuten lang Tonleitern. Ich singe laut und schlage den Takt mit einem Stöckchen auf einer Art Holzschachtel, die mein Vater anfertigen ließ, damit mich meine Mutter überwachen kann, während sie sich in der Küche zu schaffen macht.

Um sechs Uhr fünfzig gehe ich in den Garten und marschiere zwanzig Minuten lang zügig; dabei darf ich nur leicht bekleidet sein. Im Winter ist es um die Uhrzeit noch sehr kalt und zudem stockfinster. Das Licht über dem Küchenvordach ist mein einziger Anhaltspunkt. Mit einer Taschenlampe bewaffnet, muss ich mich an der Voliere und dem Gewächshaus orientieren, einem Teil des Parks, der von außen nicht einsehbar ist. Mein Vater verlangt, dass ich nie zweimal dieselbe Runde mache. »Wenn man regelmäßig zur selben

Zeit unterwegs ist, ist es unerlässlich, die Route zu variieren, andernfalls könnte jemand, der über die Mauer geklettert wäre, dir auflauern und dich entführen.«

Mir ist kalt, aber ich bin froh, mich in diesem Teil des Gartens aufhalten zu können. Linda folgt mir im Dunkeln, ich spüre sie hinter mir. Ich wage nicht, etwas zu ihr zu sagen, aus Furcht, die »Leute, die mir auflauern«, auf mich aufmerksam zu machen. Wir besuchen Arthur im Stall, ich streichle ihn geräuschlos, vergrabe mein Gesicht in seiner Mähne, sein Geruch wärmt mir die eisigen Glieder.

Im Frühjahr muss ich morgens, wenn es hell wird, am Hühnerstall vorbei und die Eier einsammeln. Manchmal muss ich auch zu dem Entenschuppen, was ich hasse. Ich weiß, dass sich frühmorgens Bisamratten dort verstecken. Mit weichen Knien wühle ich im Stroh nach Enteneiern. Manchmal geht das über meine Kräfte. Dann behaupte ich, keine Eier gefunden zu haben. Vielleicht haben die Ratten sie gefressen?

Anschließend begebe ich mich in den Unterrichtsraum und gehe noch einmal vierzig Minuten lang die Lektionen durch, zu denen mich meine Mutter im Laufe des Tages abhören wird. Um sieben Uhr fünfzig begebe ich mich nach unten, um Linda in ihre Hütte sperren. Ich muss mich beeilen, denn es naht der entscheidende Moment: wenn ich meinen Vater wecke. Um haargenau sieben Uhr achtundfünfzig treffe ich meine Mutter in ihrem Zimmer, wo sie jeden Tag den rituellen Satz sagt: »Geh jetzt Monsieur Didier wecken und sieh nach, ob er gut gelaunt ist.« Wir wissen beide, dass es nicht um seine Laune geht. In Wahrheit muss ich mich vergewissern, ob er noch am Leben ist, denn allabendlich vor dem Zubettgehen verkündet er in einem Ton voll schrecklicher Andeutungen: »Ich weiß nicht, ob ich morgen noch da sein werde.«

Um acht Uhr klopfe ich zitternd an die Tür meines Vaters.

Einige endlose Sekunden lang fürchte ich, dass ich vielleicht wieder einen schlimmen Fehler begangen habe, dass ein furchtbares Drama losbricht, an dem ich allein schuldig bin. Schließlich höre ich, wie er im Befehlston sagt: »Herein.« In den folgenden vierzig Minuten bin ich für meinen Vater da. Ich mache nicht gleich Licht, um seine Augen zu schonen. Zuerst öffne ich die doppelten Vorhänge, schalte dann die kleine Lampe in seinem Badezimmer und erst dann seine Nachttischlampe ein.

Während er sich auf die Bettkante setzt, hole ich seinen Nachttopf hervor. Es ist kein gewöhnlicher Nachttopf, sondern ein Glasgefäß, damit er feststellen kann, ob sich weiße Klümpchen in seinem Urin befinden, was auf zu viel Eiweiß hindeuten würde. Ich stelle mich vor ihn hin, damit er in den Topf pinkeln kann. Von Tag zu Tag ekelt es mich mehr, wenn sich das Glasgefäß in meinen Händen erwärmt. Ich will nichts sehen, kneife die Augen zu, aber meine Nase kann ich nicht verstopfen. Schwankend gehe ich hinaus und entleere den Topf im Klo auf dem Gang.

Meine Mutter kommt mit einem Tablett. Wir stopfen meinem Vater, der sich im Bett aufgesetzt hat, die Kissen in den Rücken und schauen ihm stehend zu, während er sein »Déjeuner« einnimmt, wie er es nennt: Milchkaffee mit Butterbrot.

Danach kleiden wir ihn an. Er ist zweiundsechzig, er ist kein Invalide, er könnte es selber tun. Aber er lässt sich passiv von uns Hose und Weste anziehen. Mein »Privileg« ist es, ihm Strümpfe und Schuhe anzuziehen.

Während mein Vater sich nach unten in das Esszimmer begibt, gehen meine Mutter und ich in den zweiten Stock. Es ist jetzt acht Uhr vierzig, der Vormittagsunterricht dauert bis elf. Danach geht es hinunter zu einer Deutschstunde bei meinem Vater. In dieser Zeit bereitet meine Mutter das Mittagessen zu.

Mehr noch als die Stunden bei meiner Mutter fürchte ich die bei meinem Vater. Er kann nicht richtig Deutsch. Seine Methode besteht darin, mich im Stehen Sätze aufsagen zu lassen, die ich vorher auswendig lernen muss; er gibt mir keinerlei Hinweise zur Aussprache. Ich muss Auszüge aus Werken von Schiller und Goethe oder aus dem Libretto der *Zauberflöte* vorlesen. Ich mache jede Menge Fehler, auf die er mit Gebrüll und Strafen reagiert.

Um zwölf Uhr gehen wir zu Tisch. Das Mittagessen, das mein Vater »Dîner« nennt, dauert fünfzehn Minuten.

Von Viertel nach zwölf bis zweiundzwanzig Uhr, wenn mein Vater zu Bett geht, folgen in genau festgelegter Reihenfolge zehn Stunden Arbeit: Unterricht, Musik, Sport, Tierpflege (Hühner, Enten, Kaninchen, Wellensittiche). Es gibt nur eine einzige Pause, das Abendessen, das mein Vater als »Souper« bezeichnet und das um zwanzig Uhr innerhalb von einer Viertelstunde eingenommen wird, unmittelbar nachdem ich Linda für die Nacht herausgelassen habe.

Um zweiundzwanzig Uhr sind meine Mutter und ich wieder im Zimmer meines Vaters, wo wir ihm eine halbe Stunde lang beim Zubettgehen Hilfestellung leisten. Anschließend ziehen wir uns beide in unsere Zimmer zurück. Ich darf eine Stunde lesen, das nennt sich »Freistunde«. In Wahrheit lese ich vor allem Werke, die mein Vater ausgesucht hat. Lichtlöschen um dreiundzwanzig Uhr dreißig. Um ganz sicherzugehen, dass ich schlafe, ist meine Mutter beauftragt, die Sicherung für mein Zimmer auszuschalten.

Wir fügen uns alle drei in diesen nahezu unveränderlichen Stundenplan. Die einzigen nennenswerten Abweichungen entstehen durch die umfangreichen Gartenarbeiten, die mein Vater jeden Sommer in Angriff nimmt. In diesen Wochen, in denen ich als einfache »Arbeitskraft« das harte, doch edle Handwerk des Maurers erlernen muss, tritt die Arbeit im Garten an die Stelle des Unterrichts.

Ich schlafe sechseinhalb Stunden, ich arbeite oder lerne fünfzehn oder sechzehn Stunden. Oft bin ich müde. Ich nehme mir mein mangelndes Durchhaltevermögen übel. Meine Mutter dagegen führt die Anweisungen meines Vaters aus, ohne Schwäche zu zeigen. Ich versuche, ihrem Beispiel zu folgen, und hoffe, eines Tages ebenso stark zu sein wie sie.

Das Loch

Jeden Abend, wenn wir zu Bett gehen, empfiehlt mir mein Vater, mich in meinem Zimmer einzuschließen und vor allem den Schlüssel im Schloss stecken zu lassen, »so dass die Einbrecher nicht mit einem Dietrich bei dir eindringen können«, erklärt er.

Doch manchmal ordnet er an, den Schlüssel *nicht* stecken zu lassen. Dann weiß ich, dass ich mich auf eine »Mutprobe« gefasst machen kann: Meine Zimmertür kann urplötzlich mitten in der Nacht aufgehen, und ich muss allein in den Garten gehen, um meine Unerschrockenheit unter Beweis zu stellen. Oft geschieht jedoch nichts, trotz der Anweisung, den Schlüssel abzuziehen. Mein Vater schätzt den Überraschungseffekt. Ich muss lernen, unerschütterlich zu bleiben, einerlei, ob die Mutprobe geplant ist oder überraschend kommt.

Ob ich vorgewarnt bin oder nicht: Wenn die Faust meines Vaters die Türklinke niederdrückt, schrecke ich aus dem Bett hoch. Ich habe dann dreißig Sekunden Zeit, mich anzuziehen. Er kontrolliert die Zeit mit der Uhr in der Hand, geht dann in sein Zimmer zurück und stellt sich am Fenster hin, während ich ganz allein in den stockfinsteren Garten hinausmuss. Die Mutprobe besteht darin, eine genau festgelegte

Runde im Park zu machen, von der Küchentür bis zur Werkstatt ganz hinten im Park, am Ententümpel und am Schwimmbecken vorbei, dann durch das Gebüsch zurück zur Küche. An jeder Station muss ich einen Lichtschalter betätigen, bis drei zählen und wieder ausschalten, so dass mein Vater von oben meine Runde verfolgen kann.

Ich weiß nicht, ob er absichtlich mondlose Nächte wählt, aber sobald ich mich ein wenig vom Haus entferne, geht das kleine Außenlicht über dem Vordach, das mir als Orientierung dienen könnte, ganz aus. Ich tauche in ein schwarzes Loch ein. Nicht einmal Linda traut sich, mir zu folgen. Die Kälte dringt mir durch Mark und Bein, ich taste mich an den Büschen entlang, die ich nicht sehen kann. Ich weiß, dass ich nahe am Teich bin, wenn ich die dunkle Masse der australischen Pappel vor mir erahne, wobei mir manchmal ein bleicher Mondschein den Weg weist. Aber oft ist es so finster, dass ich überhaupt nichts sehe. Ich weiß dann, dass ich vom letzten Busch an achtundzwanzig Schritte nach rechts gehen muss, um zu der Pappel zu gelangen. Während ich nach dem Törchen der Umzäunung des Ententeichs taste, schlägt mein Herz bis zum Hals. Ich höre unheimliches Geraschel und Gezischel. Endlich erreiche ich den ersten Schalter und drücke darauf.

Während ich langsam bis drei zähle, erkunde ich schon einmal die nächste Etappe. Ganz weit hinter mir ahne ich die Silhouette meines Vaters in der Fensteröffnung, wie er, das Gewehr in der Hand, meinen Rundgang überwacht. Dann lösche ich das Licht und wende mich, immer noch an den Büschen entlangtastend, dem Rondell zu, wo sich der zweite Schalter befindet; dann weiter zum dritten nahe bei der Werkstatt. Dann kommt das längste Stück zurück zum Tor vor dem Haus. Ich orientiere mich, indem ich mich an den Büschen entlangdrücke, und am erleuchteten Fenster meines Vaters.

Aber auf halbem Weg geht das Licht im Fenster aus, und ich befinde mich auf einmal in einem schwarzen Loch. Macht er das mit Absicht? Ist das eine weitere Methode, meinen Mut zu stärken? Panik erfasst mich. Das Haus ist noch zu weit weg, und ich kann mich nur an den Büschen orientieren. Ich weiß nicht mehr, wo ich bin, ich verirre mich im Gestrüpp. Hinter mir und um mich herum sind unheimliche Geräusche von Schritten und raschelnden Blättern. Ich bin derart angespannt, dass mein ganzer Körper völlig verkrampft ist.

Ich muss mich ungeheuer überwinden, um mich zu beruhigen, muss vorsichtig Schritt für Schritt vorangehen, bis ich von weitem den schwachen Lichtschein über dem Vordach erblicke. Schließlich schleiche ich hoch in den ersten Stock, völlig erschöpft und durchgefroren. Dies ist einer der seltenen Momente, wo ich mit einer gewissen Erleichterung in mein Zimmer komme, fast mit einem Gefühl von Sicherheit, vermischt mit einer seltsamen Trauer. Ich fühle mich dermaßen von der Feuchtigkeit des Gartens durchdrungen, dass ich mich nicht traue, meinen Schlafanzug anzuziehen. Vollständig bekleidet krieche ich unter die Decke, in der Angst, das Wecken zu verpassen.

Mein Vater ahnt bestimmt, dass die Furcht meine größte Schwäche ist. Er ist überzeugt, dass diese Übungen mir helfen, sie zu überwinden. Jeden Monat muss ich eine »Meditation über den Tod« und eine »Mutprobe« absolvieren. Das ist nicht verhandelbar. Ich gehorche schweigend, ohne etwas von meinen heimlichen Ängsten zu verraten.

Mein einziger Trost ist der Gedanke, dass ich all die grauenhaften Dinge Arthur berichten kann, ihm erzähle ich alles: von meinem neuen Zimmer, den zwei Bohrern, den Pendeluhren, den Strafen ... Ich flüstere ihm ins Ohr, und er hört mir mit größter Aufmerksamkeit zu. Das kitzelt ihn bestimmt, wie Linda, aber im Gegensatz zu ihr bleibt er regungslos stehen, als wollte er mich unter keinen Umständen unterbrechen. Manchmal, wenn ich ihm ins Ohr flüstere, zuckt es kaum merklich, und das rührt mich zutiefst.

Aber heute ist Arthur krank, er liegt auf dem Rasen, sein Bauch ist aufgebläht. Als er mich sieht, versucht er, auf die Beine zu kommen. Sichtlich geschwächt, knickt er wieder ein. Ich knie mich nieder, streichle ihn, versuche, ihm gut zuzureden. Meine Eltern befehlen mir, Akkordeon zu üben. Ich möchte bleiben, aber ich gehorche. Ich versuche, mich damit zu beruhigen, dass auch ich manchmal Bauchschmerzen habe ... Während ich mich mit meinem Fratelli Crosio abmühe, das fürchterlich schwer auf meine Schultern drückt, bin ich in Gedanken bei Arthur. Hoffentlich geht es ihm bald besser. Hoffentlich sehe ich ihn morgen nach dem Unterricht.

Am nächsten Tag gehe ich nach meinen Schulaufgaben zur Musikstunde auf die Veranda hinunter. Komisch, weder meine Mutter noch mein Vater sind da. Ob sie im Garten auf mich warten? Sollte mir eine Anweisung, Unkraut zu jäten, entgangen sein? Ich stürme die Treppe hinunter, freue mich darauf, gleich Arthur zu sehen. Es ist schönes Wetter. Ich gehe zu ihm hin, er liegt immer noch im Gras. Meine Mutter sagt: »Arthur ist tot. Wir werden ihn begraben müssen.« Ich begreife nicht. Ich laufe hin, um ihn aus der Nähe anzuschauen. Ich bekomme Angst, er wirkt ganz merkwürdig. Ist das möglich? Ist er tot? Arthur ist tot?

Ich wende mich meinem Vater zu, der fünf Schritte entfernt auf einer Holzkiste sitzt. Meinem Vater, der alles weiß, alles kann. Zum ersten Mal in meinem Leben bitte ich ihn um etwas. Ich bitte ihn, Arthur wieder heil zu machen. Er sieht gelangweilt aus, er sagt nichts. An seiner Stelle antwortet meine Mutter: »Der Tierarzt war da. Er sagt, Arthur hat zu viele Äpfel gefressen, das hat ihn umgebracht. Er meinte auch, er sei sowieso ein altes Pferd gewesen, der Händler habe uns übers Ohr gehauen.« Sie fängt eine Erklärung an über die Art, wie der Verkäufer ihm wohl mit einem Strohhalm über das Zahnfleisch geblasen hat, damit er jünger wirkt.

Ich begreife nicht. Ich will nicht begreifen. Ich will nur eines: dass er nicht tot ist. Ich schreie beinahe: »Wann war denn der Tierarzt da? Ich habe niemanden gesehen.« »Heul nicht«, sagt meine Mutter, »wenn du auf ihn aufgepasst hättest, hätte er nicht alle diese Äpfel gefressen!«

»So, das reicht«, unterbricht sie mein Vater. »Ihr begrabt ihn jetzt. Das Loch macht ihr neben dem Ententeich.«

Wie betäubt mühe ich mich ab, mit dem Spaten die Erde aufzugraben. Mir gegenüber tut meine Mutter das Gleiche. Es ist Sommer, die Erde ist sehr hart. Ich arbeite wie ein Roboter. In meine Brust krallt sich eine schwere eiserne Hand, die mir das Herz bricht.

Schließlich legt meine Mutter den Spaten weg und sagt: »Das schaffen wir nicht.« Mein Vater heißt uns etwas holen, um Arthur abzudecken. Alles, was wir finden, ist ein scheußliches Wachstuch mit aufgedrucktem Obst und Blumen. Während wir die Plane um den Kadaver herum befestigen, starre ich auf die Äpfel, die darauf abgebildet sind, die Äpfel, die Arthur umgebracht haben.

Die ganze Nacht hindurch heult Linda erbärmlich. Ich weine die ganze Nacht, mein Herz immer noch umklammert von der eisernen Hand.

Ich weiß nicht, wie lange Arthur unter der Plane mit den todbringenden Äpfeln gelegen hat, bestimmt mehrere Tage. Heute Morgen ist Raymond, der Gärtner, gekommen, er steht, auf seine Schaufel gestützt, vor dem großen Loch, das er gegraben hat. Meine Mutter und ich ziehen die Plane herunter. Ein Aufschrei: Tausende Fliegen umschwirren den leblosen Kadaver, der einen entsetzlichen Geruch verströmt. Ich bin nahe daran, mich zu übergeben.

Ich begreife, dass es vorbei ist, für immer. Ich stürze in einen Abgrund.

Äußerlich reagiere ich weiterhin ganz mechanisch. Erschauernd ergreife ich eines der steifen Beine. Aber ich bin dem Gewicht nicht gewachsen, ich bin wie ein Strohhalm und stürze zusammen mit Arthur in die Grube. Grauenvoll, der starre Kadaver über mir, der Gestank, der mir die Luft zum Atmen nimmt. Ich schlage um mich, wehre mich gegen die Fliegen, gegen die schwarze, schmierige Erde. Wie aus dem Nichts taucht mein Vater auf und brüllt: »Was hast du da drin verloren?« Niemand hilft mir heraus. Schließlich krabble ich ganz allein aus dem Loch. Ich schäme mich, fühle mich verdreckt, stinke. Und so allein. Wie soll ich weiterleben ohne den Klang seiner klappernden Hufe?

»Macht dieses Loch wieder zu. Und danach, Maude, hilfst du Raymond, die Werkzeuge im Keller aufzuräumen.« Nein, nein, noch mal nein, Gnade, nein. Nicht in den Keller. Nicht mit Raymond. Nicht heute. Stumme Leier, die sich mir im Kopf dreht, als ich in Richtung Haus gehe, wie ein Tier, das zur Schlachtbank geführt wird. Eine Leier, die sich mir im Kopf dreht, als ich in den Keller hinuntergehe. Und die sich mir im Kopf dreht, während Raymond sich an meine Fersen heftet. Während er mich am Arm festhält und mir ins Ohr flüstert: »Du mochtest wohl dein Pferd sehr«, wobei er mich mit seinem scheußlichen Atem anhaucht. Und mit seiner noch von Erde beschmutzten Hand meinen Rock zur Seite schiebt und sich an meiner Unterhose zu schaffen macht. Nein, nein, nein, Gnade, Gnade.

Es ist Nacht. Ich bin in meinem Zimmer und versuche vergeblich, meine Unterhose zu säubern. Ich schließe mich auf der Toilette ein, rubble sie im Wasser der Klosettschüssel und versuche, sie im WC-Kasten auszuspülen. Nass ziehe ich sie wieder an und gehe in mein Zimmer zurück. In der Nacht ziehe ich sie aus, damit sie trocknet. Aber als ich sie am nächsten Morgen wieder anziehen will, ist sie immer noch feucht. Es ist kein Waschtag, und ich bin zu benommen, um sie heimlich zu wechseln. Ich muss sie noch mehrere Tage lang tragen und habe das Gefühl, dass sie nie trocken wird.

Am Tag nach dem Begräbnis, als ich Linda morgens einsperren will, stelle ich fest, dass sie über und über mit Erde beschmutzt ist: Sie hat die ganze Nacht versucht, Arthur auszugraben. Er fehlt ihr ebenso wie mir. Sie aber glaubt, sie könne ihn ins Leben zurückholen. Mein Vater weist uns an, das Loch wieder zuzuschütten. Dann müssen wir Flaschen zerschlagen und Scherben auf dem Grab und ringsumher verteilen. Vergebliche Mühe: Am nächsten Morgen finden wir Linda voller Erde und mit blutigen Pfoten und blutiger Schnauze. Ein paar Tage danach errichtet ein Handwerker einen Elektrozaun um das Grab.

Nun erst gibt Linda die verrückte Hoffnung auf, Arthur wieder zum Leben zu erwecken.

Raymond

Es ist nicht das erste Mal, dass Raymond mit seinen dreckigen Pfoten meine Unterhose beschmutzt. Schon seit langem ist er hinter mir her und erwischt mich immer wieder im Keller oder im Stall. Einen oder zwei Samstage im Monat lässt ihn mein Vater für die groben Gartenarbeiten wie den Baum- und den Heckenschnitt kommen. Mein Vater verlangt, dass ich Raymond, wie auch allen Arbeitern, die auf dem Anwesen arbeiten, zur Hand gehe. »Du bist dünn, für dich ist es viel leichter, auf den Heuboden zu steigen und ihm die Strohballen herunterzureichen.« Oder auch: »Hilf Raymond, die Werkzeuge aus dem Keller zu holen.« Ich verstehe nicht, warum man mich zum Werkzeugholen braucht.

Raymond lauert mir im dunklen Keller auf. Er packt mich von hinten und presst mich mit dem linken Arm an sich. Wenn ich versuche, mich ihm zu entziehen, wenn ich mich wehre, drückt er mir noch fester den Hals zu, so dass ich beinahe ersticke. Ich kann mich weder bewegen noch atmen. Während er mich mit der rechten Hand betatscht, zischt er mir Drohungen ins Ohr. Mir wird übel von seinem heißen, stinkenden Atem. Seine rechte Hand öffnet den Verschluss meiner Hose und gleitet hinein. Oder er zieht mir Hose und

Unterhose herunter. Manchmal knöpft er meine Jacke ganz auf und begrapscht mich am ganzen Körper.

Als er mich zum ersten Mal im Keller erwischt hat, war ich sechs Jahre alt. Er flüsterte mir ins Ohr: »Wenn du irgendwas sagst, bringe ich deine Eltern um.« Habe ich mich gewehrt? Habe ich um Hilfe gerufen? Er verstand offenbar, dass mich das nicht hinreichend abschreckte. Er sagte es noch einmal und betonte dabei jedes einzelne Wort: »Wenn du was sagst, bringe ich deine Eltern um. Und davor töte ich deinen Hund.« Nein, nicht Linda. Mag er sich an meine Eltern halten, aber ich ertrage den Gedanken nicht, er könnte Linda etwas antun, dass sie wegen mir leiden oder gar sterben muss.

Er weiß, mit dieser Drohung kann er alles erreichen. Jedes Mal wiederholt er sie, manchmal Wort für Wort, manchmal sagt er bloß: »Du weißt noch, was ich dir gesagt habe.«

Wenn es im Keller passiert, zerrt er mich zu der Wand, an der die Werkzeuge – Schraubenzieher, Kombizange, Hammer, Säge, Beißzange – an einem Brett hängen, auf dem der Platz für jedes Gerät weiß angezeichnet ist. Er nimmt einen Schraubenzieher mit rotem Holzgriff und streicht damit über meinen Körper. Oft drückt er damit heftig in mein Geschlecht oder meinen After. Ich begreife nicht, was er da macht, ich weiß nur, dass es sehr weh tut, dass nachher Blutspuren auf dem Toilettenpapier zu sehen sind. Mir bleibt nur übrig, auf den weißen Umriss des Schraubenziehers auf dem Brett zu starren. Mein Auge dringt in die weiße Silhouette auf dem Brett, während der Schraubenzieher in meinen Körper dringt.

Manchmal passiert es auch im Stall. Wenn ich voraussehe, dass mein Vater mir gleich befehlen wird, mich um das Stroh zu kümmern, laufe ich in den Stall, klettere in Windeseile die Leiter hoch und werfe die Strohballen hinunter. Die Mäuse, die ich aufscheuche und die in alle Richtungen laufen, versetzen mich in Angst und Schrecken, aber mehr noch Raymond, den ich leise pfeifend unerbittlich näher kommen höre.

Manchmal schaffe ich es, wieder herunterzusteigen, bevor er durch die Tür gelangt ist. Dann renne ich los, remple ihn an und entwische seinem Zugriff. Doch meistens steht er breitbeinig in der Tür, glotzt mich gierig an und freut sich, dass ich in der Falle sitze. Verzweiflung lähmt mich, ich kann nicht fliehen, nicht schreien, nicht weinen. Ich möchte mich nur in die hinterste Ecke verkriechen. Er schaut lüstern, verzieht den Mund zu einem schiefen Lächeln. Ich habe das Gefühl, in einen Abgrund zu stürzen.

Nachts sucht er mich oft in meinen Alpträumen heim. Ich liege im Bett und schlafe, mache die Augen auf und sehe Raymond vor meinem Bett stehen mit einem roten Schraubenzieher in der Hand. Ich will schreien, aber kein Laut dringt aus meiner Kehle. Oder ich träume, ich gehe hinunter, um Linda abends aus ihrer Hütte zu befreien. Sie kommt nicht heraus. Ich beuge mich hinunter und sehe, dass sie tot ist, ein Schraubenschlüssel steckt in ihrem Körper. Oder ich bin im Keller, die Meditationsstunde über den Tod ist vorbei. Ich steige die Treppe hinauf. Aber als ich oben an der Tür bin, ist sie zugesperrt. Mit aller Kraft drücke ich auf die Klinke, und plötzlich spüre ich den Arm von Raymond, der mich von hinten umklammert.

Abends vor dem Einschlafen stelle ich mir tausend Arten vor, wie ich ihn töte. In dem Moment, wo er den Schraubenzieher gegen mich zückt, reiße ich ihn ihm aus der Hand, drehe mich um und stoße ihn ihm ins Herz. Oder ich bitte ihn, mir auf dem Heuboden des Stalls zu helfen, und in dem Augenblick, wo er oben an der Leiter ankommt, stoße ich ihn hinunter. Zerschmettert und mit geplatztem Schädel liegt er am Boden. Oder wenn er beim Bäumeschneiden ist, stürze ich ihn von der Leiter, und er spießt sich an der Heckenschere auf. Oder ich sehe ihn mit seinem gierigen Blick in den

Keller kommen, hole das Gewehr meines Vaters und schieße ihm eine Kugel in den Ranzen. Fassungslos bricht er zusammen.

Ich habe einen so großen Abscheu vor Raymond, dass ich, einmal abgesehen von meinen Mordphantasien, versuche, nie an ihn zu denken. Ich lösche ihn aus, ich vernichte ihn, er existiert nicht mehr. Er hat nie existiert.

Aber jetzt ist Arthur tot. Was Raymond mir antut, geht plötzlich über meine Kräfte. Der Dreck, der seine Fingernägel verkrustet, das ist Arthurs Kadaver. Arthur ist tot, und alle Deiche sind gebrochen. Ich kann nicht mehr so tun, als ob. Ich will nicht, dass Arthur tot ist. Ich will nicht, dass Raymond mich je angerührt hat. Ich bin unendlich traurig. Schmutzig. Tot.

Etwas in mir schreit, schreit verzweifelt, wie Linda. Aber niemand hört es. Niemand hört zu.

Wo ist denn nun mein Herr Vater, mein Schutz und Schild, mein Verteidiger, mein Schutzengel? Wo ist er, der alles sieht, alles weiß, ganz besonders, was gut für mich ist? Der jeden Augenblick seines Lebens der Aufgabe geweiht hat, mich vor der Gemeinheit der Welt und der Niedertracht der Menschen zu beschützen. Der alle meine Schritte, einschließlich der zur Toilette, mit der Stoppuhr misst. Der überwacht, wie schnell oder langsam ich die Stufen hinabgehe, jeden Tag, jedes Mal, wenn ich eine Treppe benutzen muss. »Du verwechselst Geschwindigkeit mit Hast, geh noch einmal«, oder auch: »Du trampelst daher wie ein Elefant, mach's noch einmal.« Wie oft musste ich in das Obergeschoss hinauf- und wieder hinuntergehen, bevor er schließlich der Meinung war, ich hätte den »richtigen Rhythmus« gefunden?

Wo ist denn nun sein berühmter Sinn für den »richtigen Rhythmus«, wenn ich viel mehr Zeit als nötig weg bin, um ein Werkzeug aus dem Keller zu holen oder Stroh im Stall zu besorgen? Niemand achtet darauf, niemand findet das merkwürdig. Wut und Schmerz schnüren mir die Kehle zu. Raymond macht mit meinen Eltern, was ihm passt, sie sind seine Marionetten. Wie ist das bloß möglich?

Als ich in den Garten darf, gehe ich zu der Stelle, wo Arthur begraben liegt. Ich bastle ein kleines Kreuz aus zwei Holzstücken, auf das ich seinen Namen schreibe. Ich gedenke seiner an seinem Grab. Ich rufe ihn beim Namen. Ich bitte ihn inständig, zurückzukommen oder mir wenigstens zu sagen, wie ich zu ihm gelangen kann. Ich mache mir große Sorgen um ihn. Wenn er an Bauchschmerzen gestorben ist, bedeutet das, dass er immer noch Bauchweh hat? Ich habe Angst, dass er immer noch leidet. Oder dass er sich im Dunkeln nicht zurechtfindet, dass er sich ängstigt. Ich bete aus tiefstem Herzen, er möge an einem Ort sein, wo er sich wohl fühlt. Ich sage ihm, dass ich ihn vermisse, dass ich ihn liebe. Seit er tot ist, sind meine Tage wie lange, schwarze, freudlose Tunnel, ohne Hoffnung, ohne Liebe.

Meinem Vater missfallen meine häufigen Besuche an Arthurs Grab. Er teilt mir mit, dass nächsten Sommer an dieser Stelle eine Turnhalle gebaut wird. Ich soll mich jetzt richtig körperlich ertüchtigen, unabdingbare Voraussetzung, um eines Tages ein »Übermensch« zu werden.

Blanchon

Früher mochte ich die Gerüche des Gartens, der Sträucher, der blühenden Bäume, der Narzissen, vor allem den Duft des Flieders. Jetzt mag ich nichts mehr. Ich gehe nicht mehr gern in den Park. Manchmal sehe ich Pitou, er ist inzwischen das einzige Tier, das frei im Garten umherläuft; er wartet an der Verandatreppe oder in Lindas Hütte auf mich. Er streckt den Kopf vor, um zu schauen, ob ich herauskomme. Es ist ein nasskalter Sommer. Draußen eisige Wolkenbrüche, Tränenströme in mir drinnen.

In Büchern habe ich gelesen, dass man Kindern abends Geschichten vorliest, dass man sie sorgsam zudeckt. Ich bin ganz allein, habe niemanden, mit dem ich reden kann. Es scheint, ich bin anders, ich muss wohl anders sein. Das will ich aber nicht. Anders sein, das ist die Hölle. Ich will wie die anderen sein. Ich brauche jemanden, dem ich die Hand geben kann, der mich im Arm hält.

Früher träumte ich gern, dass ich einen Ballon aus dem besonderen Stoff herstellte, der in der Remise lagerte, und dass ich dann zusammen mit Arthur, Linda und Pitou davonfliegen würde, genau wie Samuel Fergusson, der Held von *Fünf Wochen im Ballon*, der mit seinen Gefährten aufbricht auf die Suche nach den Quellen des Nils. Wir fliegen über Paris und London hinweg, Städte, über die ich in Büchern gelesen habe, über Dörfer und Felder. Von dort oben sehen wir, wie die Leute leben, wir winken ihnen zu, sie grüßen zurück.

Ich träume nicht mehr von einer Ballonfahrt. Ohne Arthur ist das sinnlos. Ohne Arthur bin ich praktisch nicht mehr am Leben. Um mich herum dreht sich alles in Zeitlupe. Sogar Linda, sogar Pitou. Ich tue so, als wäre ich da, als folgte ich dem Unterricht meiner Mutter, als würde ich meine Aufgaben machen und Akkordeon spielen. Ich tue so, als würde ich gehorchen, als würde ich leben. Aber ich bin gar nicht da, ich weiß nicht, wo ich bin. Vielleicht nirgendwo.

Mein Vater spricht davon, ein neues Pony zu kaufen, unter der Bedingung, dass mir hintereinander drei Saltos an drei aufeinanderfolgenden Tagen gelingen. In der Welt meines Vaters spielt die Drei eine große Rolle. Ich will aber keinen gefährlichen Dreifachsalto machen, ich will auch kein neues Pony.

Die Tage verschwimmen ineinander, ich habe das Gefühl, dass mein Leben aus einem einzigen endlosen, trostlosen, unerbittlich monotonen Tag besteht. Ich bin an den Stundenplan gekettet wie ein Ochse an seinen Pflug. Ich ziehe aus Leibeskräften, ohne zu begreifen, ohne nachzudenken, ohne Fragen zu stellen, beinahe ohne zu atmen.

Wenn das Wetter es zulässt, ordnet mein Vater zusätzliche Aufgaben im Park an: Unkraut jäten, Rasen mähen, Dachrinnen säubern ... Für zwei oder drei Tage wird das Nachmittagsprogramm umgeworfen. Mein Vater beharrt darauf, dass »alles nachgeholt« werden muss, dabei blickt er mich streng an.

Nachholen, das heißt, dass die Unterrichtsstunden in den Abend verlegt werden und nun bis dreiundzwanzig Uhr dreißig dauern. Die kurzen Momente des Verschnaufens, wie die Zeit, in der nachmittags wiederholt wird, oder die abendliche Lesestunde, die Augenblicke, in denen ich träumen, heimlich lesen oder an andere denken kann und die ich liebe – das alles kann ich vergessen. Nachholen, das bedeutet, einen zehn Tonnen schweren Anhänger zusätzlich an meinen Pflug zu hängen.

Während dieser Arbeiten kann ich nicht mehr meine Stücke üben, trotzdem geht der Musikunterricht bei Yves weiter. Ich versuche zu erklären, dass ich Zeit zum Üben brauche, aber meine Eltern antworten mir: »Ausreden, das ist was für die Feigen und die Schwächlinge. Wo ein Wille ist, da ist auch ein Weg.« Ich kann wollen, soviel ich will, doch meine Finger bewegen sich nicht mit der richtigen Geschwindigkeit auf den richtigen Tasten. Yves ärgert sich über meine kläglichen Resultate und schimpft mich regelmäßig aus. Ich darf ihm nicht sagen, dass ich im Park arbeiten musste.

Der Stundenplan ist mein Tyrann, und ich bin sein Sklave, und je weniger ich alles Versäumte »nachholen« kann, desto mehr bin ich an ihn gekettet. Ich renne immer hinterher und mühe mich ab, alle Aufgaben zu erledigen. In meinem Kopf geht ein ständiges Tick-Tack, das immer lauter wird und mich daran hindert, darüber hinaus an irgendetwas anderes zu denken.

Liegt es an diesem eisigen Sommer? Einige Zeit nach Arthurs Tod beginnen meine Zähne ganz von allein zu klappern. Ich bin außerstande, das Mahlen meines Kiefers anzuhalten, ich muss warten, bis es von allein aufhört. Es bedarf einer übermenschlichen Anstrengung, um das Klack-klack-klack meiner klappernden Zähne zu unterdrücken.

Meine Mutter wirft mir vor, »Theater zu spielen«. Mein Vater verordnet mir ein Willenstraining speziell gegen Zähneklappern. Trotz seines Geschreis und der Bestrafungen gelingt es mir nicht. Schließlich geben meine Eltern auf, aber unter einer Bedingung: Man darf das Klappern nicht hören. Um den Ton zu dämpfen, sauge ich jetzt meine Wangen ein und beiße auf die Innenseite, die von weißen Bläschen bedeckt ist und blutet. Nachts, wenn es schlimm wird, stecke ich den Zeigefinger zwischen die Kiefer, damit sich die verborgene wunde Haut ein wenig erholt.

Trotz des miserablen Wetters beschließt mein Vater, das Gewächshaus renovieren zu lassen, um darin Wein anzubauen. Albert und Rémi sind für die Arbeit im Park angeheuert, ich schaffe Backsteine und Zement für sie heran. In Anbetracht der Kälte wird zum Aperitif statt Ricard Glühwein gereicht. Um achtzehn Uhr dreißig ziehen die Maurer ihren Blaumann aus und kommen auf die Veranda. Ich schenke allen ein, auch mir selbst. Mein Vater beobachtet mich, während ich mein Glas fülle: Er besteht darauf, dass ich genauso viel trinke wie die Arbeiter. Ich schlucke den Wein wortlos, obwohl ich den Geruch von Alkohol nicht mag und es hasse, wenn sich mir der Kopf dreht.

Als das Gewächshaus fertig ist, beschließt mein Vater, das Taubenhaus zu vergrößern. Ich mag Tauben. An einem Tag ein Ei zu sehen, und am nächsten Tag ist daraus ein kleines Wesen entschlüpft, da wird mir warm ums Herz. Ich schaue den Taubenmüttern zu, wie sie ihre Jungen füttern und sich dann auf sie setzen; darunter ist es bestimmt schön warm.

Vor ein paar Tagen sind zwei Küken geschlüpft. Das eine rührt sich nicht. Sein winziger federloser Bruder mit dem stumpfen Schnabel und den gekrümmten rosa Füßchen rührt mich zutiefst. Er ist bestimmt sehr traurig, so ganz allein im Nest. Nach und nach wächst ihm ein weißer Flaum. Ich taufe ihn Blanchon. Ich mache mir Sorgen um ihn: Er wird bald fliegen, und wenn es so weit ist, tötet meine Mutter die Täubchen und macht sie bratfertig. Ich fasse mir ein Herz und wende mich direkt an meinen Vater in dem Augenblick, als wir vom Tisch aufstehen. »Papa, bitte …« Es kommt mir ganz komisch vor, ihn mit »Papa« anzusprechen, dieses Wort verwende ich nur in den Festtagsbriefen. Er ist offenbar auch erstaunt und schaut mich aufmerksam an. »Papa, darf ich mich für längere Zeit um Blanchon kümmern?«

Ich weiß nicht, wie ich meine Bitte anders formulieren soll. Ich wage nicht, klipp und klar zu sagen: »Könnte man Blanchon nicht am Leben lassen?«

Zitternd erwarte ich den Urteilsspruch. »Wer soll das sein, Blanchon?« – »Ein weißes Taubenküken. Ich werde es versorgen, das geht nicht von meiner Arbeitszeit ab, ich werde früher aufstehen.«

Ist es die Magie des Wortes »Papa«, oder hat mein Vater einfach meinen Kummer verstanden? »Ja, wenn du willst«, ist die Antwort. Ich atme auf: Mir bleibt fast das Herz stehen vor Freude. Blanchon, das kleine weiße Büschel, ist gerettet! Albert und Rémi brauchen gewiss keine zusätzliche Arbeitskraft für die bescheidenen Arbeiten am Taubenhaus, aber ich muss mindestens zweimal am Tag auf die Baustelle, um ihnen Bier zu bringen. Dabei kann ich Blanchon versorgen.

Er wird ein schöner weißer, anhänglicher Täuberich, der seine Pflegemutter nicht vergisst. Wenn er mich im Park sieht, kommt er angeflogen und setzt sich auf meine Hand, um mich zu begrüßen. Eines Abends, als ich Linda aus ihrer Hütte befreie, gelingt es mir sogar, sie einander vorzustellen. Ich merke wohl, dass es nicht dieselbe Vertrautheit wie mit Pitou sein wird, aber der Gedanke, dass Linda nun Blanchon niemals etwas zuleide tun wird, beruhigt mich.

Email Diamant

Da Sauberkeit nicht zu den Hauptanliegen meines Vaters gehört, habe ich im Haushalt nicht allzu viel zu tun. Wenn ich, was selten vorkommt, die Weisung erhalte, mit dem Besen durch die weiten Räume im Erdgeschoss zu gehen, fege ich Tausende Staubmäuse zusammen. In sämtlichen Winkeln oben an der Decke verfertigen die Spinnen in aller Ruhe ihre riesigen Netze. Schließlich muss man doch eingreifen: Ich hole einen Deckenbesen aus der Waschküche, und mein Vater, als der Größte von uns, muss sie entfernen.

Nun mag er ja ein Ritter und Großmeister sein, aber er ist nicht sehr geschickt. Mit seinen langen, mageren Händen fuchtelt er mit dem Stiel in alle Richtungen, zerstört die staubigen Netze und hinterlässt graue Schlieren an den Wänden. Meine Mutter und ich verfolgen die Szene wortlos und aus gebührendem Abstand, einmal ist uns nämlich der Besen auf den Kopf gefallen.

Geschirrspülen ist schlicht und einfach Zeitverschwendung. Mein Vater hat beschlossen, dass es nach dem Essen genügt, die Tischsets auf unsere leeren Teller und das Besteck zu legen und sie mit den ebenfalls benutzten Gläsern bis zur nächsten Mahlzeit in den Geschirrschrank zu räumen. Teller und Besteck werden einmal in der Woche gespült.

Dagegen vergisst er nie, alle zwei Jahre die Reinigung des riesigen Kronleuchters im Salon anzuordnen. Meine Mutter und ich müssen dann auf eine Trittleiter steigen und jedes einzelne Stück Kristall abreiben. Ebenfalls alle zwei Jahre müssen die Kupferpfannen und -töpfe mit Metallputzmittel auf Hochglanz gebracht werden.

Von Zeit zu Zeit muss ich auch in den Badezimmern nass aufwischen. Aber niemand putzt je die Badewanne und die Waschbecken, die von einer widerlichen Schmiere überzogen sind. Mein Vater behauptet, waschen würde die Abwehrkräfte schwächen. Aus diesem Grund werden Handtücher und Bettwäsche nur zweimal im Jahr in die Waschtrommel gesteckt. Die Leibwäsche wird einmal monatlich gewaschen. Wir besitzen eine Art Mangel, aber weder meine Mutter noch ich können sie richtig bedienen, und deshalb bügeln wir praktisch nie.

Die Wäsche wird im Keller zum Trocknen aufgehängt, wo sie einen abscheulichen Geruch annimmt. Noch lange danach dreht sich mir der Magen um, wenn ich in mein Bett krieche oder mich mit meinem Handtuch abtrockne. Meine Eltern bemerken das anscheinend gar nicht.

Ich muss wohl einen krankhaft empfindlichen Geruchssinn haben. Ich leide, wenn ich den Pisspott meines Vaters halte, wenn ich seine Exkremente im Klo hinunterspüle, wenn ich ihm abends seine Socken ausziehe. Ich leide, wenn ich verfaultes Gras und Laub aufsammle. Wenn ich in den Keller gehe, stockt mir der Atem bei dem Schimmelgeruch, der sich dort mit dem Geruch von keimenden Kartoffeln und auf Holzrosten gelagertem Obst mischt.

Ich bin entzückt, wenn ich die Enten bei ihrer Toilette beobachte, wie sie sich endlos Zeit nehmen, um ihre Federn zu putzen. Auch Linda leckt sich sorgfältig die Pfoten, wenn sie schmutzig sind. Besonders gern spritze ich die Platten mit dem Wasserschlauch ab und sehe zu, wie der Stein sauber und glänzend zum Vorschein kommt. Wenn Raymond mit seinen widerlichen Händen an mir herumtatscht, wird mir übel, wie gern würde ich meine beschmutzte Haut mit dem Wasserstrahl reinigen.

Eine Ausnahme gibt es in Sachen Sauberkeit, und das sind die Zähne. Meine Mutter, die stolz ist auf ihre kleine Zahnlücke im Oberkiefer, die als Schönheitsmerkmal gilt, kennt keine Kompromisse, wenn es um das morgendliche und abendliche Zähneputzen geht. Sie ist es, die die Zahncreme bestellt. Letztes Jahr hat sie irgendetwas falsch gemacht, und ein riesiges Paket mit Email Diamant wurde geliefert. Das ist eine rote, viel zu flüssige Paste, die nicht auf der Zahnbürste haften bleibt. Auf der Tube ist ein Torero abgebildet, der mich mit seinem stupiden Lächeln zu verhöhnen scheint. Zu meiner Schande verteile ich rote Spritzer im Waschbecken, auf dem Boden, auf meinen Schuhen.

Meine Mutter kommt mit der Torero-Zahnpasta einwandfrei zurecht, was ihr eine mysteriöse Macht insbesondere über meinen Vater verschafft, der noch unbegabter ist als ich. Sie straft die Resultate unseres Ungeschicks mit geringschätzigen Blicken. Mit der Zeit mache ich weniger Flecken, während er immer mehr macht. Seinen mit zahllosen roten Spuren übersäten Badvorleger mustert sie voller Verachtung. Auf dem Gesicht meines Vater erscheint ein Ausdruck, den ich nicht von ihm kenne, ein Ausdruck der Scham.

Als große Spezialistin für Gebissfragen predigt meine Mutter, dass derjenige, der unter Karies und anderen Zahnproblemen leidet, einzig und allein selber schuld ist. Als sie eines Tages sieht, wie ich an einem Zahn, der wackelt, herumtaste, nimmt sie mich mit ins Büro. Aus einer Schachtel holt sie einen »extra starken« Nähfaden, mit dem sie früher einmal die Gasballone ausbesserte, bindet das eine Ende um meinen Wackelzahn und befestigt das andere an der Türklinke. Peng!, schlägt sie die Tür zu, und weg ist mein

Zahn. Ebenso überrascht wie vom Schmerz benommen stehe ich da.

Seither untersucht sie regelmäßig meinen Mund. Mit der einen Hand biegt sie meinen Kopf nach hinten, mit der anderen inspiziert sie meine Kiefer. Eines Tages entdeckt sie einen zweiten Wackelkandidaten und beschließt, die gleiche Methode anzuwenden. Dieser aber gibt nicht so leicht nach. Sie wiederholt die Prozedur, schlägt die Tür wieder zu. Ein rasender Schmerz durchfährt mich.

Durch den Lärm aufmerksam geworden, kommt mein Vater und erfasst die Szene: das Blut, das aus meinem Mund fließt, den Faden an der Türklinke. Mit finsterem Blick herrscht er sie an: »Jeannine, hol den Whisky.« Mein Vater ist ein großer Heiler, und Whisky ist sein Allheilmittel gegen Schürfwunden wie gegen Zahnschmerzen. Er flößt mir ein randvolles Glas Whisky ein und empfiehlt mir, den Alkohol so lange wie möglich im Mund zu behalten.

Es ist mir klar, dass meine Mutter nicht darauf verzichten wird, mir auch die anderen Milchzähne mit Gewalt zu ziehen, und zwar umso mehr, als sie mir übelnimmt, die Aufmerksamkeit meines Vaters erregt zu haben. Der Zustand meiner Zähne lässt mir langsam keine Ruhe mehr. Wenn ich spüre, dass sich einer lockert, berühre ich ihn in ihrer Gegenwart nicht. Aber trotzdem kann ich es bald nicht mehr verheimlichen. Ich beschließe also, ihn selbst herauszureißen.

Ich stibitze die Spule mit dem »extra starken« Faden und hole sie erst heraus, als alles schläft. Wie aber soll ich ihn abschneiden? Scheren sind in meinem Zimmer verboten. Ich reibe ihn so lange an einer Schubladenkante, bis er schließlich zerreißt. Dann befestige ich ihn an der Schranktür. Ich schlage sie zu, wie ich es bei meiner Mutter gesehen habe. Aber ich kann einfach nicht anders, die Bewegung ist zu zaghaft. Der Zahn wackelt ein wenig, geht aber nicht raus. Ich muss es immer wieder probieren, aber mit jedem Versuch schwindet mein Mut, und meine Wut auf mich selber wird größer und größer. Im Geist schreie ich mich an: »Du Angsthase, du Feigling! Du bringst auch nie etwas Richtiges hin im Leben!«

Erledigt lege ich mich ins Bett. Ich hasse meine Zähne, meinen Körper, alles an mir hasse ich. Um mich zu bestrafen, beiße ich mir in den Arm, bis Blut kommt.

Ich will nicht in Angst und Schrecken leben bis zu dem Tag, an dem meine Mutter meinen wackligen Zahn entdeckt. Am nächsten Morgen sage ich zu ihr: »Ich habe einen Zahn, der wackelt.« Sie strahlt. Und sie wartet, bis wir im Unterrichtsraum sind, wo mein Vater uns nicht hören kann. Mit einem Ruck schlägt sie die Tür zu. In ihrem Blick bemerke ich eine Spur Geringschätzung, aber das ist nichts im Vergleich dazu, wie abgrundtief ich mich für meine Feigheit selber verachte.

Die Höhle

An meinem achten Geburtstag gibt mir mein Vater eine gekürzte Ausgabe des *Kapitals* zu lesen. Karl Marx ist ein bedeutender Denker, und mein Vater möchte, dass ich mich mit seinen Ideen vertraut mache. Warum ist Karl Marx wichtig? Weil er nicht nur beschrieben hat, wie die Beziehungen zwischen den Menschen funktionieren, sondern weil er es gewagt hat, darüber hinaus eine wirkliche Veränderung hin zu einer gerechteren Welt vorzuschlagen. Freilich sind seine Ideen utopisch, aber mein Vater bewundert ihre Kühnheit und bedauert, dass die Freimaurerei die revolutionäre Dimension dieses Denkens nicht erfasst hat. Marx wird von der Mehrheit der Freimaurer nicht verstanden, sie sehen in ihm den Teufel in Person. Sie irren sich. Ich soll mich also von frühester Jugend an mit starken und reinen Gedanken befassen, die mich vor dem Pesthauch der Herdentiere beschützen.

Mag diese Version des *Kapitals* auch in vereinfachter Sprache verfasst sein, ich begreife rein gar nichts davon. Ich lese immer wieder die gleichen Abschnitte, doch vor meinen Augen ziehen nur zusammenhanglose Wörter ohne jegliche Bedeutung vorbei. Ich bitte meine Mutter, mir wenigstens den Anfang zu erklären, doch sie ruft nur entsetzt aus: »Aber ganz bestimmt nicht! Willst du, dass die Kommunisten uns aus dem Haus werfen?« Ihre Antwort macht mich ebenso ratlos wie der Inhalt des Buchs.

Ich weiß nicht, ob mein Vater ahnt, dass meine Mutter seine Ansichten über Karl Marx und die Politik im Allgemeinen nicht teilt. Er ist gegenwärtig sehr aufgeregt, beinahe fröhlich bei dem Gedanken, dass Mitterrand endlich de Gaulle »abservieren« wird. Meine Mutter dagegen wirkt eher erschrocken. Ich bin nicht sicher, ob ich begreife, was hier vor sich geht. Charles de Gaulle ist der Präsident, und ich glaube, schon sein Name, der ja »Karl von Gallien« bedeutet, bezeugt seine Verbundenheit mit Frankreich. Ich weiß nicht, wer Mitterrand ist, ich weiß nur, dass Präsidentschaftswahlen stattfinden. Zum ersten Mal seit einem Jahr gehen wir aus dem Haus, um zu wählen. Darauf legt mein Vater größten Wert. Bevor wir ins Auto steigen, gibt er meiner Mutter einen kleinen verschlossenen Umschlag und sagt in gewichtigem Ton: »Das steckst du in die Urne.« Dann wendet er sich mir zu: »Du bleibst bei deiner Mutter und siehst zu, dass sie tut, was ich ihr gesagt habe.« Meine Mutter schaut missmutig drein, doch sie gehorcht. Als die Wahlergebnisse bekanntgegeben werden, schimpft mein Vater über »diese Idioten, diese ängstlichen Herdentiere, die weiter mit demselben Schäfer blöken wollen«. Meine Mutter sagt nichts, aber ich spüre, dass sie innerlich jubelt.

Mein Vater spricht mit mir oft über Karl Marx: »Jetzt, wo du ihn gelesen hast, weißt du, was die Ausbeutung des Menschen durch den Menschen ist, und kannst verstehen, dass ›die Emanzipation der Arbeiter das Werk der Arbeiterklasse selbst sein muss‹, wie Marx es so trefflich ausdrückt.« Ich verstehe das Wort »Emanzipation« nicht, traue mich aber nicht, nach seiner Bedeutung zu fragen. All das kommt mir sehr bedrohlich vor, aber ich nicke und tue so, als würde ich zustimmen. Ich habe fürchterliche Angst, er könnte das Ausmaß meines Betrugs und meiner Dummheit erkennen. Ich habe ein paar Abschnitte auswendig gelernt in der Hoffnung, das würde genügen, um ihn hinters Licht zu führen, wenn er mich einmal abfragt.

Ich muss noch andere Autoren kennenlernen: Platon, Kafka, Nietzsche. Zunächst Platons *Staat*. Wie mein Vater ist auch Platon ein Eingeweihter. Mit seiner Hilfe würde ich groß werden und das wahre Licht erkennen. Er wird mich davon abhalten, mich vom falschen Schein verlocken zu lassen, wie die Myriaden von Mücken, die törichterweise an den Glühbirnen verschmoren. Ich werde auch einen Grundbegriff vertiefen können, den mir mein Vater bereits verschiedentlich vorgestellt hat: den Begriff der »Höhle«, auf deren Grund die Menschen festgebunden sind.

Seit meiner frühen Kindheit erklärt mir mein Vater, dass es in der Höhle fast vollkommen dunkel ist, während draußen Licht, Schönheit und Freiheit herrschen. Dies alles können die Gefangenen nicht sehen, sie nehmen nur deren Schatten auf den Wänden ihrer Gefängnishöhle wahr. Stets beendet mein Vater seine Unterweisungen mit den Worten: »Außerhalb unseres Zauns liegt die Höhle in Finsternis. In unserem Haus dagegen kannst du dich des Lichts und der Freiheit erfreuen, die ich dir bringe. Ich hoffe, du bist dir bewusst, wie viel Glück du hast!«

Ich war sehr beeindruckt von diesen Vorträgen. Ich fragte mich, ob es auch unter unserem Dorf eine Höhle gab und wer die armen Leute waren, die da im Dunklen gefesselt waren. Inzwischen verstehe ich, dass dies ein Bild ist, um zu zeigen, wie schlecht die Welt ist und wie ohnmächtig die Menschen sind. Ich vertiefe mich gern in den *Staat*. Zwar verstehe ich auch hier nicht viel, aber im Unterschied zum *Kapital* finde ich den ruhigen, geordneten Ton selbst in den Passagen beruhigend, die ich nicht verstehe, und ich vermute einen tiefen Sinn dahinter. Was Platon über Sokrates sagt, macht mich neugierig auf ihn. Ich möchte gerne seine Bücher lesen. Meine Mutter sagt: »Nein, das kannst du nicht.« Warum? Keine Antwort.

Der Staat ist das genaue Gegenteil der wirren Lehren meines Vaters, in denen erschreckende Ideen, Episoden aus seinem Leben und furchtbare historische Ereignisse vermengt sind. Als er mich das letzte Mal zu sich rief, kam er auf zwei der Themen zurück, die ihn am meisten beschäftigen: die »Energien« und die Nazis. Er erklärt mir, warum das Dritte Reich, das mächtigste Regime, das es jemals gegeben hat, untergegangen ist. Hitler wollte nämlich »zu schnell vorgehen« und entschloss sich daher, »seine Energien umzudrehen«, wie man am Hakenkreuz sieht, das nichts anderes als eine umgekehrte Swastika ist.

Für meinen Vater ist dies das Schlimmste, was man machen kann. Wenn die Energien in die richtige Richtung gehen, helfen sie den Lichtwesen bei ihrer Mission zur Versöhnung der Welt und zur Rettung der gescheiterten Menschheit. Doch es bedarf großer und beharrlicher Anstrengungen, um die Energien in die richtige Richtung zu lenken. Wenden sie sich in die falsche Richtung, sind sie viel mächtiger und bedürfen geringerer Anstrengungen. So kommt es, dass ungeduldige Menschen wie Hitler, wie der schlechte Bohrer, versucht sind, die Richtung der Energien umzukehren. Dann führen sie ins Chaos und wenden sich am Ende gegen die, die sich ihrer bedienen.

Hitler hatte in seinem Gefolge einen tüchtigen Mann: Rommel. Hätte er auf ihn gehört, sähe die Welt anders aus. Aber er hörte lieber auf Göring, der ein Abschaum der Menschheit war, eine Niete und ein Möchtegern. Göring stahl Kunstwerke nicht, weil er die Kunst liebte, sondern weil er sklavisch seinen Herrn und Meister Hitler imitierte. Göring war von allen der Gefährlichste, denn wie alle geistig Schwachen verstand er es, an den Egoismus, die Dumpfheit und die Habgier der Hammelherde zu appellieren.

Vor solchen üblen Individuen hätte ich mich künftig zu hüten, denn die wollten mich zerstören. Nur wenn ich extrem trainiert sei, könne ich ihnen Widerstand leisten.

Daraufhin schildert mein Vater im Einzelnen mancherlei Prüfungen, die ich zweifellos zu bestehen hätte, wie jene »Foltern, um dich zum Sprechen zu bringen«: ausgerissene Fingernägel, abgeschnittene oder verbrühte Brüste, mit Messern aufgeschnittene und dann mit Salz bestreute Fußsohlen. »Das ist einer der Gründe, warum man stärker als der eigene Körper sein muss, verstehst du? Du musst die Folter aushalten können, ohne ihnen zu sagen, was sie wissen wollen.«

Während mein Vater so zu mir spricht, schaue ich ihn unverwandt an, aber ich fühle, wie ich innerlich erstarre. Eine Frage treibt mich um: Könnte ich das aushalten, ohne zu reden? Ehrlich gesagt, ich glaube nicht. Mein Vater täuscht sich. Ich bin nicht aus dem Stoff, aus dem höhere Wesen gemacht sind. In der Stunde der Prüfung werde ich ihn gewiss enttäuschen. Jetzt schon bin ich vollkommen und hoffnungslos von mir selbst enttäuscht.

Gregor und Edmond

Bei der Lektüre der *Verwandlung* von Kafka, einem weiteren Schriftsteller, den ich lesen muss, bin ich wie versteinert angesichts des grauenhaften Schicksals von Gregor. Man weiß nicht, wie es geschieht, der Alptraum wird Wirklichkeit: Gregor erwacht eines Morgens und entdeckt, dass er sich über Nacht in einen abscheulichen Käfer verwandelt hat. Der Gedanke, das gleiche Los zu erleiden, raubt mir den Atem. Auch ich könnte zu einem widerlichen Wesen werden, das in ein Zimmer verbannt wird, aus dem nach und nach eine Abstellkammer wird und das dann zur Müllhalde verkommt. Mich ekelt vor Gregor, ich erkenne mich in ihm. Man hört nicht, was er sagt, keiner versteht ihn, er versteht sich selbst nicht. Wie er habe ich weder Sprache noch Gefährten. Ich fühle mich als Küchenschabe, eingesperrt in einem stickigen Gehäuse.

Gregor, am Ende weggeschafft als Abfall, lässt mir keine Ruhe. Ich, die ich doch nur von den Abenteuern des Odysseus träume, dessen Mut und Intelligenz mich begeistern und dessen Einfallsreichtum gegenüber dem Zyklopen mich entzückt. Und da sind noch die Romane von Jules Verne mit Phileas Fogg, Kapitän Nemo, Cyrus Smith, Samuel Fergusson, den unvergesslichen Helden meiner Kindheit. Seitdem ich *Die Verwandlung* gelesen habe, höre ich ständig in meinem Kopf eine Stimme, bei der mir das Blut in den Adern gefriert: »Hör auf zu träumen, du bist Gregor, du wirst wie Gregor enden.«

Zum Glück habe ich von meinem Vater die Erlaubnis erhalten, während der freien Lektürestunden auch andere Autoren als Platon-Kafka-Nietzsche zu lesen, zum Beispiel Alexandre Dumas, den er Gott sei Dank schätzt. Er gibt mir *Die Mohikaner von Paris* und den *Chevalier von Maison-Rouge* zu lesen. Nachdem ich mit diesen düsteren politischen Intrigen fertig bin, die mich nicht besonders fesseln, hole ich aus der Bibliothek meines Vaters den *Grafen von Monte Christo*, eine zweibändige Ausgabe mit schwarz-weißen Illustrationen in einem hübschen beigen Einband.

Ich bin sofort hingerissen. Edmond Dantès, das bin ich, ich bin eins mit ihm, ich teile alle seine Gefühle: die Fassungslosigkeit angesichts der ungeheuerlichen Strafe, die ihm auferlegt wird, das Entsetzen darüber, in den Kerker geworfen zu werden, ohne zu wissen, warum und für wie lange. Seine enttäuschten Hoffnungen, sein Aufbegehren, die Wut, die Verzweiflung. Ich bin Edmond, wenn er mit dem Kopf gegen die Mauer schlägt, wenn er vor lauter Einsamkeit beinahe zugrunde geht. Die ganze Geschichte erschüttert mich. Ich erlebe die Begegnung mit Abbé Faria wie eine Erlösung. Der Abbé heilt auch mich von der Verzweiflung und befreit mich von meinen Rachegelüsten. Er öffnet mir die Augen für den unendlichen Horizont der Kenntnisse und ihren unschätzbaren Wert. Ich könnte mit Dantès sprechen: *»Mein wahrer Schatz ist Ihre Gegenwart, sind Ihre Strahlen der Einsicht, die Sie mir ins Herz gesandt haben.«*

Ich bin Gregor, aber ich habe mein Vorbild, mein Ideal gefunden. Dantès weist mir den Weg in die Freiheit. Wenn ich mir nachts unter einem dünnen, kalten Wasserstrahl heimlich die Haare wasche, lasse ich Gregor hinter mir und schreite in Richtung Dantès. Wenn ich die Arbeiter des Cathelain-Werks entschlossenen Schrittes auf dem Gehweg sehe oder wenn ich Schulkinder auf der Straße lachen höre, bin ich Dantès ganz nahe. Das Leben ist stärker als alles, es gibt immer einen Ausweg, und ich werde ihn finden, dessen bin ich mir sicher.

Aber wenn mich mein Vater anschreit, schrumpft mein Selbstbewusstsein, und nur Gregors Welt scheint mir real. Wenn meine Mutter mich ansieht, werde ich nicht Gregor, sondern ich bin es schon, ich liege auf dem Rücken, mit dem Bauch nach oben, zappele lächerlich mit meinen kleinen Beinchen und kann nicht aufstehen.

Ich weiß jetzt, wie Edmond, dass mein größtes Handicap meine Ignoranz ist. Ich werde nicht frei sein, solange ich keinen Zugang zum wirklichen Wissen habe. Ich will in ein Internat geschickt werden, wo man mich in Mathematik, Naturwissenschaften, in Geschichte, Geographie und Astronomie unterrichtet. Wenn ich als geistige Nahrung nichts als die paar Fächer habe, in denen meine Mutter sich auskennt und die sie mir im Übrigen nur widerwillig beibringt, werde ich ersticken. Ich flehe sie an, mich auf ein Internat zu schicken, sie soll ein strenges aussuchen, wo man mich mit der Knute erzieht. Sie erwidert: »Wie kannst du nur die Unterweisung von Monsieur Didier missachten? Du hast wirklich Glück, denn ich werde dieses schändliche Anliegen ihm gegenüber nicht einmal erwähnen.«

Ich schlucke meine Enttäuschung hinunter und weiche ihrem Blick aus. Ich denke an die »Strahlen der Einsicht« von Abbé Faria. Ich stelle mir vor, wie sie unendliche Räume durchdringen, wie sie bei mir ankommen, mich berühren mit ihrem tröstlichen Leuchten. Unter den Strahlen des Abbé Faria verblassen nach und nach die Bilder des Alptraums, in dem ich mich auf ewig hinter den Gittertoren des Anwesens eingesperrt und im Abfall verfaulend wähne, und schließlich lösen sie sich auf im großen Licht der Einsicht.

Gestern ist ein ganzes Stück der Umfassungsmauer des Parks eingestürzt. »Das ist der Frost, das ist dieser Polarwinter«, erklärt mein Vater. Aber es schwingt ein besorgter Unterton mit, ein fast ungläubiger Ton, wie wenn so etwas nie hätte passieren dürfen. Das Mauerwerk ist nach außen gebrochen. »Man muss das Feld des Nachbarn freiräumen«, fügt er hinzu, »aber das machst nicht du, du darfst nicht hinaus.« Vielleicht hat er Angst, der Nachbar könnte schimpfen. Gerne würde ich den Nachbarn sehen, ich habe noch nie einen gesehen, und das Wort »Nachbar« gefällt mir gut.

Die Maurer werden schleunigst bestellt. Sie setzen Metallpfosten ein und verbinden sie mit Draht. Daran befestigen sie Jutesäcke, um die Bresche zu kaschieren. Das ist freilich eine provisorische Lösung, denn solange Frost herrscht, kann die Mauer nicht wiederaufgebaut werden. Albert und Rémi sagen: »Man muss auf milderes Wetter warten.«

Seit die Mauer eingestürzt ist, bleibt mir mein morgendlicher Fußmarsch in leichter Kleidung erspart, vielleicht, damit ich nicht über die im Dunkeln schwer erkennbaren Stützbalken stolpere. Da mein Vater jedoch befürchtet, die behelfsmäßige Vorrichtung könnte instabil sein, habe ich den Auftrag, täglich um elf Uhr, vor der Deutschstunde, die Baustelle zu inspizieren. Die Zeit für Hin- und Rückweg wird gemessen und darf zehn Minuten nicht überschreiten, sie reicht gerade für einen kurzen Blick auf die Absperrung.

Jeden Tag starte ich also nach dem Vormittagsunterricht zu meiner Runde hinten in den Park. Dort angelangt, hebe ich eine Ecke des Sackleinens an. Ich könnte leicht zwischen den Drahtmaschen hindurchkriechen. Die ganze Nacht denke ich darüber nach: Wenn ich mich beeile, könnte ich ein paar Minuten gewinnen und versuchen, auf die andere Seite zu gelangen. Am Morgen ist die Entscheidung gefallen: Ich gehe zügig los, und sobald ich außer Sichtweite bin, beginne ich zu rennen.

Als ich die Absperrung erreiche, bin ich ganz aufgeregt. Rasch hebe ich den Stoff hoch, schlüpfe zwischen den Drähten hindurch und bin auch schon auf der anderen Seite. Zum ersten Mal setze ich meinen Fuß allein, ohne meine Eltern, auf die harte Erde draußen. Ich bin beinahe frei. Gebannt blicke ich mich um, überall Felder, soweit das Auge reicht. Hier und da niederes Gebüsch, lichte Wäldchen. Keine Mauer, kein Tor, kein Gitterzaun. Das Herz in der Brust geht mir auf, als wäre die Luft hier besser. Unentschlossen gehe ich ein paar Schritte. Rechts von mir bemerke ich ein Häufchen seltsamer Materialien nur ein paar Meter von mir entfernt. Ich bin sehr versucht, die Sache näher in Augenschein zu nehmen, aber das Ticken der Uhr in meinem Kopf sagt mir, dass ich keine Zeit mehr habe und umkehren muss.

Den ganzen Tag denke ich an die seltsamen Dinger, die da auf dem Nachbargrundstück aufgehäuft liegen. Ich stelle auch fest, dass es milder wird und Rémi und Albert die Lücke bald wieder zumauern werden. Ich muss die Gelegenheit nutzen und der Sache auf den Grund gehen. Am folgenden Tag renne ich noch schneller zu der Stelle. Ich laufe Gefahr, ausgeschimpft zu werden, wenn ich das Zeitlimit von zehn Minuten überschreite, aber egal, ich brenne vor Neugier.

Ich schlüpfe wieder durch die Absperrung, die Luft riecht wunderbar. Ich nähere mich dem Häufchen: Es sind Tausende glänzender Metallteile in verschiedenen Formen, vor allem Bolzen und andere höchst ungewöhnliche Teile, wie ich sie noch nie gesehen habe. Sie sehen aus wie geringelte Holzspäne, sind aber aus Metall. Ein herrliches, in sich gewundenes Teil hebe ich auf, lasse es in meine Tasche gleiten und passe auf, dass ich mich dabei nicht an seinen scharfen Kanten schneide.

Ich nehme den weiten, offenen Raum um mich herum in mir auf. Schade, dass das Ticken meiner inneren Uhr mich an nichts anderes denken lässt als an meine Eltern dahinten im Haus, die meine Runde mit der Uhr in der Hand verfolgen.

Kurz darauf kommen die Maurer und schließen die Bresche wieder. Als Erstes bauen sie die provisorische Absperrung ab. Ich sehe die offene, völlig barrierefreie Mauerlücke vor mir. Während der Bauarbeiten ist es mir verboten, in diesen Teil des Parks zu gehen.

Nach einigem Nachdenken wird mir klar, dass der mysteriöse kleine Haufen wahrscheinlich eine Deponie des nahe gelegenen Cathelain-Werks ist, dass die Metallteile Abfall sind. Das schmälert nicht den Wert meines kostbaren kleinen Spans, den ich sorgfältig im Futter meines Schlafzimmervorhangs verberge. Manchmal, wenn ich allein bin, hole ich ihn hervor und betrachte ihn. Er ruft mir den Rausch dieses wundervollen kleinen Ausflugs in Erinnerung, der ebenso magisch wie unverhofft war.

Das orangefarbene Buch

Die Pflege des Gartens macht viel Arbeit: umgraben, Gemüse anpflanzen, Obst ernten, Zaunpfähle und Gatter streichen … Meine Mutter und ich verbringen damit viele Stunden. Die undankbarste Arbeit ist das Unkrautjäten. Eigentlich ist meine Mutter für das Ausreißen der Disteln zuständig; dafür hat sie aus dem Katalog von Manufrance Spezialhandschuhe bestellt. Aber manchmal fällt es meinem Vater ein, diese Arbeit mir aufzutragen. Ich arbeite mit bloßen Händen. Ich versuche, die Disteln so dicht wie möglich über der Wurzel zu fassen, aber ich bin ungeschickt, und meine Hände sind oft voller Dornen.

Mein Vater rührt keinen Finger. Er thront auf seiner Holzkiste mit der Aufschrift »Libourne«, in der früher Wein befördert wurde, und »dirigiert« und »überwacht« unsere Arbeit. Wenn er den Eindruck hat, wir seien zu weit von ihm weg, ruft er: »Maude, die Kiste.« Dann muss ich aufspringen, die Kiste schnappen und sie weiter vorschieben, bis er »Stopp!« ruft. Dann setzt er sich wieder.

Mit der Zeit wird der Befehl immer knapper: »Kiste.« Aber seine Stimme trifft mich jedes Mal wie ein Donnerschlag.

Der Elektrozaun um Arthurs Grab, der Linda daran hindern soll, ihn auszubuddeln, gefällt meinem Vater sehr. Er lässt ihn auch überall entlang der Wege anbringen, um »allen Disziplin beizubringen«. Ich glaube, er will vor allem »fremde« Tiere davon abhalten, im Park herumzuspazieren, wie es ihnen passt, und besonders graut es ihm vor streunenden Katzen. Für meinen Vater sind Katzen heimtückische, unheilvolle Wesen, die einem die Energie rauben. Er erklärt mir, die Katzen, die sich zu uns hereintrauten, seien schön angeschmiert, denn selbst wenn sie ungehindert unter dem Zaun hindurchschlüpfen könnten, so würde doch ihr Schwanz unweigerlich den Draht berühren und ihnen einen tüchtigen elektrischen Schlag versetzen.

Bald ist der ganze Park flächendeckend mit einem Netz aus Drähten versehen. An einigen Stellen sind bis zu drei Drähte übereinander gespannt. Zur Tarnung müssen wir die Zaunpfähle grün anstreichen, um etwaige Eindringlinge umso wirksamer in die Falle zu locken.

Wenn ich abgebrochene Äste aufsammle, muss ich jetzt den Zäunen ausweichen. Ein Ast, der gleichzeitig den Elektrodraht und den Boden berührt, löst ein unangenehmes Knistern aus. Als ich einmal in der Nähe einiger Bäume Unkraut jäte und nicht aufpasse, bekomme ich einen Stromschlag, der mich vor Schreck aufschreien lässt. Mein Vater zuckt zusammen und fällt beinahe von seiner Kiste. Wütend brüllt er: »Dumme Gans, taube Nuss, Flasche, Angsthase!« Er verlangt, dass ich den Draht mit der ganzen Hand anfasse und so lange festhalte, bis er mir erlaubt, loszulassen. Ich berühre den Draht leicht mit der Hand, lasse aber sofort wieder los, erschrocken über den metallischen Geschmack im Mund und mein plötzliches Herzklopfen. Nach mehreren vergeblichen Anläufen gerät mein Vater in so rasende Wut, dass ich schließlich mit hochrotem Kopf den Draht mit der Faust umklammere. Ich weiß nicht, wie viele Minuten so vergehen, ich weiß nur, die Stromschläge kommen mir unerträglich vor.

Mein Vater erfindet prompt die neue Übung »Elektrozaun« im Rahmen meines Willenstrainings. Täglich oder zumindest zwei- bis dreimal die Woche muss ich den elektrischen Draht zehn Minuten lang festhalten, ohne mir irgendetwas anmerken zu lassen, ohne eine Miene zu verziehen oder auch nur mit der Wimper zu zucken. Doch bald bekomme ich heraus, dass ich im Grunde ziemlich lange durchhalten kann. Ich muss nur ein zwar sehr unangenehmes, aber doch bekanntes Gefühl ertragen. Mit Freuden würde ich einen ganzen Tag Elektrozaun gegen eine einzige Meditationssitzung über den Tod eintauschen, aus der ich jedes Mal noch genauso am Boden zerstört herauskomme wie beim ersten Mal.

Da ich an der Willensfront zu langsame Fortschritte mache, reichert mein Vater das Training mit neuen Übungen an. Wie zum Beispiel dem »Im-Kreis-Drehen«, das in dem »Rondell« nahe beim Schwimmbecken stattfindet, einer leicht erhöhten Pergola, an der zwei asphaltierte Alleen münden. Ich stelle mich in die Mitte, schließe die Augen und beginne, mich auf Befehl meines Vaters immer schneller wie ein Kreisel zu drehen. Ich muss darauf achten, stets in der Mitte des Rondells zu bleiben, und sobald ich »Stopp! Ausgang rechts!« oder »Ausgang links« höre, muss ich mich augenblicklich festen Schrittes in die entsprechende Allee begeben.

Meine Resultate sind jämmerlich. Mir ist schlecht, meine Schläfen pochen unerträglich, meine Beine geben nach, mein ganzer Körper verkrampft sich. Kommt die Anweisung, anzuhalten, versuche ich, aufrecht stehen zu bleiben, doch meistens taumle ich und stoße an das Geländer. Dann weiß ich, dass ich es wieder nicht geschafft habe, und ich gerate in Panik. Ich kann mich nicht einmal mehr umsehen, um rechts und links zu unterscheiden. Mein Vater ist sehr enttäuscht: »Glaub ja nicht, dass du so davonkommst. Wir machen weiter, bis du es hinkriegst. Alles eine Frage des Willens.«

Ich schäme mich furchtbar. Dabei ist diese Übung kein Hexenwerk. Vielleicht habe ich einen Hirnschaden, und vielleicht versucht mein Vater, ihn zu beheben. Der Test, bei dem ich mich im Kreis drehen muss, ist einer von denen, die mich am traurigsten stimmen. Abends im Bett stelle ich mir vor, wie ich die Übung schaffe, ich konzentriere mich, um einen perfekten »Ausstieg« hinzubekommen. Aber es ist vergeblich, es gelingt mir nicht, und das wird immer quälender.

Dieses Jahr führt mein Vater ein neues Ritual anlässlich meines neunten Geburtstags ein. Am Morgen bestellt er mich in den großen, in dieser Jahreszeit eiskalten und deshalb meist gemiedenen Salon. Er setzt mich vor ein Mathematikbuch mit orangefarbenem Einband, gibt mir eine Liste mit Rechenaufgaben und lässt mich allein. Schon beim Lesen der ersten wird mir schwindlig: »Zwei Städte A und B sind 20 km voneinander entfernt. Herr X fährt mit der Bahn um 10 Uhr von A nach B los. Der Zug fährt konstant mit 60 km/h. Herr Y startet mit dem Fahrrad um 10:10 Uhr von B nach A mit einer konstanten Geschwindigkeit von 15 km/h. Wann begegnen sich Herr X und Herr Y?« In einer anderen Aufgabe geht es um einen Radfahrer, der auf einer Wegstrecke seine Geschwindigkeit verändert, in noch einer anderen tropft ein Wasserhahn und füllt ein Becken …

Vergeblich zerbreche ich mir den Kopf, ich finde keinen Lösungsansatz. Ich kann nicht weinen, ich kann nicht weggehen, ich kann nicht um eine Erklärung bitten. Ich habe das Gefühl, immer dümmer zu werden. Die Stunden vergehen, ich probiere verschiedene Möglichkeiten, ich kritzle ein paar Zahlen aufs Papier. Ich mache mich an die nächste Aufgabe und nehme mir vor, danach noch einmal an die vorige zu gehen, aber die zweite gibt mir genauso viele Rätsel auf. Langsam bekomme ich Durst, aber ich weiß, ich darf weder essen noch trinken, solange ich nicht fertig bin. Die Zeit vergeht, es ist schon zehn Uhr. Ich entschließe mich, das Blatt meinem Vater vorzulegen. Er wirft einen kurzen Blick darauf, dann schaut er mich kalt an: »Glaubst du wirklich, das ist richtig? Wenn du dir sicher bist, lass es mir da. Wenn die Lösung aber falsch ist, bekommst du für jeden Fehler drei Aufgaben zusätzlich. Einverstanden?« Schnell nehme ich mein Blatt und mache mich wieder an die Arbeit.

Gegen Mitternacht sagt meine Mutter: »Geh jetzt schlafen. Mach morgen früh weiter. Du darfst frühstücken, dein Vater hat es erlaubt, aber sonst nichts.« Ich bin ruhelos, finde keinen Schlaf, rasende Züge und Fahrräder verfolgen mich. Am andern Morgen setze ich mich wieder vor das orangefarbene Buch. Einzige erlaubte Unterbrechung: das vierzigminütige Ritual, bei dem ich meinem Vater aufwarte. Ich zermartere mir das Hirn, ich quäle mich, ich schufte. Nachdem ich am Ende des Tages meine »Lösungen« ins Reine geschrieben habe, zögere ich lange, sie meinem Vater vorzulegen. Ich weiß, er wird mich fragen: »Bist du sicher, dass sie richtig sind?« Bin ich sicher? Nein, ich bin überhaupt nicht sicher …

Eine weitere qualvolle Nacht steht mir bevor, gefolgt von einem verstörten Erwachen und einer weiteren schrecklichen Beschäftigung mit dem orangefarbenen Buch. Nach einer endlos erscheinenden Zeit beschließt mein Vater, die Prüfung vorläufig zu beenden. Er klappt das orangefarbene Buch zu und sagt: »Wir nehmen es nächstes Jahr wieder dran. Mal sehen, ob du bis dahin gelernt hast, dein Hirn zu gebrauchen.«

Der Jahrgang 1945

Die Einstellung meiner Eltern zur Krankheit lässt sich in einem Satz zusammenfassen: »Krank sein, das gibt es nicht. Das ist nur eine Einbildung. Steh auf!« Es sei denn, dieser Zustand, der nur in der Einbildung der Schwächlinge existiert, betrifft meinen Vater. Dann endet jede Aktivität auf der Stelle. Das sich unablässig drehende Rad meines Stundenplans kommt plötzlich zum Stehen. Meine Mutter und ich betreten das Zimmer meines Vaters, schließen die Tür, ziehen die doppelten Vorhänge zu. Hier bleiben wir schweigend, regungslos im Dunkeln, in der stickigen, verpesteten Luft, bis es ihm wieder bessergeht. Da ich nicht aus dem Haus kann, ist Linda nicht mehr den ganzen Tag eingesperrt. Selbst die Essenszeiten sind über den Haufen geworfen. Wir müssen warten, bis mein Vater etwas essen möchte.

Gewöhnlich verlangt er dann Reis mit sehr viel Zucker. Meine Mutter geht in die Küche und bereitet drei Portionen zu. Wir müssen genau die gleiche Nahrung und die gleichen Getränke zu uns nehmen wie er. Wir halten seinen Teller, solange er isst. Er bekleckert sein Bettzeug, das wir abwischen, bevor wir selber am Schreibtisch essen. Manchmal bestellt er einen Grog mit Cognac. Meine Mutter kommt dann mit drei Gläsern auf einem Tablett.

Da ich für den Nachttopf zuständig bin, darf ich mich nicht entfernen. Ich habe mich außerdem um seine Atmung zu kümmern, die ganz »regelmäßig« sein muss. Ich weiß nicht genau, was das bedeutet, auch nicht, was ich machen soll, falls es Probleme gibt. Vielleicht sagt er mir das dann selbst. Manchmal schläft er ein, dann erschreckt mich sein rasselnder Atem. Ich sehe ihn von nahem an. Mich ekelt ein wenig vor seinen grauen Bartstoppeln. Ich werfe mir meine Reaktion vor, ich bin eine schlechte Tochter.

Nachts schlafen wir im Sessel und auf dem Bürostuhl, den Kopf auf die Arme gelegt. Im Laufe der Nacht tauschen wir unsere Plätze. Das Schwierigste ist der Gang zur Toilette. Weder meine Mutter noch ich wagen, um Erlaubnis zu bitten, gehen zu dürfen. Im Halbdunkel schauen wir uns unschlüssig an, bis mein Vater nach seinem Nachttopf verlangt und uns dadurch erlöst. Meine Mutter nutzt die Gelegenheit, um aufs Klo zu verschwinden, ich nütze sie beim Entleeren des Topfes.

Unsere Aufgabe besteht darin, auf ihn »aufzupassen«, es kommt nicht in Frage, dass wir irgendetwas anderes tun, lesen, schreiben, zeichnen, aufräumen oder plaudern … Von den Grogs, die ich trinken muss, werde ich leicht benebelt, durch das regungslose Herumsitzen bekomme ich stechende Krämpfe. Die Zeit kommt mir fürchterlich lang vor. Nach drei Tagen geht eine von uns hinaus, um nachzusehen, ob in Haus und Garten alles in Ordnung ist, und um die Tiere zu versorgen.

Einmal waren wir über eine Woche lang eingesperrt. Ich erinnere mich an ein merkwürdiges Gefühl, als sei etwas implodiert, ein Gefühl, dem eine Lähmung folgte, die ewig anzudauern schien.

Sobald mein Vater wieder wohlauf ist, verlangt er von uns, dass wir alle verlorenen Stunden, in denen wir »nichts gemacht« haben, »nachholen«.

Trotz seiner mächtigen Statur ist mein Vater von anfälliger Konstitution. Er leidet an Asthma, und die Kälte, die in dem großen, kaum beheizten Haus herrscht, löst bei ihm immer wieder eine Bronchitis aus. Ich begreife nicht recht, wie dieser überlegene und furchterregende Mann, der Ritter, der Meister des Willens, der allein durch die Macht seines Geistes die Welt zu beherrschen vermag, derart angeschlagen sein kann, dass er ans Bett gefesselt ist. Ist das vielleicht doch meine Schuld? Muss er nicht immer wieder seine »Energien aufladen«, die er bei den erheblichen Anstrengungen verausgabt hat, um eine so unfähige Schülerin wie mich auszubilden?

Meine Mutter dagegen ist wie ein Fels in der Brandung, selbst bei einer Grippe bleibt sie auf! Nur zweimal musste sie wegen zu hohem Fieber das Bett hüten. Da nahm dann mein Vater die Dinge in die Hand. Er kam in die Küche, in die er noch nie den Fuß gesetzt hatte, und zeigte mir, wie man einen Grog zubereitet: Man erhitzt ein ordentlich volles Glas Cognac, fügt einige Esslöffel Zucker und ein Eigelb hinzu. Das Gemisch sah scheußlich aus, und ich sah, wie meine Mutter die Augen verdrehte, als sie das Gebräu schluckte.

Was mich anbelangt, die ich mich anschicke, ein Übermensch zu werden, so ist Krankheit unzulässig. Wenn ich manchmal Bauch-, Zahn- oder Kopfweh habe, dann ist das so, als hätte ich eine Dummheit begangen. Falls das Fieber wirklich zu heftig ist, verabreicht mir mein Vater zwei Aspirin.

Das Gleiche gilt für Schmerzen: Schmerz darf ich nicht empfinden. Auf einer Baustelle stürzte ich einmal über einen Balken, aus dem Nägel herausstanden, die sich mir ins Bein bohrten. Mein Vater schüttete eine halbe Flasche Whisky über die Wunde, und der Alkohol floss in die blutenden Löcher: »Ich opfere eine halbe Flasche Johnny Walker vom

Teuersten für eine simple Wunde. Ich hoffe, du erkennst daran, wie wichtig du für mich bist, und weißt die Kosten, die mir entstehen, zu schätzen.«

Ich spüre jetzt noch meine an den Gaumen gepresste Zunge, meine gelähmten Glieder. Ich musste mich ungeheuer zusammenreißen, um nicht loszuheulen.

Aber bisweilen werde ich so krank, dass man kaum noch an ein »Theaterspielen« glauben kann. Im Winter bekomme ich manchmal eine Angina. Dabei habe ich ein Gefühl, als hätte ich Pingpong-Bälle im Rachen, und ich deliriere im Fieberwahn. Mein Vater, der sich nicht scheut, zu behaupten, er sei »der beste Arzt auf dem Planeten«, versorgt mich dann mit einem Spezialmittel, das er ausschließlich für mich herstellt: eine Dose Thunfisch, angerührt mit einem Weißwein Jahrgang 1945. Von dem Öl wird mir schlecht, die Thunfischstückchen bleiben an meinen geschwollenen Mandeln hängen, und mein Hals tut so weh, dass ich kaum schlucken kann. Das dünnflüssige, dunkelgelbe Gebräu erinnert mich an den Urin meines Vaters im Nachttopf. Aber schnell denke ich nicht mehr daran und sehe nur noch meinen Vater unglaublich dicht vor mir, wie er mich mit dem Löffel füttert und das Glas hält, während ich zu schlucken versuche.

Ich kann es nicht fassen: Nie kümmert er sich darum, ob es mir gutgeht. Und jetzt gibt er sich solche Mühe, ist geduldig und beinahe liebevoll, er scheint sich sogar wirklich Sorgen um mich zu machen. Als wäre ich auf einmal jemand sehr Kostbares geworden, den man um jeden Preis retten muss. Der Gegensatz zu meinem Alltagsleben ist zu heftig. Mein Kopf zerspringt schier in tausend Stücke, und mein übriger Körper wird in einen fiebrigen Taumel gerissen.

Der Weißwein Jahrgang 1945 tut wohl auch seine Wirkung. Die meiste Zeit verharre ich in einem dumpfen Schlaf. Wie durch einen Nebel höre ich die Schritte meines Vaters. Sobald er das Zimmer betritt, nimmt er den gesamten Raum ein. Unwillkürlich stockt mir der Atem, dann fällt mir ein, dass ich ja krank bin, dass mein Vater heute mein Arzt ist. Mit merkwürdig sanfter Stimme, wie ich sie noch nie von ihm vernommen habe, murmelt er: »Töchterchen, das wird schon wieder.« Ich spüre, dass ihm unwohl dabei ist, und das Wort »Töchterchen« gefällt mir nicht. Doch das ist die einzige Zärtlichkeit, die er mir zukommen lassen kann, und sie ist weiß Gott willkommen. Ich erhasche eine Sekunde lang seinen besorgten Blick, dann wenden wir schnell die Augen voneinander ab.

Seine Hand nähert sich meinem Gesicht, seine langen Finger legen sich auf meine Stirn, um die Temperatur zu prüfen. Ich hoffe inständig, er möge meine Wange streicheln. Eine einzige Liebkosung mit den Fingerspitzen, und das Haus würde verschwinden, der Gitterzaun und die Mauern würden sich in Luft auflösen, wir wären draußen, frei und glücklich. Aber die Liebkosung bleibt aus. Er zieht die Hand von meiner Stirn zurück. In der folgenden Sekunde macht er den Zauber zunichte, indem er brüllt: »Jeannine, sie ist aufgewacht, bring den Weißwein!«

Aufzeichnungen aus dem Untergrund

Alkohol ist inzwischen ein wesentliches Element meines Willenstrainings. Seit ich sieben oder acht bin, verlangt mein Vater, dass ich vor den Hauptmahlzeiten einen Aperitif und zum Essen Wein trinke. Da der Geist stärker ist als alles andere, muss ich lernen, Alkohol zu vertragen. Außerdem wird bei schwierigen Verhandlungen zumeist etwas getrunken, und diejenigen, die etwas vertragen, behalten die Oberhand. Es ist auch nützlich, um jemandem eine Information zu entlocken: Ich fordere ihn auf zu trinken, trinke selber auch, und nach ein paar Gläsern ist er betrunken, und ich habe ihn da, wo ich ihn haben will, denn mein Kopf ist immer noch klar.

Wenn ich zum Beispiel ein Wetttrinken hinter mir habe, muss ich immer noch in der Lage sein, eine Waffe zu führen für den Fall, dass ich in ein Duell verwickelt werde. Ich weiß nicht, wie ich mich zu einem Duell gezwungen sehen könnte, aber ich traue mich nicht, diese Frage zu stellen. Vielleicht sind das Dinge, die später auf mich zukommen, wenn ich einmal Ritter bin.

Mit zunehmendem Alter muss ich mich an immer größere Mengen gewöhnen. Vor dem Mittagessen trinke ich ein Glas mit Wasser verdünntem Ricard. Dann zum Essen ein gut gefülltes Glas Weißwein, anschließend ein Glas Rotwein und zum Abschluss noch einen Cognac. Da wir nur eine Viertelstunde Zeit für die Mahlzeit haben, gilt es, diese Mengen zügig zu leeren.

Mein Vater hält Ricard für ein unübertreffliches Mittel gegen alle Infektionen, vor allem gegen Halsentzündung. Manchmal lässt er mich unverdünnten Ricard trinken. Allein der Geruch wirkt wie eine Rakete, die in meinem Hirn explodiert. Beim ersten Schluck brennt mein Zahnfleisch, dann rinnt Feuer durch meine Kehle und bringt meinen Magen zum Glühen.

Das ist noch nicht alles. Wir müssen nun ein Spezialprogramm »Alkohol und Wille« starten, das mindestens alle zwei Monate zu absolvieren ist. Zu diesem Zweck mussten meine Mutter und ich auf den zementierten Flächen des Gartens mit weißer Ölfarbe zwei zehn Meter lange und fünfzehn Zentimeter breite Streifen auftragen. Die Übung besteht darin, ein volles Glas Ricard, ein Glas Whisky und manchmal noch einen Cognac auszutrinken, sodann mit festem Schritt die zehn Meter auf dem weißen Streifen zu gehen, ohne danebenzutreten. Ich nehme mich ungeheuer zusammen, fast wie unter Zwang, und wie ich es schaffe, weiß ich nicht, aber diese Übung gelingt mir ziemlich oft.

Ich verabscheue Alkohol, insbesondere den Geruch von unverdünntem Ricard. Natürlich sage ich das nicht meinem Vater, der darauf besteht, dass jeder, ob Frau, Mädchen oder Arbeiter, ebenso viel trinkt wie er. Mein Vater schreibt dem Alkohol alle möglichen positiven Wirkungen zu. Ich jedoch denke an die zugrunde gerichteten Alkoholiker, die ich in Büchern kennengelernt habe: Dimitri in den *Brüdern Karamasow,* die erbarmungswürdigen Helden in Zolas *Der Totschläger*. Ich ahne dunkel, dass ich in höchste Not geriete, wenn der Alkohol »die Oberhand über mich« gewönne. Vor allem für mich selbst stehe ich die Tests durch. Ich brauche keinen zusätzlichen »Meister«, ich will in der Lage sein, dem Alkohol die Stirn zu bieten, aber nicht um meine Gegner zu manipulieren oder fertigzumachen, sondern damit Abbé Farias Strahlen der Einsicht mich erreichen können.

Was mich rettet, sind Bilder von starken und strahlenden Helden. Ich brauche immer dringender jene Art Lektüre, die in meiner Dunkelheit kleine Lichter entzündet. Sobald ich eine Minute ohne Aufsicht bin, stöbere ich in der Bibliothek meines Vaters. Ich entdecke Zola, Maupassant, Daudet. *Die Geheimnisse von Paris* begeistern mich. Meine Mutter, die nie Romane und schon gar keine populären liest, verdreht die Augen, wenn mein Vater Alexandre Dumas und Eugène Sue über den grünen Klee lobt. Aber mein Held ist Rodolphe, der Beschützer der Witwen und Waisen: »Ich habe im Leben schon viel gelitten; daher mein Mitgefühl für die Leidenden.« Er entführt mich in die Welt der Halunken und Einbrecher. Ergriffen erlebe ich, wie er im Herzen »verworfener Geschöpfe« das Gute aufspürt.

Als ich den *Idioten* entdecke, habe ich das Gefühl, auf einen Goldschatz gestoßen zu sein. Ich beginne, mich für Dostojewski zu begeistern, alle seine Figuren faszinieren mich, sie sind so lebendig, so vielschichtig, so chaotisch! Genau das Gegenteil der von meinem Vater so geschätzten »vollkommenen Wesen«, vibrieren sie buchstäblich vor Leben. Sie hassen, sie lieben, sind verrückt vor Begeisterung. Sie taumeln, sie schlagen sich mit dem geistigen Chaos herum. Sie stellen sich eine Unmenge Fragen, denken nicht an die Antwort, und sie sind besessen von ihren Wünschen, ihrem Wahnsinn, ihren Verirrungen. Sie sind anstrengend, eben weil sie so schön sind. Dostojewski zeigt mir, dass das Leben sogar noch schrecklicher ist als das, was meine Eltern darüber sagen, voller Gewalt, Demütigung, Vergeltung, Verrat … Doch wie sehr lohnt es, gelebt zu werden! Dostojewskis Figuren fürchten nicht das Leben, zweifeln nicht daran oder verschanzen sich davor, im Gegenteil, sie lieben es, stürzen sich mitten hinein, und wenn es sein muss, ertrinken sie darin. Sie scheinen mir zu sagen: »Alles verdient, erlebt zu werden. Hör auf, Angst zu haben.«

Wenn meine Mutter das Schulzimmer verlässt, schleiche ich manchmal in das angrenzende Zimmer, das als Abstellkammer dient. Das ist zwar verboten, aber ich stöbere allzu gern in den Schachteln, auch wenn sich nichts Besonderes darin befindet: Bettbezüge, alte Papiere, ein paar Bücher. Eines Tages stoße ich auf einen Dostojewski, den ich noch nicht kenne: *Aufzeichnungen aus dem Untergrund*. Ich kann nur rasch ein paar Seiten lesen, kann das Buch aber auch nicht in mein Zimmer mitnehmen, das würde mein unerlaubtes Forschen ans Licht bringen. Ich verberge es unter einem Haufen alter Tischdecken. In den nächsten Tagen gehe ich wieder in die Kammer, lese drei oder vier Seiten und bin gefesselt vom Mahlstrom der widersprüchlichen Gedanken, die diesen erstaunlichen, besessenen, bösen, verbitterten, egoistischen, gequälten, feigen Helden umtreiben. Er ist ein Grobian, ein Gescheiterter, der sich rächt für die Schmach, die ihm vermeintlich angetan wird, und darum Lisa, einer jungen Prostituierten, eine Art Seelenverwandtschaft vorgaukelt. Er gibt ihr sogar seine Adresse, doch als Lisa ihn aufsucht, straft er sie mit Verachtung. Aber sie ahnt, dass sich hinter dieser niederträchtigen Maske großes Leid verbirgt, und umarmt ihn leidenschaftlich. Einen kurzen Augenblick gerät er ins Schwanken angesichts von Lisas Großherzigkeit, er möchte daran glauben können. Aber schnell gewinnen seine Dämonen die Oberhand, er beleidigt das Mädchen, indem er darauf besteht, sie zu bezahlen. Sie wendet sich ab und läuft davon.

Ich bin so erschüttert von dieser Erzählung, dass ich sie immer wieder lese, natürlich heimlich und stückchenweise. Allmählich begreife ich, dass mich dieser Held, der mich so berührt, an meinen Vater erinnert. Beide lehnen die anderen, die Welt und die Konventionen ab, beide sind sie fasziniert vom Wahn, beide haben eine Schwäche für großartige Reden, für die Unnachgiebigkeit … Ich frage mich, ob mein Vater unter seinem schroffen Äußeren nicht auch eine geheime Wunde verbirgt. Könnte es nicht sein, dass alles, was er sagt, denkt, tut und anordnet, dass dieses ganze Universum, in das er uns einsperrt, in Wirklichkeit einem verborgenen Leid entspringt und gar nicht einer höheren Einsicht?

Jedes Mal, wenn ich die Geschichte wieder lese, überwältigt mich der Schluss mit seiner gnadenlosen Lektion. Ich interpretiere ihn so: »Erwarte nichts von ihm. Selbst wenn er eines Tages seinen Wahn erkennt, ist er doch unrettbar verloren und gefährlich. Rette dich!«

Die Pyramide

Regungslos, schweigend und konzentriert starre ich auf eine Gabel, die vor mir auf dem Esszimmertisch liegt. Meine Mutter sitzt mir gegenüber und macht das Gleiche. Mein Vater thront am Kopfende des Tisches und gibt mit tiefer Stimme seine Anweisungen: »Fixiere das Metall. Dringe geistig darin ein, mach es dir willentlich zu eigen. Und jetzt mach, dass es sich bewegt. Stoß es an.«

Ich bin aufs höchste angespannt, kann kaum mehr atmen. Metall, Metall, bitte, beweg dich. Meine Augen schielen über die Gabel hinweg, ich sehe sie doppelt, dreifach und manchmal sogar verschoben. Aber sie verbiegt sich nicht, das ist es nicht, was mein Vater sehen will. Ich höre den ruhigen, regelmäßigen Atem meiner Mutter, ich dagegen halte die Luft an. Ich habe Angst zu versagen. Der Blick meines Vaters ruht auf mir, ich habe das Gefühl, er erforscht mein Gehirn, dringt ein in meinen Kopf.

Auf einmal sehe ich, wie sich die Gabel verformt. Hurra! Dann schaue ich genauer hin: Sie sieht genauso aus wie vorher, wie bei meiner Mutter. Ich bin enttäuscht.

Am Anfang, erklärt mein Vater, vibriert die Gabel nur. Kein Wunder, denn ich verstehe es noch nicht, meinen Geist zu beherrschen. Tatsächlich hat sich das Metall ganz leicht verändert. Aber in meiner Unerfahrenheit habe ich es nicht wahrgenommen und bleibe deswegen auf denselben Punkt fixiert. Es ist diese Abweichung, die die winzigen Ausschläge der Gabel verursacht. Später, wenn ich gelernt haben werde, meinen »Zugriff« zu stabilisieren, werde ich die ganze Masse verschieben können. Die größte Schwierigkeit besteht darin, »die erste Bewegung hinzubekommen«. Wenn man einmal begriffen hat, *wie* das geht, funktioniert der Rest von selbst.

In einer Variante dieser Übung muss man die Zeiger einer seit Jahren stehengebliebenen Uhr in Bewegung setzen. Bei diesem Spiel ist meine Mutter sehr gut. Triumphierend zeigt sie ihren Zeiger, der von zehn Uhr auf zehn Uhr eins gewandert ist. Die Uhr ist ziemlich klein, die Zeiger sind schwer zu unterscheiden, aber man könnte meinen, es stimmt. Wie bei der Gabel tanzt auch der Zeiger vor meinen hervorquellenden Augen, und ab und zu kommt es mir vor, als hätte auch ich ihn vorwärtsbewegt. Und manchmal sehe ich ihn sogar rückwärtswandern! Vielleicht gelingt es mir ja durch vieles Üben, mit meinen Gedanken die Materie zu beherrschen? Oder sehen vielleicht meine Augen, wenn sie sich auf winzige Zeiger konzentrieren, Dinge, die es gar nicht gibt? Ich bin mir nicht sicher, doch mein Vater hat trotz seiner schwächer werdenden Sehkraft keine Zweifel. Er inspiziert unsere Uhren und nickt beifällig mit dem Kopf, was mich sogleich erleichtert. Ich habe nicht alles verstanden, aber Hauptsache, er ist zufrieden …

Jedenfalls mag ich diese geistigen Konzentrationsübungen, die eine Atmosphäre absoluter Ruhe erfordern. Für die Dauer dieser Übungsstunden kann ich sicher sein, nicht angeschrien zu werden. Sie sind mir lieber als die »Nagelübung«, mit der mein Training zur Beherrschung der Materie anfing. Eines Tages gab mir mein Vater ein dickes Brett, in das meine Mutter mit einem ersten Hammerschlag einen Nagel angesetzt hatte. Die Übung bestand darin, jeden Tag mit der flachen Hand den Nagel weiter ins Holz zu treiben. Nach mehreren Monaten bildete sich schließlich mitten auf meiner Handfläche eine große Wunde. Ich gebe zu, den Zweck dieser Übung habe ich nicht verstanden.

Mein Vater lässt sich nie herab, auch nur die kleinste Gabel zu verbiegen oder den winzigsten Zeiger zu verstellen. Das sind Übungen für »Lehrlinge«. Er hat einen so hohen Grad der geistigen Macht erlangt, dass er den Eiffelturm verbiegen könnte, wenn er wollte. Das macht er natürlich nicht, denn der Eiffelturm ist ein Symbol und ein Orientierungspunkt für alle Lichtwesen: »Er ist an der Basis eine Pyramide, die an der Spitze das Licht trägt«, erklärt er. Übrigens war Gustave Eiffel Freimaurer und ein großer Eingeweihter, ebenso wie Auguste Bartholdi, dessen Freiheitsstatue *was* in der Hand hält? Eine Fackel. Was die Leute nicht wissen: Diese beiden Bauwerke sind auch eine Art Relaisstation und übertragen Vibrationen, mit deren Hilfe sich die Lichtwesen an die Achse reiner Energie »anschließen« können. Während die Lichtwesen sich regenerieren, verbreitet sich diese Reinheit im gesamten Universum.

Ich staune über die unendliche Komplexität der Dinge in meiner Umgebung und der Prozesse, die unbemerkt um mich herum vorgehen. Wenn ich daran denke, wie mich Schmetterlinge, Vögel und andere alberne Dinge in Erstaunen versetzten, muss ich zugeben, dass meine Eltern mich zu Recht eine »dumme Gans« nennen.

Immerhin habe ich dank der zahlreichen Unterweisungen meines Vaters verstanden und verinnerlicht, dass es die Ägypter und insbesondere die Hohepriester von Memphis waren, die die Fähigkeit pyramidaler Strukturen entdeckt haben, Licht und Vibrationen zu bündeln. Davon zeugt der Kult des Lichtgottes Râ. Die Geometrie insgesamt hat Einfluss auf den Kreislauf der Energien. Von allen geometrischen Formen ist die Pyramide am besten geeignet, das Leben des verstorbenen Pharaos zu »bewahren«. Man braucht nur an das Freimaurer-Dreieck zu denken, die geometrische Urform, und an die Pyramide, die als dreidimensionaler Körper dem Dreieck entspricht. Diese Dreiheit erzeugt Leben, Erneuerung und Wiedergeburt im Gegensatz zum Prozess der Vernichtung.

Alle Pharaonen sind Großmeister, die wissen, wie man von der Welt der Lebenden in die Welt der Toten gelangt: Ihre Diener, alle Tiere, die sie in ihrem Leben begleitet haben, und ihre Frauen werden zusammen mit der Mumie bei lebendigem Leib eingemauert, um dem Meister zu helfen, das Feld des Schilfrohrs zu durchschreiten und sein Leben im Jenseits fortzusetzen, während der junge Pharao auf Erden sein Werk weiterführt. Was der Nichteingeweihte nicht weiß: Der Pharao kann notfalls die Reise auch in umgekehrter Richtung antreten. Er ist in die Geheimnisse des Universums eingedrungen und kann sie nach Gutdünken enthüllen oder verbergen.

Die Sitzungen über Ägypten finden im feierlichen großen Billardsaal statt. Manchmal werde ich auch in einen Raum gerufen, in den wir nur selten einen Fuß setzen, in den Salon. Mein Vater ist fest davon überzeugt, dass dieser Raum die Schwingungen der früheren Bewohner des Hauses überträgt, dreier älterer lediger Schwestern, die ihre letzten Jahre zurückgezogen in diesem Raum verbracht haben. Eine nach der anderen ist hier gestorben, wobei die Überlebenden über ihre verstorbene Schwester wachten, bis auf die letzte, deren Geist, wie mein Vater sich ausdrückt, im Salon »gebannt« ist. Wenn wir hier sind, trägt mein Vater um den Hals ein buntes Band, an dessen Ende ein Dreieck aus Metall hängt. Auch ich trage ein solches Band, allerdings ist es weiß.

Dann holt er aus dem Bücherregal eine Holzkassette, entnimmt ihr eine Ein-Dollar-Note und zeigt mir den berühmten Pyramidenstumpf, der in der Mitte des Siegels abgebildet ist. Das strahlenumgebene Dreieck an seiner Spitze ist tatsächlich der Appell des Gottes Râ, die Schwingungen aufzunehmen. Die Begründer der Vereinigten Staaten waren sämtlich Freimaurer und Großmeister, sie konzipierten diesen Schein und hatten den genialen Einfall, den Appell des Râ der Banknote hinzuzufügen, so dass jeder, der sie in die Hand nimmt, »die Schwingungen aller aufnehmen« kann.

Kein Wunder, dass die Vereinigten Staaten das erfolgreichste Land der Welt sind! Mein Vater verhehlt nicht seine Bewunderung für Organisation, Strebsamkeit und Effizienz der USA. Wenn er darüber spricht, richtet er sich auf und schlägt einen stolzen Ton an, als wäre er selbst Amerikaner. Für Frankreich dagegen hat er nichts als Verachtung übrig: »Die Gallier sind nur eine Horde chaotischer Wilder, und Vercingetorix war ein Schwachkopf. Kein Wunder, dass die Franzosen so bescheuert sind ...« Oft erzählt er folgende Parabel: Wenn etwas zu tun ist, sagt der Franzose: »Werde ich machen«, ohne dass er auch nur damit beginnt; der Deutsche sagt: »Ich mache«, und dabei tut er es; der Amerikaner hingegen, der erst dann von einer Sache spricht, wenn sie getan ist, sagt: »Ich habe gemacht.«

Trotzdem ist der amerikanische Präsident, anders als man glaubt und obwohl er Freimaurer ist, nicht der mächtigste Mensch des Planeten. Die wahren Meister der Welt sind zwei andere Freimaurer: zuallererst die Königin von England in ihrer Eigenschaft als historische Schutzpatronin der Freimaurerei; zum Zweiten der Oberste und verborgene Meister, der sowohl die Welt der Geschäfte als auch die des Geistes steuert: der Papst. Auch der Vatikan hat eine originelle Methode geschaffen, um die Schwingungen der Massen aufzunehmen: nämlich bei dem berühmten Segen *»urbi et orbi«*, bei dem der Papst in beherrschender Stellung auf dem Petersplatz eine besondere Handbewegung ausführt, die die Gläubigen für eine segnende Geste halten, die aber in Wirklichkeit eine Form ist, alle Energien der unter seinem Balkon versammelten Gläubigen auf sich zu ziehen und sich anzueignen.

Die Machtstellung des Papstes bedeutet keineswegs, dass die ganze Kirche aus Eingeweihten besteht. Die Priester verfügen zwar über eine gewisse Macht, sind im Allgemeinen aber erbärmliche Menschen mit unreiner und schmutziger Seele, was sie sehr gefährlich macht. Was die Masse der Gläubigen anbelangt, so sind sie nichts als eine riesige Schafherde, die keinerlei Ahnung hat, um was es wirklich geht. Beiläufig empfiehlt mir mein Vater, mich stets von der Menge fernzuhalten, denn die Energien jedes Einzelnen lassen nach, wenn sie sich mischen, und werden dann von den Mächtigen abgezogen, die sie sich zunutze zu machen wissen. Falls ich zufällig in eine große Menschenmenge gerate, muss ich schleunigst Mittel und Wege finden, mich daraus zu entfernen, um dieser Vermischung zu entgehen.

Es gibt noch ein anderes überlegenes Volk, und das sind nicht die Christen, sondern die Juden. Da sie stets verfolgt wurden, mussten sie ihre Absichten verbergen und so tun, als wären sie armselige Geizhälse. In Wahrheit entwickelten die Juden, im Gegensatz zu den nicht verfolgten Völkern, die zu einem »großen Haufen Waschlappen« wurden und nur an ihre Bequemlichkeit dachten, eine geschärfte Intelligenz, einen außergewöhnlichen Gemeinschaftssinn und vor allem einen Sinn für das Geheimnis, ohne den nichts von Wert vollbracht werden kann.

Die Rabbiner, tausendmal intelligenter als die katholischen Priester, machen seit Menschengedenken von den Energien Gebrauch. Insbesondere nutzen sie den siebenarmigen Leuchter. Sie haben immer darauf geachtet, dass ihre von den alten Ägyptern ererbte magische Hinterlassenschaft sowie ihre heiligen Schriften lebendig blieben. Manche Rabbiner sind große Alchimisten, die ihre Kunst nur unter größter Geheimhaltung weitergeben. Hitler hat übrigens aus ebendiesem Grund die Vernichtung der Juden betrieben: Sein umgekehrtes, daher unbeherrschbar gewordenes Hakenkreuz begann ihm zu entgleiten, deshalb fürchtete er, es könnte in die Hände der Rabbiner geraten, die sich desselben weitaus besser zu bedienen gewusst hätten als er.

Mein Vater behauptet, unsere Familie stamme von Juden ab. Manchmal spricht er von einer Tante Sarah und einem Großonkel Samuel. Ich bin ihnen nie begegnet, ich weiß nicht, ob sie noch am Leben sind … Jedenfalls gilt mein Vater aufgrund der Hilfe, die er im Krieg Juden leistete, jetzt als »einer der Ihren«, und im Übrigen hat er dank der Juden sein Vermögen gemacht. »Später kannst du dich als meine Tochter im Notfall auf mich berufen und sie um Hilfe bitten, vergiss das nicht.« Ich präge mir diese Information ganz fest ein. Das Problem ist allerdings, dass ich nicht weiß, wo sie zu finden sind, und mein Vater sagt mir nicht, wie ich mit ihnen in Verbindung treten könnte.

Der Tigerteppich

Anders als im Park, wo jeden Sommer neue Arbeiten in Angriff genommen werden, ändert sich im Haus selber nie etwas. Eine Nippfigur, einmal auf ein Möbel gestellt, steht dort bis in alle Ewigkeit. Eines Tages bleibt meine Mutter nach dem Unterricht vor dem Perserteppich stehen, der die Mitte des Flurs ausfüllt. Aus einer plötzlichen Eingebung heraus sagt sie in einem merkwürdigen Ton, fast als ob sie meine Meinung wissen wollte: »Der würde sich im ersten Stock doch viel besser machen.« Eine Sekunde lang bin ich baff, noch nie hat mich jemand um meine Meinung zu irgendetwas gefragt. Die Vorstellung fasziniert mich, eine wenn auch noch so kleine Veränderung im täglichen Einerlei vorzunehmen, und so stimme ich nachdrücklich zu.

Schon als Kind mochte ich diesen Teppich mit seinen sprungbereiten majestätischen Tigern auf rotem Grund. Er erinnert mich an die Zeit, als wir noch in Lille wohnten, bevor wir uns in diesem großen Gefängnis einsperrten. Ich weiß auch noch, dass mein Vater mit einer erstaunlich weichen Stimme mich auf etwas aufmerksam machte: »Wenn du ein Motiv, zum Beispiel diesen Tiger, konzentriert betrachtest, wenn du ihn nicht aus den Augen lässt, dann wirst du sehen, dass er sich bewegt.« Und tatsächlich: Die Tiger auf dem Teppich bewegten sich oft, wenn ich sie anschaute. Und jetzt bin ich gespannt auf den Moment, wo der ganze Teppich an einen anderen Platz kommt.

Wir packen den Teppich jeweils an einem Ende und schaffen ihn in den ersten Stock. Er ist unheimlich schwer, und weil er auf Teppichboden liegt, kann man ihn auch fast nicht ziehen. Beim Versuch, ihn aufzurollen, stolpert meine Mutter ein paarmal darüber. Ich unterdrücke einen Lachanfall, mein Vater, der wie gewöhnlich im Esszimmer ist, darf uns nicht hören. Aber beide können wir uns das Lachen nicht verkneifen. Bestimmt denkt sie wie ich an die Geschichte von Maurice Chevalier und Mistinguett, die mein Vater erzählt, um die Gefahren bei der Begegnung von Personen unterschiedlichen Geschlechts zu illustrieren. Maurice Chevalier und Mistinguett hatten einen gemeinsamen Auftritt, bei dem sie aus einem großen Teppich auftauchten, der sich auf der Bühne entrollte. Einmal, als der Teppich sich zu schnell abwickelte, fiel der Blick der verblüfften Zuschauer ... auf das umschlungene Paar, das sich leidenschaftlich küsste. »Dabei waren sie beide jeweils verheiratet!«, schloss mein Vater in vorwurfsvollem Ton.

Wir brauchen ewig, bis wir den Teppich zur Treppe geschleppt haben. Hier kommt die eigentliche Schwierigkeit: Wir haben keine Ahnung, wie wir ihn bis zum ersten Treppenabsatz hinunterschaffen sollen, und schon gar nicht, wie wir um die Kurve herumkommen können, um ihn bis zum nächsten zu schleifen. Meine Mutter flüstert: »Wir kippen ihn über das Geländer.« Mit großer Anstrengung hieven wir ihn darüber, und rums!, fällt er eine Etage tiefer und droht gar, noch weiter hinunterzufallen. Auf Zehenspitzen hasten wir hinterher und erwischen ihn gerade noch, bevor er im Erdgeschoss auf dem Boden landet.

Entsetzlich! Wir sind um Haaresbreite einer Katastrophe entronnen, denn beinahe hätte der Teppich die Bronzestatue erfasst, die unten an der Treppe thront. Es ist die Kultfigur meines Vaters, sie stellt Athene dar, die in der linken Hand die Kugel der Weisheit hält. Ich musste schon etliche Unterweisungen bezüglich dieser Statue über mich ergehen lassen. Die linke Hand? Das ist die der Eingeweihten. Die Kugel? Sie ist das Symbol der Weisheit, sie repräsentiert die Welt der Ideen, wie sie Platon beschreibt, zugleich ist sie die vollkommene geometrische Form, die unendlich viele Dreiecke sowie das magische Viereck der Weisen in sich birgt.

Für meinen Vater ist alles Symbol, er schreibt geometrischen Grundformen wie dem Dreieck oder dem Viereck eine ungeheure Bedeutung zu, er glaubt, sie enthielten einen Teil der Ursprungsenergie der Schöpfung. Sie zu verstehen, zu respektieren, ist der erste Schritt, um zu lernen, wie man die Energie in die richtige Richtung lenkt und auf diesem Wege einen möglichen Zugang zur okkulten Philosophie findet. Er gibt mir keine Erklärung zu dem magischen Viereck der Weisen, und ich wage nicht, ihn danach zu fragen. In meiner Vorstellung sitzen die Eingeweihten um ein großes Viereck herum und erörtern die Energien des Universums.

Schließlich legen wir den Teppich auf die Auslegware im ersten Stock und gehen rasch wieder hinauf, um die kurze verbleibende Zeit noch für den Unterricht zu nutzen. Als wir am späten Nachmittag wieder herunterkommen, betrachten wir unseren Teppich und sind uns einig: Er kommt hier weit besser zur Geltung. Wir sind dennoch ein wenig gespannt auf die Reaktion meines Vaters, wenn er ihn heute Abend beim Zubettgehen vorfindet.

Endlich beginnt die abendliche Prozession. Wir helfen meinem Vater bei seinem langsamen Aufstieg, meine Mutter geht voraus, um einen etwaigen Sturz nach vorn abzufedern, ich marschiere hinter ihm her, für den Fall, dass er nach hinten fällt. Auf dem Treppenabsatz der ersten Etage prangt der Tigerteppich unter den Leuchtern mitten im Flur. Mein Vater tritt darauf und geht in sein Zimmer, ohne ein Wort zu sagen. Hinter seinem Rücken tauschen wir besorgte Blicke. Während des Abendrituals immer noch kein Kommentar. Wir sind sprachlos, gehen wieder auf den Flur hinaus und dann zu Bett. Morgen wird er es entdecken.

Anderntags, nach dem Ritual des Aufstehens, folgen wir ihm gespannt auf den Flur. Die Aufregung vom Vortag stellt sich wieder ein. Hintereinander gehen wir über den Teppich, kommen an die Treppe, immer noch keine Bemerkung. Wir gehen in der üblichen Reihenfolge die Treppe hinunter, meine Mutter vorne, ich hinten. Nichts, kein Wort.

Eine ganze Woche geht das so. Täglich machen wir uns darauf gefasst, dass er uns zusammenstaucht. Doch nichts dergleichen geschieht. Eines Abends, als wir in den ersten Stock gehen, kann meine Mutter es nicht mehr ertragen. Sei es, weil sie es vor Angst nicht mehr aushält, sei es, weil sie ihm nicht das Geringste verschweigen kann, jedenfalls beginnt sie stockend: »Monsieur Didier, Sie werden sehen, im ersten Stock haben wir einen Teppich an eine andere Stelle –« Sie hat keine Zeit, den Satz zu beenden. Mein Vater ist empört. Er sieht den Teppich und gerät in irrsinnige Wut: »Das ist unerhört! Sofort bringt ihr ihn mir wieder an seinen Platz zurück!«

Leichter gesagt als getan. Mit wackligen Beinen zerren wir den Teppich Zentimeter um Zentimeter von der Stelle. Mehrmals hören wir, wie mein Vater zur Tür marschiert, sie aufreißt und brüllt: »Was macht ihr hier? Seid ihr immer noch nicht fertig?«

Mit Ach und Krach schaffen wir den Teppich wieder hoch. Gesenkten Hauptes bringen wir meinen Vater zu Bett, danach gehen wir in unsere Zimmer, ohne uns anzusehen.

Am andern Morgen macht sich mein Vater zur Generalinspektion des Hauses auf, um zu überprüfen, ob wir nicht noch andere Dinge angefasst haben. Wütend geht er von

Zimmer zu Zimmer, schweigend folgen wir ihm. Überall entdeckt er umgestellte Gegenstände und verhört uns gereizt. Zum Glück bezeugt eine dicke Staubschicht die Wahrheit unserer Antworten. Da wir ja offenbar Zeit im Überfluss haben, gibt er uns anschließend neue Aufgaben. Zusätzliche buchhalterische Übungen für meine Mutter, während ich das gesamte *Praktische Handbuch zum Studium der Notenschlüssel* von Dandelot abzuschreiben habe.

Die Strafe kommt mir beinahe mild vor für die aufregende Woche, die ich mit meiner Mutter als Komplizin erlebt habe. Wir haben versucht, etwas zu machen, um das Alltagseinerlei ein wenig aufzulockern, wir haben miteinander ein Geheimnis geteilt, das gleiche Verhör über uns ergehen lassen, die gleiche Unruhe, die gleiche Anspannung erlebt. Meine Mutter nimmt mir den Fehlschlag unserer abenteuerlichen Aktion nicht übel, deswegen ist mir irgendwie leicht ums Herz.

Manchmal denke ich zurück an die Reise der Tiger. Jetzt habe ich Lust, alles umzuräumen, die Möbel, die Gegenstände, die Bücher … sogar meinen Tagesablauf möchte ich umkrempeln. Als hätte sich die Tür für mögliche Veränderungen aufgetan, als hätte ich begriffen, wie zu verhindern wäre, dass der Deckel über unseren Köpfen endgültig verschlossen bleibt. Wie schön unser Leben wäre, wenn meine Mutter und ich als Freundinnen uns noch andere Abenteuer ausdenken würden, wenn wir andere kleine Verschwörungen gegen die immer bedrückendere Autorität meines Vaters aushecken könnten.

Hiram von Tyrus

Ich gehöre keiner Epoche und keinem Ort an: Jenseits von Zeit und Raum lebt mein geistiges Wesen seine ewige Existenz.« Mit diesen Worten spricht mein Vater gern von sich selbst. Im Laufe seiner Unterweisungen, die immer häufiger letzte Fragen anschneiden, erklärt er mir, er habe schon zahlreiche Leben gelebt und sei anderen Lichtwesen begegnet. Er hat die Leitsätze des Pythagoras empfangen, eines der bedeutendsten Begründer der geheimen Lehre. Er hat in der Rüstung der Tempelritter an den Kreuzzügen teilgenommen. Er war ein vollkommener Katharer. In den Wirren der Französischen Revolution war er Joseph Balsamo, später berühmt unter dem Namen Cagliostro, er war Schüler eines anderen Großmeisters, des Grafen von Saint-Germain …

Kommt es von seinen vielfältigen Reinkarnationen? Mein Vater ist ein »Wundertäter«, er kann allein durch Handauflegen heilen, genau wie Ludwig der Heilige und die Merowingerkönige, die übrigens unsere Vorfahren sind. »Wir sind Didiers, wir sind die direkten Abkömmlinge der faulen Könige, wir sind rein«, beteuert er. Er erklärt mir, dass die Bezeichnung »faul« völlig falsch verstanden wird, in Wirklichkeit bedeutet es, dass diese aufgeklärten Könige ihre

Energie nicht mit unbedeutenden Beschäftigungen wie zu Fuß gehen vergeudeten. Sie fuhren auf Ochsenkarren, um besser über erhabene Fragen nachdenken zu können. Da ihr Tun nichts einbrachte, was »im Hier und Jetzt konkret sichtbar« gewesen wäre, sahen die Einfaltspinsel darin nur Faulheit. Die Welt war nicht bereit für ihre Weisheit. Doch vollbrachten sie große Dinge im unsichtbaren Universum, deren Wirkung man erst später erkennen wird, wenn die Zeit dafür reif ist.

Mein Vater versteht sich auch aufs »Tischrücken«, er kann also mit dem Geist der Toten in Verbindung treten. Er spricht zum Beispiel mit seiner Mutter im Jenseits. Ich darf diese authentischen Kräfte nicht verwechseln mit den Darbietungen der »Spiritistenlehrlinge«, die gerade mal mit »Jahrmarktgeistern« kommunizieren können. Dummköpfe finden diese Vorführungen großartig, und das ist umso besser, denn dadurch können die wahren Erwählten mit den erhabenen Geistern in ein Zwiegespräch treten. Auch darf ich mich nicht von den Leuten beeindrucken lassen, die Blei in Gold verwandeln: Das ist ein »Pappenstiel«, das kann jeder hergelaufene »Alchimistenlehrling«.

Wahrhaft Initiierte wie mein Vater haben noch weit furchterregendere Fähigkeiten, wie zum Beispiel die, in den Kopf der Menschen einzudringen. Sie können auch mittels Hypnose die Kontrolle übernehmen. Wiederholt sagt mein Vater: »Ich kann mit jedem schwachen Geist umspringen, wie es mir beliebt.« Definitionsgemäß haben diese Letzteren keine Macht über ihre Geistesverfassung. Die starken Geister dagegen beherrschen ihre mentalen Energien meisterhaft und können mit ihrer Hilfe dem Schmerz und der Trunkenheit widerstehen, sie können Metall verbiegen und Gegenstände verrücken sowie in den Geist anderer eindringen und diese wie Marionetten lenken. Die Hypnose ist ein mächtiges Instrument, auch über einen längeren Zeitraum: Es genügt, jemanden einmal »einzuschläfern«, und diese Person bleibt noch jahrelang unter deiner Kontrolle.

Mein Vater versichert mir, dass er mich noch nie hypnotisiert hat und das auch niemals tun wird. Da ich dazu bestimmt bin, ein starkes Wesen zu werden, darf ich niemals in irgendeiner Form Opfer mentaler Beherrschung werden. Wenn dereinst meine Ausbildung vollendet sein wird, werde ich diejenige sein, welche die schwachen Geister beherrscht, um so die große Erneuerung des Universums herbeizuführen.

Ich habe nicht die geringste Lust, irgendjemanden zu beherrschen. Heißt stark sein etwa, in diesem Gemäuer eingesperrt zu leben wie mein Vater? Da bin ich doch lieber ein schwacher Geist und lebe wie die Arbeiter des Cathelain-Werks. Und wenn ich trotzdem dazu verdammt bin, das zu tun, was mein Vater von mir erwartet, nämlich »in die Köpfe einzudringen«, dann werde ich eben meine Fähigkeiten dazu benutzen, die angeblich schwachen Geister zu befreien. In meiner Vorstellung öffne ich eine vergitterte Tür, aber nicht, um von jemandem Besitz zu ergreifen. Ich halte die Tür auf, damit all diese gefangenen Seelen entfliehen können. Das möchte ich ebenso behutsam tun, wie ich das Gitter der Hundehütte öffne, selbst wenn ich Gefahr laufe, von der Menge, die aus ihrem Gefängnis herausstürmt, überrannt zu werden. Im Geiste sehe ich mich mit einem Lächeln auf den Lippen sterben, stolz, ihnen die Freiheit gebracht zu haben …

Nie habe ich meinen Vater auch nur das kleinste Tischchen rücken, die Zukunft aus den Karten lesen oder einem Hypnotisierten seinen Willen aufzwingen sehen. Natürlich: Er ist ein derart vollkommenes Wesen, dass er es nicht nötig hat, noch irgendetwas zu beweisen. Ich weiß nicht, wie er seine Fähigkeiten erworben hat, ob er einst Meister hatte, die ihn geduldig unterwiesen haben. Ich glaube, bei ihm sind es angeborene Gaben, denn er gehört zu den äußerst seltenen »Erwählten«, die wahrhaft über allen anderen stehen. Er wird mir sein Wissen vermitteln, allerdings unter der Bedingung, dass ich mich seiner würdig erweise und mich wie eine respektvolle Schülerin betrage.

Im Laufe der Unterweisungen kommt regelmäßig der Augenblick, in dem mein Vater in einen höchst feierlichen Ton verfällt: »Nun höre gut zu, denn was ich dir zu sagen habe, ist von allergrößter Bedeutung.« Dann erklärt er mir, dass diese okkulten Kräfte auch missbraucht werden können. Gewissenlose Egoisten von niedriger Gesinnung können sich dieser Kräfte bedienen, um zu Macht und Reichtum zu gelangen. Hitler hat das versucht, und vor ihm Nero und Philipp der Schöne, der Verfolger der Tempelritter. Diese nichtswürdigen Magier beschmutzen die heiligen Mächte und stürzen die Welt in noch tieferes Chaos. Schlimmer noch, sie behindern das Wirken der Lichtwesen, die sich seit Jahrtausenden der großen Aufgabe geweiht haben, das Universum vor dem furchtbaren Sturz in das Gefängnis der Materie zu bewahren.

Damit ich die Tragödie dieses Sturzes richtig verstehe, erzählt mir mein Vater oft von einem seiner früheren Leben, als er mit den Geistern an den Ufern des Nils sprach: »Die Pyramiden wurden gerade gebaut. Es gab noch keine Bücher, ich las noch von Steintafeln.« Damals war er Hiram von Tyrus, der berühmte Architekt, der später den Tempel des Salomo erbauen sollte, mit den beiden Säulen Jakin und Boaz am Eingang, die das Gleichgewicht zwischen entgegengesetzten Kräften symbolisieren. Er erzählt mir vom tragischen Schicksal des weisen Hiram, das allen Freimaurern wohlbekannt ist. Hiram wurde von seinen Gefährten verraten, denen er vertraut und das berühmte »Geheimnis der Meister« versprochen hatte. Jene aber, eitel und ungeduldig, lockten ihn in einen Hinterhalt, und da es ihnen nicht gelang, ihm das

»Meisterwort« zu entlocken, erdolchten sie ihn vor den Pforten des Tempels. So geschah es, dass das Wort für immer verlorenging ... Mein Vater glaubt ebenso wie seine Meister, dass dieser Verlust zum Sturz der Welt in den Obskurantismus der Materie geführt hat.

Hirams Tod ist auch für mich ein Unglück. Wäre er nicht feige verraten und ermordet worden, könnte mein Vater ein normales Leben führen, und ich müsste nicht diese Mission der Erlösung erfüllen, die über meine Kräfte geht. Mein Vater ist überzeugt, dass dieses Drama sich wiederholen wird, dass seine Gefährten ihn erneut umbringen wollen. Doch dieses Mal vertraut er darauf, dass ich das Verbrechen verhindere. Dank meines jahrelangen Trainings muss ich die wahren Meister von den Betrügern unterscheiden können, muss die Verschwörung der falschen Brüder vereiteln und meinen Vater, das heißt Hiram und sein geheiligtes Prinzip, retten. Dazu bin ich auf dieser Welt, dafür hat er mich geschaffen. Mein Kampf ist entscheidend für das gesamte Universum, denn dadurch, dass ich die Verräter vernichte, werde ich am Ende den Lichtwesen den Weg frei machen, damit diese in aller Seelenruhe den Geist aus den Fesseln der Materie befreien können. So wird nach Jahrtausenden der Finsternis alles rein sein und erneuert.

Um mich zu befähigen, dieses titanische Werk zu vollbringen, also den vom Kurs abgekommenen Lauf des Universums umzukehren, muss ich eine gewaltige Arbeit an mir selbst verrichten. Aber alles wird vergeblich sein, wenn ich nicht voll und ganz festhalte an meiner Mission.

Zuallererst muss ich mich von den einfältigen Vorstellungen und den törichten Gefühlen befreien, die immer noch in meinem Kopf herumspuken. Nein, die Welt ist kein Paradies, und die Menschen sind keine Heiligen. Sie verraten, stehlen, töten und werden sogar zu Kannibalen, wenn niemand sie überwacht. »Die Liebe ist nichts als eine riesige

Täuschung, um das Volk abzulenken. Wenn eines Tages jemand zu dir sagt, er liebt dich, so glaube ihm nicht. Er sagt das, weil er etwas von dir will: deine Macht oder dein Geld. Traue keinem, auf gar keinen Fall. Ich allein weiß, was gut für dich ist. Wenn du tust, was ich dir sage, wirst du die Welt beherrschen und die Finsternis besiegen.«

Der beste Ort, um diese Schlacht zu schlagen, wäre natürlich der Stuhl des Papstes. Unglücklicherweise werde ich niemals Anspruch auf diesen Stuhl erheben können, denn der künftige Heilige Vater muss die Prüfung eines Bischofs bestehen, der mit der Hand unter sein Gewand greifen, die Hoden befühlen und auf Latein verkünden muss: »Sie sind da, sie sind wahrhaftig da.«

Auch wenn ich nicht Papst werden kann, so kann ich doch Präsident der Republik werden. Aber es gibt noch Besseres: »Ein König geht, ein Präsident geht, aber ein Mazarin, ein Richelieu oder eine Pompadour, die eigentlichen Inhaber der Macht, die bleiben.« Ich erfahre, dass diese grauen Eminenzen, die alles aus dem Hintergrund steuern, Eingeweihte sind, die von anderen Eingeweihten mit einer Mission beauftragt wurden. Die Pompadour, eine sehr kultivierte Frau, unterstützte zum Beispiel den Grafen von Saint-Germain und arbeitete mit ihm an der Hebung des allgemeinen Bewusstseins, damit die ursprüngliche Energie sich entfalten konnte. Dadurch trugen sie zur Aufklärung bei und begünstigten zugleich die Wiedergeburt der Lichtwesen. Mazarin und Richelieu sind leider gescheitert: Die Gier nach Gewinn und Macht ließ sie die Energien »im falschen Sinne« gebrauchen, und sie sind an grässlichen Krankheiten gestorben.

Außer an Madame Pompadour kann ich mich auch an anderen beispielhaft starken Frauen orientieren, wie Josephine de Beauharnais, auch sie ein höheres Wesen, die ursprünglich Napoleon an die Seite gestellt war, um ihn zu leiten. Aber ihm stieg der Erfolg zu Kopf, und er entzog sich Josephines positivem Einfluss, was schließlich zu seinem jämmerlichen und wohlverdienten Ende führte. In anderer Hinsicht ist auch Charlotte Corday eine bewundernswerte Frau, die zum Wohle Frankreichs gehandelt hat, als sie Marat ermordete, und dies nicht etwa aus einer plötzlichen Anwandlung heraus, wie behauptet wird.

Jeanne d'Arc hingegen ist kein wirklich gutes Vorbild. Sie ist nur eine Halb-Eingeweihte, der es an Bildung mangelte, weshalb sie sich dann auch einer törichten Frömmigkeit hingab, anstatt den Lichtwesen ihre Hilfe anzutragen. Wäre Jeanne d'Arc gebildeter gewesen, hätte sie dazu beitragen können, die Welt aus der Dunkelheit herauszuführen. Die Lichtwesen haben es ihr jedoch nicht verübelt, sie retteten Jeanne vor dem Scheiterhaufen unter Mithilfe der Tempelritter und des Bischofs Cauchon, den alle fälschlich als ihren Verfolger hinstellen. Nur ganz wenige wissen, dass Jeanne später geheiratet hat und ein friedliches Leben führte.

Mein Vater hegt eine wahre Leidenschaft für eine außergewöhnliche Heldin namens Blandine, deren Reinheit die feigen Stiere, die in der Arena auf sie gehetzt wurden, in ihren Bann schlug, bevor die Römer sie dann umbrachten. Leider fehlte auch ihr die rechte »Unterweisung«. Wenn sie in dem Augenblick, da die Stiere ihr zu Füßen lagen, die rechten Worte gefunden hätte, um die Menge der Zuschauer in ihren Bann zu schlagen, hätte sie den Tod des Kaisers und den Sturz des Reiches bewirken können … Freilich ist die Manipulation der Menge eine äußerst heikle Kunst: »Schnelles Handeln ist nötig, denn wartet man zu lange, rührt sich die Hammelherde nicht mehr. Doch sobald es gelungen ist, sie aufzurütteln, muss man sich sofort in Sicherheit bringen, denn sie wendet sich stets gegen die Mächtigen, um sie zu zerschmettern.«

Nach diesen Unterweisungen bin ich erschöpft und niedergeschlagen. Ich sehe wohl, dass mein Vater von mir erwartet, dass ich wie Blandine die Stiere zu meinen Füßen zähme, dass ich wie Jeanne d'Arc die Truppen anfeuern kann und zugleich mit der Finesse und der Klasse einer Pompadour zu handeln verstehe … Wie soll ich jemals solche Wunder vollbringen? Ich bin vor allem deshalb traurig, weil ich meinen Vater enttäusche, denn insgeheim wünsche ich mir ein ganz bescheidenes Leben.

Ravaillac

Wenn mein Vater einmal entschieden hat, welches neue Nebengebäude er diesen Sommer im Park bauen lassen will – eine Werkstatt, eine Voliere oder was auch immer –, dann muss noch die geeignete Stelle gefunden werden; dies geschieht mit Hilfe eines Pendels. Er setzt sich auf seine Holzkiste und befiehlt uns, im Garten herumzugehen, bis wir an eine Stelle kommen, die ihm zusagt. Er entnimmt einem grünen Kästchen ein Pendel, das auf einem Samtkissen ruht, und beginnt, es am Ende des Fadens kreisen zu lassen. Meine Mutter und ich müssen regungslos hinter ihm stehen bleiben. Das Pendel dreht sich endlos lange, bis mein Vater den Kopf schüttelt und es wieder ins Kästchen räumt. Das Spiel wiederholt sich so oft wie nötig, bis die ideale Stelle endlich gefunden ist.

Für die Turnhalle wurde das Pendelritual außer Acht gelassen. Mein Vater hat einfach so entschieden, dass sie über Arthurs Grab zu errichten sei. Er, der sonst jede Menge Theorien über das Jenseits, die Energien, die Planeten und so weiter hat, liefert mir in dem Fall nicht die geringste Erklärung. Es sieht aus, als wollte er Arthurs Existenz auslöschen, als sollte das Wesen, das mir das Liebste war, in Vergessenheit geraten.

Bis die Turnhalle fertig ist, muss ich den Salto im Esszimmer üben, den Kopfstand, den Handstand und den Spagat draußen auf der Veranda. Mein Vater legt immer noch großen Wert darauf, dass ich notfalls auch im Zirkus auftreten könnte. Ich habe keine Ahnung, wie ich bei diesen Übungen vorgehen soll. Genauso wenig wie meine Eltern, die jedoch stur behaupten: »Leg die Hände auf den Boden, schwing die Beine zur Wand und bleib so.« Weil das Berührungsverbot immer noch streng eingehalten wird, hilft mir keiner der beiden und hält meine Beine. Nach unzähligen Versuchen und Dutzenden von Stürzen schaffe ich schließlich so etwas Ähnliches wie einen Kopfstand.

Mit dem Salto quäle ich mich monatelang vergeblich ab, ich kann einfach meine Beine nicht »auf die andere Seite bringen«. Meinen Vater regen meine missglückten Versuche auf. Meine Mutter schnauzt mich an: »Du schaffst es nicht, weil du nicht willst. Es ist alles eine Frage des Willens.« Und ich tue mir weh, wenn ich auf den Rücken knalle. Meine Zirkuskarriere lässt sich alles andere als vielversprechend an.

Mein Vater will auch, dass ich meine lächerliche Angst vor Ratten loswerde. Jetzt begleitet er mich manchmal, wenn ich die Enteneier einsammle. Er stellt sich draußen hin, während ich in den Schuppen gehe. Oft überrascht mich dort eine fette Bisamratte und macht Anstalten, mich anzugreifen. Dann darf ich weder schreien noch hinausrennen, sonst werde ich die Nacht über im Schuppen eingesperrt.

Um den Teich herum wimmelt es von Ratten. Oft sehe ich sie in dem schwarzen Wasser schwimmen. Wenn ich mich wie ein Angsthase aufführe, muss ich manchmal darin baden. Zum Glück passiert das sehr selten. Ich glaube, meine Mutter bremst, da sie es ist, die mich im Fall der Fälle herausfischen müsste. Ihr ist es lieber, wenn mir andere Strafen auferlegt werden.

Mein Horror vor Ratten hat nicht nachgelassen, im Gegenteil, er ist jetzt zu einer Obsession geworden. Meine Mutter und ich haben die Aufgabe, die Dachrinnen sämtlicher Nebengebäude zu säubern. Dazu stellen wir eine große Leiter auf und steigen abwechselnd hinauf, um die verrotteten Blätter zu entfernen, die die Fallrohre verstopfen. Als ich einmal eine dieser ekligen Ansammlungen von Unrat heraushole, spüre ich mit den Fingern etwas Seltsames. Ich sehe mir das Ding an und stelle fest, dass ich eine tote Ratte in der Hand halte, der ein Auge aus der Höhle quillt. Meine Beine geben nach, ich falle von der Leiter und schramme mich schlimm an den Sprossen auf. Dann wird mir schwarz vor Augen.

Seit diesem Tag braucht mein Vater nur anzukündigen: »Heute geht ihr die Rinnen säubern«, und schon überkommt mich Ekel. Meine Mutter dagegen klettert munter hinauf und bleibt ganz oben im Gleichgewicht, ohne sich irgendwo festzuhalten. Mir wird allein vom Zuschauen schwindelig.

Wenn mich diese Art Schrecken überfällt, habe ich buchstäblich das Gefühl, als würden mir die Beine abgerissen, als würde ich die Strafe der Vierteilung erleiden. Mein Vater hat mir die Hinrichtung Ravaillacs geschildert: Nachdem ihm von vier Pferden die Gliedmaßen ausgerissen worden waren, ließ man den Gemarterten über einen Tag lang am Boden liegen. Mein Vater schlägt ein Buch auf mit einer entsetzlichen Abbildung und der Legende »Ravaillacs Hinrichtung«. Bei seinen Worten werde ich förmlich zu Ravaillac und lasse alle Hoffnung fahren, denn meine Glieder sind herausgerissen, alles ist zu Ende, mir steht ein endloser Todeskampf bevor unter den Augen einer Menschenmenge, die das Schauspiel gebannt verfolgt.

Ich bin wie gelähmt, so dass ich beim Rest der Geschichte nur mit halbem Ohr hinhöre. Mein Vater meint, Ravaillac sei das Opfer eines Komplotts geworden: Der Mord an Heinrich IV. ist von einem Gefolgsmann des Königs verübt worden, der mit in seiner Kutsche saß. Ich muss mir im Klaren sein, dass Unschuld nicht vor einem schrecklichen und ungerechten Tod schützt. »Das ist die wahre Natur des Menschen, das kann uns die Welt da draußen antun, selbst und gerade, wenn wir schuldlos sind. Schützen kann uns allein unser Wille und unsere geistige Stärke.«

Das Gefühl des Zerrissenwerdens, das mich auf der Leiter überkommt, ist schrecklich, ist so verheerend, dass mein Körper mit der Zeit lernt, wie ein Soldat im Kugelhagel vorwärtszugehen oder eher wie ein Automat. Das Leben verlässt mich, alles ist ausgelöscht. Nach der Prüfung gibt es weder Erleichterung noch Stolz oder Befriedigung über eine vollbrachte Tat, es bleibt nur ein verwüsteter Körper. Erst lange danach erwachen die Sinne mühsam wieder, als hätte das Leben, das allmählich zurückkehrt, seine Kraft für immer verloren.

Auf diese Weise überstehe ich auch die Exerzitien zur Meditation über den Tod, die etwa einmal im Monat anstehen. Der Keller ist erheblich umgebaut worden, der Boden wurde abgesenkt, betoniert und gefliest. Davon versprach ich mir eine Verbesserung, denn auf den Fliesen kann ich die Ratten eher herankommen sehen und mich schützen, wenn sie sich erdreisten, mich »anzugreifen«. Aber leider hört man jetzt auch das Getrappel bis in den letzten Winkel.

Trotz allem gebe ich mir Mühe, mich auf die Lichtwesen zu konzentrieren, die eigentlich inmitten der Finsternis erscheinen sollten. Ich habe ein bisschen Angst davor, dem Geist meiner Großmutter zu begegnen, die im Haus häufig gegenwärtig ist: Mein Vater versichert, sie besuche ihn nachts in seinem Zimmer. Die Toten wissen alles, und ich befürchte, sie verrät ihm, dass ich, anstatt die Übungen zu machen, die er mir vorschreibt, von meiner Angst vor Ratten überwältigt werde und meine einzige Hoffnung ist, dass das Licht wieder angeht.

Die Backsteinmauer

In der gefährlichen Welt, in die mich mein Auftrag später einmal führen wird, soll ich mich an die Unterstützung erinnern, die mir als Tochter eines Großmeisters der Freimaurer und eines Grand Chevalier des mächtigen Geheimordens zusteht. Wenn ich gekidnappt werde oder vor einem Erschießungskommando stehe – kein Grund zur Panik. Ich brauche nur die Hände über dem Kopf zu kreuzen und zu rufen: »Hierher, Kinder der Witwe!« Dann kommt Hilfe. Einer aus dem Erschießungskommando tritt aus der Reihe und wird mich retten. Oder ein Bauer, der in der Nähe auf dem Feld arbeitet, zieht seine Waffe und befreit mich. Ein gewöhnlicher Passant kann sich als Freimaurer erweisen, der alles daransetzen wird, mir zu helfen.

Ich meinerseits habe eine ganze Reihe vorbereitender Übungen zu absolvieren. Zum Beispiel muss ich mich auf meine Hände konzentrieren, damit sie am Ende so schmal werden, dass sie sich aus Handschellen befreien können. Oder ich muss mich mit dem Metall der Handschellen oder dem Hanf des Stricks beschäftigen, damit sie sich »lösen«. Ich lerne auch, dass ich durch Schließen der Augen meinen Körper verlassen kann, um zu hören, was im Nebenzimmer gesprochen wird. Diese Lektion bleibt vorerst theoretisch, denn meine Jugend setzt mich der Gefahr aus, dass ein stärkeres oder erfahreneres Wesen sich meines Körpers bemächtigt und mich während meiner »Abwesenheit« daran hindert, wieder in meinen Körper zu gelangen. Daher übe ich mich in der Vorstellung, dass ein silberner Faden mich mit meiner körperlichen Hülle verbindet und ich auf diese Weise meinen Rückweg finden kann. Ich muss warten, bis ich mit einundzwanzig im Initiationsalter bin, um das richtige Training in Angriff zu nehmen.

Ich glaube zwar nicht so recht, dass ich Gefahr laufe, vor ein Erschießungskommando gestellt zu werden, aber die Vorstellung, meinen Körper zu verlassen, lässt mich erschaudern. Mein Vater hämmert mir ein, dass Angst die »Fügsamkeit der Schwachen« ist. Aber das hilft mir nicht, ich habe immerzu Angst.

Seit einiger Zeit betont mein Vater seine Fähigkeit, jederzeit in die Psyche jeder beliebigen Person eindringen zu können. Dazu muss er nicht einmal körperlich anwesend sein, denn er kann sich entfernen, ohne gesehen zu werden. Ich muss begreifen, dass ich niemals etwas vor ihm verbergen kann: »Ich bin überall, ich sehe alles. Was immer du tust, ich weiß es. Alles, was du tun wirst, werde ich wissen.« Ich weiß nicht, warum er das immer wieder sagt. Glaubt er vielleicht, ich verheimliche ihm unaussprechliche Gedanken oder Vorhaben?

Abends im Bett schnürt mir manchmal die Trauer die Kehle zu. Dann streichle ich mein Kopfkissen und stelle mir vor, ein liebevoller Mensch tröste mich. Ich murmle die Worte, die ich gerne hören würde: »Weine nicht, mein Kind. Mach dir keine Sorgen, du bist nicht allein. Weißt du, wir lieben dich. Du bist nicht so schlecht, wie du denkst, du wirst schon sehen.« Doch sofort gewinnt eine anklagende Stimme die Oberhand: »Ja, ja! Lass dich nur bemitleiden … du Heuchlerin.«

Es geht wie auf Knopfdruck: Ein unbezwinglicher Impuls macht, dass ich mich sofort bestrafen muss. Ich kralle meine Fingernägel in die Schenkel, aber das reicht nicht; ich beiße mir brutal in die Oberarme, ich weiß, dass die Spuren dort nicht zu sehen sind. Ich grabe meine Zähne immer tiefer in mein Fleisch und presse meine Kiefer immer fester zusammen.

Nacht für Nacht misshandle ich mich und verletze mich bis aufs Blut, und seltsamerweise schafft mir das Erleichterung. Ich weiß, der Schmerz hört auf, wenn ich es will. Ich allein entscheide, wann er kommt, ich entscheide, wann er aufhört. Auch wenn es sehr weh tut, empfinde ich eine Art Trost bei der Vorstellung, dass ich alles unter Kontrolle habe.

Ich bin es leid, in dieser ewigen Furcht zu leben. Ich habe diese Ängste und diese Schmerzen satt, die ich erleide, ohne sie zu verstehen, ohne zu wissen, wann sie aufhören. Wenn ich aber meine Zähne weniger fest zusammenbeiße, nehmen mein Selbsthass und meine Selbstverachtung ab, und der Sturm der Beleidigungen, der in meinem Kopf tobt, lässt schließlich nach, und ich kann endlich einschlafen.

Zaghaft suche ich nach einem Weg, die unerträglichen Einmischungen meines Vaters in meine Gedankenwelt abzuwehren. Wenn er nach Belieben in meinen Kopf dringen kann, sind auch die Wesen, die ich liebe, in Gefahr. Wenn ich Linda ein wenig früher herauslasse, dann muss ich es so anstellen, dass mein Vater es nicht in meinem Kopf »lesen« kann, denn er würde sie malträtieren, und das könnte ich nicht ertragen. Ich versuche also, jeden Gedanken auszulöschen, oder vielmehr, an nichts zu denken, gar nicht zu denken. Während ich die Gittertür der Hütte öffne, sage ich zu mir: »Nicht denken, nicht denken …« Und auch wenn ich Bibiche verstecke, eine streunende Katze, die ihre Jungen im Park bekommen hat, stelle ich eine Art Blackout in meinem Hirn her. Wenn mein Vater in meinem Kopf suchen und das Versteck finden würde, dann würde er bestimmt sein Gewehr nehmen und Bibiche samt ihren Kätzchen totschießen.

Manchmal baue ich eine »Backsteinmauer« am Eingang zu meinem Kopf und verberge mich dahinter, um zu denken. Die Idee dazu kam mir bei meinen Handlangerdiensten für Albert und Rémi. Ich habe oft zugeschaut, wie sie eine Mauer hochzogen, und ich weiß jetzt, wie das geht. Man muss sehr konzentriert vorgehen und eine Menge kleiner Details beachten: Der Mörtel darf nicht zu weich und auch nicht zu trocken sein; man darf nicht zu viel und nicht zu wenig auf die Kelle packen; der richtige Handgriff, wenn man den Backstein auflegt und wenn man ihn andrückt; dann muss man die Höhe bei jeder neuen Reihe überprüfen … Und ehe man sichs versieht, steht man vor einer Mauer und kann nicht sehen, was dahinter ist. In meiner Vorstellung mache ich es, wie ich es gelernt habe: Ich verfertige mit der Kelle ein Mörtelbett, nehme einen Backstein und drücke ihn hinein, dann kommt wieder eine Kelle Mörtel, darauf der nächste Backstein … So ziehe ich eine ganze Reihe hoch, dann kommt die zweite, und so fort. Ich komme schnell voran, denn mein Geist baut in Windeseile. Ich brauche nur »Backsteinmauer« zu denken, schon steht sie nach wenigen Sekunden.

Von Zeit zu Zeit errichte ich meine Mauer von neuem, besonders wenn ich heimlich etwas tun will. Wenn mein Vater die Mauer sieht, wird er denken, er stoße an meine Dummheit. Er erklärt mir oft, dass Arbeiter, die ständig die gleichen Aufgaben erledigen müssen, wie etwa Muttern festschrauben oder am Fließband arbeiten, am Ende abgestumpft sind. Dies ist, nebenbei bemerkt, die beste Methode, das Volk abzustumpfen: Man muss die Menschen immer das Gleiche tun lassen, sie immer am gleichen Tag zum Tanzen schicken, zum Beispiel am 14. Juli, oder zum Fressgelage am 31. Dezember, und so weiter. Wiederholt der Körper eine Handlung ständig, bemächtigt sich ihrer der Geist, führt sie immer wieder aus und verhindert so jedes Nachdenken. Ich bin daher überzeugt, dass mein Vater, wenn er auf meine Backsteinmauer trifft, denkt, ich sei »angesteckt« von den letzten Bauarbeiten mit Albert und Rémi.

Auch meine Mutter ist besessen von der Angst, ich könnte meine Gedanken verbergen, würde sie mit Lügen tarnen. Sie warnt mich: »Wenn du lügst, dann werde ich das sofort wissen, denn dann ist dein Vater morgen früh tot.« Diese Drohung bereitet mir Gewissensqualen: Auch wenn ich mir manchmal ein freies und glückliches Leben ohne meine Eltern wünsche, so erschreckt mich doch zugleich die Vorstellung, mein Vater könne verschwinden und mich allein zurücklassen in dieser düsteren Welt. Ich weiß sowieso nicht, wie und weswegen ich lügen könnte, ich werde ja fortwährend überwacht. Aber meine Mutter beharrt dermaßen auf der Idee, ich müsse absolut durchschaubar sein, dass im hintersten Winkel meines Gehirns ein teuflischer Gedanke auftaucht: Wie wäre es, wenn ich eine ganz kleine, eine winzige Lüge probieren würde, einfach um zu sehen, was passiert?

Ich muss zugeben, dass ich seit der Geschichte mit dem Tigerteppich einigen Zweifel hege. Wenn mein Vater alles weiß, alles sieht, wie kann es dann sein, dass er eine Woche lang morgens und abends über diesen Teppich gegangen ist, ohne zu bemerken, dass wir ihn woanders hingelegt hatten? Wie kann es sein, dass er nicht gemerkt hat, dass wir um ein Haar seine sakrosankte bronzene Athene demoliert hätten?

Nach langem Zögern wage ich mich an eine wirklich verzeihliche Lüge, bei der es um eine ziemlich sekundäre »Regel« geht, den Gebrauch von Toilettenpapier betreffend. Wenn ich bloß pinkele, darf ich nur ein einziges Blatt benutzen. Das ist übrigens eine »Gunst«, die mir gewährt wird, denn früher benutzten Frauen gar kein Papier. Oft fragt mich meine Mutter: »Hast du auch nicht mehr als die erlaubte Menge genommen?« Ich verneine. Und sie fragt nach: »Schwörst du?«

Ich beschließe also eines Tages, zwei Blatt Toilettenpapier zu verwenden.

Alles geht gut bis zum Abend. Nachts aber überfallen mich Alpträume. Ich sehe ein Exekutionskommando, aber nicht ich stehe an der Mauer, es ist Linda oder Bibiche, die für meine Verbrechen bezahlen muss. Oder ich finde meinen Vater beim Wecken tot im Bett. Also ist alles wahr, was er gesagt hat! Beklommen frage ich mich, wie er wohl wiedergeboren wird. Ich habe Angst, dass er sich mit Gewalt in mir verkörpern will, dass er mich aus meinem Körper vertreibt, um sich darin einzunisten. Ich fahre aus dem Schlaf hoch, denn im Traum höre ich mich sprechen, aber mit der Stimme meines Vaters …

Als ich am andern Morgen an seine Tür klopfen will, bekomme ich es mit der Angst zu tun. Schließlich höre ich seine Stimme: »Herein.« Er ist also nicht tot. Er ist nicht einmal krank. Ich weiß nicht, ob ich erleichtert oder enttäuscht bin … In den folgenden Tagen erfinde ich andere kleine Lügen: Ich ändere ein wenig den vorgeschriebenen morgendlichen Weg und behaupte, die Anweisung genau befolgt zu haben; oder ich wandle die Etüden am Klavier leicht ab, und wenn ich unten an der Statue der Athene vorbeigehe, sage ich: »Ich hasse dich« und »Du bist hässlich«, wo ich doch gehalten bin, sie zu verehren …

Trotz meiner kleinen Vergehen und meiner groben Beleidigungen bewahrheitet sich die Drohung nie, der Tod meines Vaters wäre die unmittelbare Folge meiner Lügen. Nach und nach schleicht sich ein krimineller Gedanke in meinem Kopf ein: Ist mein Vater vielleicht gar nicht dieses mit allen Fähigkeiten begabte höhere Wesen? Könnte es sein, dass alles, was er mir erzählt, in Wahrheit nichts als Geschwafel ist?

Der Gedanke entsetzt und begeistert mich. Dennoch frage ich mich, ob die Lichtwesen nicht gerade irgendwo im Universum über meine Missetaten genau Buch führen und ich eines Tages wegen meiner Lügen vernichtet werde, zerrissen wie ein Ravaillac, der aber diesmal die Marter voll und ganz verdient hätte.

Die graue Weste

Mit dem Paket von La Redoute kommt auch mein neues Paar schwarzer Schuhe mit winzigen Zwei-Zentimeter-Absätzen, das ich das ganze nächste Jahr tragen werde. Ich probiere sie an, sie drücken mich. Meine Mutter hat sie über den Katalog bestellt, ohne meine Schuhgröße zu messen; sie hat sie einfach eine Nummer größer genommen als beim vorigen Paar. Ich weiß nicht, ob ich schneller gewachsen bin, als ich hätte wachsen dürfen, aber diese Schuhe tun mir richtig weh. Als ich ihr das sage, antwortet sie: »Das ist eine Frage des Willens.« Mein Vater erinnert an die Chinesinnen, jene hochzivilisierten Wesen, denen man die Füße bindet, damit sie klein bleiben. Ich soll mir meines Glück bewusst werden und aufhören, mich zu beklagen. Da es nicht in Frage kommt, eine Bestellung allein meinetwegen aufzugeben, muss ich diese Schuhe ein Jahr lang tragen. Das vorige Paar kann ich nicht mehr nehmen, es ist völlig kaputt; die Sohlen sind so löcherig, dass ich am Ende Laub einlegen musste, um nicht allzu nasse Füße zu bekommen.

Außerdem muss ich jetzt eine scheußliche Weste tragen, die mein Vater speziell für mich aus einem groben grauen Tweed hat anfertigen lassen. Ich soll sie über mein Hemd oder meinen Pullover anziehen, sommers wie winters. Sie ist zu groß, damit ich sie mehrere Jahre tragen kann, und hat sechs Taschen für diverse Gegenstände: einen Füller, einen Kugelschreiber, einen Bleistift, einen Spitzer, einen Radiergummi, ein Löschblatt, ein Notizbuch, Blätter mit einem Briefkopf der Logen meines Vaters. Außerdem habe ich einige »Aluwinkel« dabei, um Blätter zusammenzuheften – keine Büroklammern, das ist »Zubehör der Nichtstuer« –, dazu ein Federmäppchen und einen Federhalter in zwei unterschiedlichen Taschen, speziell für die Noten, die mit der Feder geschrieben werden müssen. Hinzu kommen ein Taschentuch, ein Schraubenzieher, der auf einen Korken gespießt ist, damit ich mich nicht verletze, und schließlich ein Kompass, den ich nach einer Entführung bei meiner Flucht benutzen soll. Mein Vater empfiehlt mir für diesen Fall, mich stets nach Norden zu wenden, wenn ich durch einen Wald muss, andernfalls bestehe die ernste Gefahr, im Kreis zu laufen.

Es gibt noch eine Innentasche für die Vokabelkärtchen – vorne steht ein deutsches Wort, hinten die französische Übersetzung –, die mir mein Vater aufgegeben hat. Ich brauche auch eine Kombizange, da die aber sehr schwer ist und meine Tasche ausbeult, kann ich meistens darauf verzichten. »Du musst dein Werkzeug stets bei dir tragen, um überall und jederzeit arbeiten zu können.« Wo immer ich mich befinde, muss ich schriftlich eine überraschende Aufgabe erledigen, eine Frage zum Latein beantworten können, und so weiter. Nebenbei muss ich in der Lage sein, im Handumdrehen ein undichtes Rohr zu reparieren. In den Augen meines Vaters entspricht das Tragen dieser Weste einer Art Grad, der mir verliehen wurde. Er vergleicht sie mit der Arbeitsschürze der *compagnons du Tour de France*, der Wandergesellen, die sich nie von ihrer Ausrüstung trennen. So werde ich nie die »Ausrede der Nichtstuer« verwenden können, sie hätten nicht das passende Werkzeug.

Er besteht darauf, dass ich die Weste den ganzen Tag nicht ablege, außer beim Akkordeonspielen. Für mich fühlt sie sich an wie eine Fessel, ein Joch, das mich ununterbrochen daran erinnert, dass ich eine Aufgabe zu erfüllen habe. Ich nutze jede noch so kleine Gelegenheit, sie auszuziehen, und sei es nur für zwei Minuten, in denen ich allein im Schulraum bin, oder bloß die dreißig Sekunden auf der Toilette. Ich verstehe nicht, warum meine Eltern in diesem Punkt so stur sind. Im Laufe des Tages werde ich mehrmals gefragt: »Hast du auch deine Weste nicht ausgezogen?« Ich sehe ihnen gerade ins Gesicht und antworte: »Nein, ich habe sie die ganze Zeit angehabt«, dabei zittere ich bei dem Gedanken, sie könnten die Wahrheit entdecken.

Aber gleich dem Damoklesschwert, das meinen Vater nicht tötet, kommen meine Lügen nicht ans Licht. Ich frage mich langsam, ob ich wirklich diese Backsteinmauern in meinem Kopf errichten muss. Ich gebe immer mehr der Lust nach, in allen Ecken und Winkeln des riesigen Hauses zu stöbern. Natürlich muss man sehr gewieft vorgehen. Ich kann allenfalls für ein paar Minuten der Aufsicht entwischen. Alle Zimmer sind abgeschlossen, als Erstes muss ich mich wahnsinnig anstrengen, um herauszubekommen, wo die Schlüssel versteckt sind.

Ich weiß inzwischen, dass mein Vater seinen Zimmerschlüssel unter der Türschwelle versteckt. Also nutze ich die Gelegenheit, als meine Eltern beide im Erdgeschoss sind, um mich leise in den ersten Stock zu schleichen. Ich hole behutsam den Schlüssel unter der Schwelle hervor, drehe ihn ganz vorsichtig im Schloss und betrete sein riesiges Schlafzimmer. Sofort gehe ich zu dem Schrank, den zu öffnen man mir ausdrücklich verboten hat. Hier finde ich Florette, Helme, wattierte Westen. Ich habe meinen Vater nie beim Fechten gesehen. Sind das Relikte aus einem früheren Leben? In einem anderen Schrank stoße ich auf sechs oder sieben Freimaurerausrüstungen in verschiedenen Farben: eine Art Chasuble mit einem großen Kreuz auf der Brust, lange Umhänge, Degen in ihrer Scheide und mit ihren Gurten …

Manchmal glückt es mir, ins Büro meines Vaters im Erdgeschoss zu schlüpfen. Ich durchstöbere die Schubladen und achte peinlichst darauf, nichts durcheinanderzubringen. Ich finde verschiedene Papiere mit Briefköpfen: einige von den Freimaurerlogen, denen mein Vater angehörte, eines von seiner Werkstatt, eines vom Flugplatz, dessen Chef er einst war. Ich weiß nicht so richtig, wonach ich eigentlich suche, aber ich kann sowieso nie länger als ein paar Minuten bleiben. Danach lege ich den Schlüssel mit größter Sorgfalt genau dahin zurück, wo ich ihn gefunden habe.

Mit der Zeit weiß ich, wonach ich suche: Ich hoffe, auf »Adoptionspapiere« oder auf irgendein Dokument zu stoßen, das beweist, dass meine Eltern nicht meine richtigen Eltern sind. Nachts phantasiere ich, dass meine richtigen Eltern zu einer Expedition in eine gefährliche Gegend der Welt aufgebrochen sind und mich deshalb diesen reichen Leuten anvertraut haben. Die haben sich dann geweigert, mich meiner richtigen Familie zurückzugeben, und deshalb bin ich jetzt hier eingesperrt.

Oft kreisen meine Gedanken um die Geheimnisse, die vielleicht im Büro in einem der beiden Tresore verborgen sind. Ich glaube, der Schlüssel zu meiner Geschichte befindet sich darin. Ich weiß nicht, was ich täte, wenn ich diese Papiere fände. Ich müsste mit ihnen sofort flüchten und direkt zur Polizei gehen. Aber wie soll ich hier herauskommen? Die Fenster sind vergittert, die Haustür ist immer abgeschlossen, und trotz aller Bemühungen ist es mir nicht gelungen, das Versteck dieses Schlüssels herauszufinden. Je mehr ich darüber nachdenke, desto mehr verwandelt sich die Hoffnung in Ohnmacht …

Kurz vor Weihnachten nehme ich mir vor, den Briefträger oder den Feuerwehrmann zu alarmieren, wenn sie am Jahresende wie üblich ihr Trinkgeld abholen. Ich weiß nicht, warum, aber meine Eltern wollen nicht gesehen werden und überlassen es mir, den Umschlag mit dem Geld durch das kleine Fenster im Esszimmer zu reichen. Ich könnte einen Hilferuf in den Briefumschlag schmuggeln. In der Zeit, in der ich unbeaufsichtigt bin und meine Hausaufgaben mache, versuche ich, eine Nachricht zu formulieren. Ich mache zehn Anläufe, die alle mit »Verständigen Sie die Polizei« beginnen. Aber wie weiter? Weder lässt man mich hungern, noch bin ich angekettet, auch werde ich nicht geprügelt … Wer wird mir glauben?

Danach gehe ich deprimiert nach unten. Vom Treppenabsatz aus sehe ich von hinten meinen Vater im Esszimmer sitzen. Jedes Mal krampft sich mir dann der Magen zusammen. Ich weiß, dass ich auf den Rhythmus und das Geräusch meiner Schritte höllisch aufpassen muss. Wenn er eingenickt ist und durch mich aufgeschreckt wird, beschuldigt er mich, ihn »hinterrücks zu überfallen«. Daher bemühe ich mich, absichtlich auf die knarrenden Stufen zu treten. Um ganz sicher zu sein, gehe ich wieder ein paar Stufen hoch und trete auf die, die das lauteste Geräusch machen.

Im Esszimmer muss ich mich dann mit gesenktem Blick hinsetzen und darf mich weder bewegen noch sprechen, bis meine Mutter zum Abendessen kommt. Die Gegenwart meines Vaters löst in mir eine schwer erträgliche Mischung aus Angst und Ekel aus. Aus dem Augenwinkel beobachte ich ihn, wie er schlaff mit gebeugtem Rücken auf seinem Stuhl sitzt, mit seiner abscheulichen abgewetzten Weste, die nach altem Schweiß stinkt. Verzweifelt schaue ich zu dem Fenster, das auf die Straße hinausgeht. Durch die Gardinen kann ich die vielen Autos und Lastwagen erkennen, die nach Saint-Omer unterwegs sind. Einmal habe ich meine Mutter sagen hören, sie führen nach England. Ach, könnte ich doch mit einem dieser Laster mitfahren!

Ich habe oft den gleichen Alptraum: Beim Aufwachen ist mein Zimmer erstaunlich hell, das Haus sonnendurchflutet, und ich stelle fest, dass es weit über die Zeit ist, zu der die Eltern geweckt werden müssen. Es ist merkwürdig, dass sie mich so lange haben schlafen lassen. Ich klopfe an die Tür meiner Mutter: niemand da. Bei meinem Vater: niemand da. Ich stürze ins Esszimmer: Es ist leer. Habe ich vielleicht gestern eine Anweisung verpasst? Ich gehe ins Klassenzimmer hoch, bin irritiert, weil meine Armbanduhr nicht am Handgelenk ist. Ich stoße die Tür auf … und sehe meine Eltern ausgestreckt auf dem großen Tisch neben der Tafel liegen. Ich beuge mich über sie: Sie sind beide tot. Mir dreht sich alles. Plötzlich wird mir klar: Ich habe sie umgebracht. Ich muss in der Nacht aufgestanden sein und sie getötet haben, so wie in den Geschichten von Schlafwandlern, die mein Vater so gerne erzählt. Das war's, es ist aus. Ich fühle mich ungeheuer erleichtert und im selben Augenblick entsetzlich schuldig. Ich bin wie vom Blitz getroffen, ich habe das allerschlimmste Verbrechen begangen. Was kann mich noch retten? Sie tun mir nicht einmal leid. Mein einziger Gedanke ist: Ich komme ins Gefängnis, weil ich sie umgebracht habe. Sogar als Tote halten sie mich noch fest. Soll ich fliehen? Wohin könnte ich gehen? Soll ich sie liegen lassen, die Tür schließen und weiter in diesem Haus leben, als wäre nichts gewesen? Schweißgebadet und mit klopfendem Herzen wache ich auf und frage mich voller Angst, ob mein Alptraum nicht bereits wahr geworden ist, ob ich nicht in einem Augenblick geistiger Umnachtung meine Eltern getötet habe.

Die Kristallkugel

Die Turnhalle, die über Arthurs Grab errichtet wurde, ist ein riesiges, acht Meter hohes Gebäude, ausgestattet mit einem Seitpferd, einem Barren, einem Schwebebalken, mit Ringen, einem Kletterseil, einer Sprossenwand und so weiter. Es wird von mir erwartet, dass ich nun eine perfekte Turnerin werde, allein mit meiner Mutter als Trainerin und natürlich dank meiner Willenskraft. Meine Eltern haben mir Sportartikel bestellt, schwarze Turnschuhe und Shorts.

Shorts trage ich zum ersten Mal. Auf dem Weg zur Turnhalle, wo mich meine Mutter zum Training erwartet, komme ich an Rémi vorbei, der gerade noch die Außenmauer verfugt. Irgendetwas hinten an meinem Oberschenkel erregt seine Aufmerksamkeit, und er fragt mich irgendwie beunruhigt: »Was ist denn das für eine große Narbe?« – »Ach, die? Ich weiß nicht, ich habe die gleiche hier«, antworte ich und deute auf meinen Oberkörper. Er ist entsetzt. Ich bin von Scham überwältigt. Diese beiden Narben waren schon immer da, ich habe nie darüber nachgedacht. Haben nicht alle Menschen die gleichen?

In der Turnhalle angekommen, frage ich meine Mutter danach. Ausweichend antwortet sie, das seien Spuren einer Röntgenuntersuchung während ihrer Schwangerschaft.

Aber Rémis Abscheu verletzt mich zutiefst. Ich fühle mich gebrandmarkt wie ein Tier, das zum Schlachthof geführt wird. Täglich betrachte ich mich im großen Spiegel der Turnhalle und kann diese tiefe Furche nicht mehr übersehen, die quer über meinen Schenkel unterhalb der Pobacke verläuft.

Der Anblick der grimassierenden Narbe verfolgt mich. Wenn ich in die Turnhalle gehe, wende ich mich als Erstes vor dem Spiegel um und nehme sie genauer in Augenschein. Ja, sie sieht aus wie ein großer zahnloser Mund mit eingesogenen Lippen, der mit ein paar groben, unregelmäßigen Stichen nachlässig zusammengenäht ist. Beim Baden versuche ich, auch die andere Narbe zu untersuchen, die quer über meinen linken Oberkörper bis unter die Achsel verläuft. Es ist eine wulstige, geschwollene Verletzung, wie von groben, schrägen Saumstichen. Wenn ich mit dem Finger über die Kerben fahre, ahne ich einen Wust von Vertiefungen und Beulen unter der verhärteten Haut. Ich fühle mich gebrandmarkt wie Gwynplaine, der Held von Victor Hugos Roman *Der lachende Mann*. Es kommt mir vor, als hätte ich wie er einen »Abgrund an Schmerz und Wut in der Seele und eine Maske der Zufriedenheit im Gesicht«.

Einige Wochen später spreche ich meine Mutter noch einmal darauf an. Dieses Mal erklärt sie, dass ich kurz nach unserem Einzug in das Haus mit knapp vier Jahren beim Spielen im Garten durchs Kellerfenster gefallen sei und mich dabei am Oberschenkel verletzt hätte. Beim Versuch, mich festzuhalten, hätte ich mich am Oberkörper verletzt … Hat sie die »Spuren der Röntgenuntersuchung« vergessen? Offenbar nicht, denn etwas später kommt sie auf ihre erste Erklärung zurück. Ein anderes Mal spricht sie vage von einer »Initiation«.

Meinem Vater gegenüber wage ich nicht darüber zu reden. Schon eine harmlose Frage zu stellen, kommt bei ihm kaum in Frage. Ihn »hinterrücks zu überfallen« mit einer Frage, auf die meine Mutter bereits geantwortet hat, käme einem Verrat gleich. Er spricht übrigens spontan das Thema im Zuge seiner Unterweisungen über die Toten an, allerdings ohne je eine Röntgenaufnahme oder irgendeinen Sturz zu erwähnen: »Du musst lernen, dich zwischen dem Reich der Toten und dem der Lebenden zu bewegen, wie die Lichtwesen. Deine Narben sind Erkennungsmerkmale, dank deren dich diese erkennen können, wenn ihr euch zwischen den beiden Reichen begegnet.«

Ich sehe keine rechte Verbindung zwischen Erkennungsmerkmalen und den Verletzungen von einem Fenstersturz. Aber vielleicht verwendet mein Vater eine verschlüsselte Sprache, die zu einer hohen Initiationsebene gehört und deren Sinn ich erst verstehen werde, wenn ich weitere Fortschritte gemacht habe? Ich hoffe inständig, dass er mir dann versprechen wird, dass diese grässlichen »Merkmale« verschwinden. Seit Rémi beim Anblick meiner Narben ganz blass geworden ist, fühle ich mich noch mehr als Außenseiterin. Ich will keiner von diesen Verbrechern sein, von denen mir mein Vater berichtet, die man einst mit glühenden Eisen mit einem Z für Zwangsarbeit oder einem F für Fälscher brandmarkte, wodurch sie auf ewig mit ihrer Schandtat behaftet blieben. Ich bin keine Verbrecherin. Wenn die Lichtwesen mich erst erkannt haben, sind die Narben überflüssig und verschwinden hoffentlich.

Zum Glück rückt meine Initiation immer näher. Drei- oder viermal im Jahr, an bestimmten Tagen, die mein Vater kennt, befiehlt er meiner Mutter: »Jeannine, geh in dein Zimmer. Komm wieder, wenn ich dich rufe.« Anschließend bestellt er mich in den Ballsaal. Dann weiß ich, dass wir das »Kristallkugelritual« machen, wie ich es nenne. Mein Vater spricht nicht darüber, ich weiß nicht, wie er diese Kugel bezeichnet, ich weiß nicht einmal, ob sie aus Kristall ist. Er zieht weiße Handschuhe an und holt einen hellbraunen Holzkasten aus dem großen Bücherschrank.

Wir setzen uns einander gegenüber. Er öffnet den Deckel, ergreift mit beiden Händen den Sockel aus kostbarem Holz und stellt das Ganze vorsichtig auf den Tisch; dabei ruht die Kugel im Gleichgewicht auf ihrer Unterlage. Auf keinen Fall darf man sie berühren, nicht einmal mit den Fingerspitzen, um »ihrer Reinheit nicht zu schaden«. Einige Zentimeter über der Kugel lässt er seine Hände kreisen. Dann muss ich ihn ablösen mit kreisförmigen Bewegungen im Uhrzeigersinn. Wenn er meint, dass die Energien »wieder ins Gleichgewicht« zu bringen sind, muss ich die Hände in umgekehrter Richtung bewegen.

Ich begreife den Sinn des Ganzen eigentlich nicht, und ich glaube, ich will ihn auch nicht verstehen. Als würde mir eine innere Stimme zuflüstern: »Pass auf, wenn du dich da hineinziehen lässt, kommst du nie wieder zurück und bleibst für immer hier eingesperrt.« Gleichzeitig habe ich große Angst, etwas falsch zu machen, denn mein Vater besteht hartnäckig darauf, dass die Richtung der Energien stimmen muss: »Nur weil Hitler das Hakenkreuz verkehrt herum gesetzt hat, ist ihm alles um die Ohren geflogen.«

Sodann nimmt er eines seiner Pendel, von denen er Dutzende hat. Sein bevorzugtes ist grün, es hängt an einem grünen Faden und wird in einer grünen Schatulle aufbewahrt. Während er es über der Kugel kreisen lässt, um es »mit Energie aufzuladen«, wage ich kaum zu atmen, ich habe das Gefühl, dass gleich etwas überaus Wichtiges vor meinen Augen geschieht. Danach entfernt er sich ein wenig und lässt mich allein vor der Kugel sitzen. Ich darf sie nicht aus den Augen lassen, um mich »ihrer Lehre zu öffnen«.

Als ich mich einmal auf die Kugel konzentriere, höre ich plötzlich ein Schnarchen. Ich blicke rasch zu meinem Vater hinüber, um mich zu vergewissern, dass er auch wirklich eingeschlafen ist, und beschließe, meiner teuflischen Neugier freien Lauf zu lassen. Diese Kugel ist wahrlich ein Wunder! Besteht sie nur aus Kristall? Ich muss sie unbedingt anfassen. Langsam taste ich mit den Händen nach der Kugel, mein Atem geht immer schneller. Wird gleich bei meiner Berührung alles in die Luft fliegen? Aber ich kann mich nicht zurückhalten, ich will es jetzt wissen. Trotzdem zucke ich zusammen, als ich meine Hände direkt auf die Kugel lege. Nichts passiert. Meine Finger verschwinden nicht. Dieses komische Material fasziniert mich. Es ist kein Glas, es ist kompakt und undurchsichtig. Als ich sie ein wenig anhebe, bin ich so verblüfft über ihr Gewicht, dass ich schwanke und sie beinahe fallen lasse. Ich erschrecke zu Tode, und meine Hände beginnen, unter dem Gewicht der Kugel zu zittern. Zum Glück schnarcht mein Vater immer noch. Ich halte die Kugel in Händen und kann aufstehen, ohne dass der Stuhl knarrt. Im Stehen halte ich die Kugel fest in beiden Händen und muss sie jetzt auf ihren Sockel setzen. Minutenlang mühe ich mich ab, sie so abzulegen, dass das Ganze im Gleichgewicht bleibt, und o Wunder: Ich treffe den richtigen Winkel, und alles passt perfekt ineinander.

Ich lasse mich auf meinen Stuhl fallen, und das Knarren weckt meinen Vater. Er hüstelt ein wenig und setzt sich mir gegenüber aufrecht hin. Ich rühre mich nicht, schaue wie gebannt auf die Kugel. Er muss mein schweißbedecktes Gesicht, meine glasigen Augen und den Tropfen an meiner Nase bemerkt haben, denn ich höre ihn hochzufrieden sagen: »Ah! Endlich beginnst du, dich ihrer Lehre zu öffnen …«

Plötzlich sehe ich mit Entsetzen meine Fingerabdrücke auf der Kugel. Bestimmt werde ich auf der Stelle zu Asche verbrannt, wenn nicht durch die Macht der Kugel, dann durch die Weißglut meines Vaters! »Für heute ist es genug«, sagt er zum Abschluss und ergreift den Sockel mit seinen behandschuhten Händen. Er macht eine Art Verbeugung und legt den Gegenstand in seinen Kasten zurück. Ich stottere, dass ich mich nicht gut fühle, und laufe zur Toilette, um mich zu übergeben.

Als ich aus dem WC herauskomme, zucke ich zusammen, als ich ihn vor der Tür stehen sehe. Großer Gott! Die Kugel hat mein Verbrechen ans Licht gebracht! Er blickt mich durchdringend an. »Sehr gut, du fängst an, die Lehre zu verstehen und anzunehmen.« Ich murmle, dass ich noch einmal auf die Toilette muss, und zu meiner großen Überraschung hat er nichts dagegen. Durch die Tür höre ich seine Stimme: »Die Verschmutzung von Körper und Geist verschwindet allmählich. Dadurch wirst du zum Wissen gelangen.«

Manchmal denke ich, ich müsste nachts hinuntergehen und mit einem Tuch meine Fingerabdrücke abwischen. Aber dazu reicht mein Mut nicht. Deshalb bin ich jedes Mal ganz aufgelöst, wenn ich in den Ballsaal bestellt werde. In meiner Phantasie schreit die Kugel, wenn mein Vater den Kasten öffnet: »Sie hat mich angefasst.« Oder mein Vater entdeckt am Ende doch noch meine Fingerabdrücke. Ich schlucke meinen Speichel hinunter vor Angst, und dicke Schweißtropfen treten auf meine Stirn. Mein Vater ist immer noch überzeugt, dass ich mich dem Wissen der Eingeweihten öffne. Glücklicherweise ist meine Mutter von dieser Initiation ausgeschlossen, sie hätte sofort die Spuren meiner frevlerischen Finger entdeckt.

Salto

Nach zwei Jahren unbeholfener und schmerzhafter Versuche schaffe ich schließlich drei Saltos an drei aufeinanderfolgenden Tagen. Zur Belohnung kauft mir mein Vater ein Pony, das er »Salto« tauft. Arthur ist vor zwei Jahren gestorben, er fehlt mir, ein neues Pony bringt mir meinen Freund nicht zurück. Aber das versteht mein Vater nicht.

Als es gebracht wird, öffnen wir das große Tor für den Lieferwagen. Der Händler führt ein kleines, braun-beiges Tier heraus, das einem Hund ähnlich sieht. Salto ist ein erst wenige Monate altes Shetlandpony. »Man darf es erst reiten, wenn es mindestens sechs Monate alt ist, man könnte ihm sonst das Rückgrat brechen«, warnt der Verkäufer.

Mein Vater hat ein ganzes Dressurprogramm aufgestellt. Salto soll beim Rasenmähen helfen. Dazu muss er von morgens acht bis abends acht an eine große Metallstange mitten im Rasen angebunden werden. Auf diese Weise wird er um den Pflock in der Mitte »perfekte Kreise« ziehen, erklärt mein Vater. Ich hole ihn aus seinem Stall, und meine Mutter befestigt die eiserne Kette an seinem Halfter. Die Kette ist so schwer, dass sie das Pony in die Knie zwingt. Man entschließt sich daher, statt der Kette einen Strick zu nehmen. Doch Salto zernagt ihn regelmäßig und spaziert im Park umher.

Stillschweigend verzichtet mein Vater auf das kreisförmige Abgrasen und macht sich an die Dressur des Ponys, um mir zu zeigen, wie Konditionierung funktioniert. Ein paar Monate zuvor musste ich auf dem Erdwall einen großen Kreis von drei Metern Durchmesser ziehen, in dem ich nach Anweisung meines Vaters meine Salto-Übungen zu absolvieren hatte. Nun will er Salto dazu bringen, innerhalb des Kreises zu bleiben. Er befiehlt mir, das Ende eines Elektrodrahtes zu bringen und das Pony am Halfter festzuhalten. Jedes Mal, wenn es einen Huf außerhalb des Kreises aufsetzt, muss ich ihm einen Stromschlag geben. Gegenüber hält meine Mutter Wache mit der Reitpeitsche, die sie ihm auf den Rücken schlägt, wenn er Anstalten macht, auszubrechen. Salto ist völlig verstört, er wiehert und schlägt aus. Ich bekomme etliche Tritte ab. Er beißt mich so heftig in den Arm, dass mir bis heute eine Narbe geblieben ist. Während ich ihn quäle, bitte ich innerlich um Verzeihung.

Salto gibt am Ende nach. Wenn ich ihn jetzt in den Kreis führe, senkt er den Kopf und versucht nicht mehr, ihn zu verlassen. Am Abend ruft mich mein Vater in sein Zimmer, schaltet die Lampe über dem Erdwall an und zeigt mir, wie die Konditionierung »läuft«. Häufig regnet es, ich kann sehen, wie das Wasser dem armen Salto in seinem Kreis über die Mähne rinnt.

Bei diesen Prüfungen darf ich ihm nur zu trinken bringen. Ich sage ihm, dass wir beide diese Übungen nicht verstehen, vielleicht gibt es aber einen triftigen Grund, den wir nicht kennen. Salto schaut mich aus traurigen Augen an und scheint zu fragen: »Warum?«

Sein »Warum« ruft in mir all die anderen Fragen wach, die mich schon immer beschäftigt haben. Warum wird Linda eingesperrt? Warum ist Salto angebunden? Warum darf ich nicht hinaus? Warum darf man das Essen nicht genießen? Warum drückt Yves seine Zigarette auf meinem Knie aus?

Warum tut Raymond mir das an? Warum ist Heizen in meinem Zimmer verboten? Warum darf man sich nicht waschen? Warum umarmt mich niemand, wie das in Romanen geschieht? Warum darf ich nicht mit den anderen Kindern in die Schule? Warum?

Die größte Frage ist aber: Warum hasst mich meine Mutter so? Gestern zeigte ich ihr mein Augenlid, das nach einem Mückenstich geschwollen war. Ich sah in den Spiegel und sagte zu ihr: »Ich sehe aus wie ein Monster.« In eisigem Ton antwortete sie: »Wenn du dich so siehst, dann deshalb, weil es dein wahres Gesicht ist: Innerlich bist du ein Monster.«

Menie Grégoire

Zu meiner Pflichtlektüre gehört jetzt ein Autor, den ich von der ersten Zeile an nicht ausstehen kann: Sade. Mein Vater nennt ihn nur »Marquis de Sade« und spricht voller Hochachtung über ihn: »Dieser Mann hat alles verstanden, er ist nie auf die blöden Herdentiere und die Verführer hereingefallen! Und darum hat man ihn in den Kerker geworfen …« Manchmal zieht er ein Buch von ihm heraus, wählt einen Abschnitt meist philosophischer Natur und markiert Anfang und Ende mit einem Löschblatt; da sitze ich dann allein im Ballsaal und lese. Ich hasse diese Schriften, die ich so schnell wie möglich hinter mich bringe, um dreimal an die Esszimmertür zu pochen, damit mein Vater das Buch wieder wegräumt.

Mein Vater will mich von meiner unbedarften Seite befreien, die ihm auf die Nerven geht, dabei sollen ihm die gesunden Gedanken de Sades helfen. Wenn ich gelegentlich meine Begeisterung zum Beispiel für die Figuren der *Odyssee* äußere, antwortet er: »Glaube ja nicht, was man dich glauben lassen will. Penelope war niemals treu, sie hat es mit allen Freiern getrieben. Keine Frau ist treu. Telemach, der war homosexuell; und Odysseus' Hund hat beim Anblick seines Herrn nur deshalb mit dem Schwanz gewedelt, weil er auf einen Knochen hoffte.«

Ich nicke stumm. Aber Edmond Dantès, Gavroche, Rodolphe, Freitag, Odysseus und Telemach bleiben trotzdem meine Helden. Ich spreche mit ihnen, und sie antworten mir. Ich höre Telemach zu, wenn er mir von den Fahrten seines Vaters erzählt. Ich hätte auch gerne einen Vater gehabt, der Abenteuer erlebt, der rennen, springen kann …

Manchmal diskutiere ich auch mit Alice, der ich in *Alice Roy, détective* begegnet bin. Aber unsere Gespräche brechen immer schnell ab, als gäbe es zwischen ihrer und meiner Welt keine Brücke. Ich schäme mich vor mir selbst für mein armseliges Einsiedlerleben, wo doch Alice so schön und gut frisiert ist und so viele Freundinnen und einen Vater hat, der sie akzeptiert …

Die Gespräche mit meinen »unsichtbaren Freunden« haben begonnen, als ich noch ganz klein war. Die erste, die mich besuchte, war Athene, aber nicht die Athene meines Vaters, die mit der Kugel der Weisheit unten an der Treppe. Nein, es war die Athene der *Odyssee*, die ich wegen ihrer Weisheit und ihrer Schönheit liebe. Bei ihr finde ich Ruhe, wenn ich in Panik gerate. Wenn das Programm des folgenden Tages mich schreckt, gibt sie mir hervorragende Ratschläge. Muss ich zum Beispiel mitten in der Nacht in den Park und kann partout den Lichtschalter beim Ententeich nicht finden, höre ich ihre Stimme an meinem Ohr: »Zähle deine Schritte, dann verirrst du dich nicht. Du weißt, es sind achtundzwanzig nach rechts, da ist der Schalter …«

Mit meinen Eltern habe ich nie darüber gesprochen. Mein Vater würde es gewiss nicht schätzen, dass ich mich mit irgendjemandem ungezwungen unterhalte. Seit ich die *Aufzeichnungen aus dem Untergrund* gelesen habe, bin ich einigermaßen beruhigt, was meinen Geisteszustand angeht. Dostojewskis Held hält seitenweise Reden vor nicht anwesenden Zuhörern, er ist böse, jedoch nicht verrückt.

Manchmal denke ich mir einen großen Bruder aus, der mir

Mut macht, wenn ich seltsame Geräusche im Haus höre oder mir einbilde, ein Geist würde vor mir auftauchen. Dann sagt er zu mir: »Dir passiert nichts, ich bin bei dir.« Ich habe auch Schulkameradinnen, mit denen ich flüsternd die Treppe hinuntergehe; wir sprechen vom Direktor der Schule, dem gestrengen »Monsieur Didier«, der uns bestrafen wird, wenn wir zu viel Lärm machen, oder von der »Frau Lehrerin Jeannine«, die uns bestimmt verpetzt. Wir lachen uns ins Fäustchen, obwohl wir auch Angst haben.

Aber am meisten beschäftigen mich die schönen, mitreißenden Stimmen, die ich heimlich im Radio höre. Meine Mutter hat es geschafft, ein kleines Transistorradio zu besorgen, das der Wachsamkeit meines Vaters entgangen ist. Sie hat es mit in ihr Zimmer genommen und hört nachts *»Les routiers sont sympas«*; tagsüber versteckt sie es im Klassenzimmer. Mein Vater kann nämlich jederzeit unsere Zimmer durchsuchen, aber aus einem unerfindlichen Grund macht er das niemals mit dem Klassenzimmer. Da sie mich nachmittags immer häufiger allein lässt, erledige ich rasch meine Aufgaben, und in den verbleibenden Minuten schalte ich das Radio ein, ohne dass sie etwas ahnt.

Zufällig habe ich dabei die Sendung von Menie Grégoire entdeckt, die mich völlig überwältigt. Für mich ist das die schönste Stimme der Welt, die mich augenblicklich das Haus und jeden Gedanken an meinen Vater vergessen lässt. Besonders liebe ich es, wenn Menie sagt: »Ich werte nicht.« Man spürt, dass sie sehr liebenswürdig, zugleich aber auch sehr bestimmt ist. Die Leute, die ihr schreiben, sind wie ich: Sie haben Angst, halten sich für dumm, hässlich, ungeliebt. Und Menie »versteht« sie, nie stellt sie ihre Hörer als Feiglinge oder Angsthasen hin. Vielmehr gibt sie ihnen einfache und vernünftige Ratschläge, fast könnte man meinen, sie liebe sie. Zum ersten Mal in meinem Leben wage ich mir vorzustellen, dass es vielleicht irgendwo auf der Welt jemanden gibt, der mich zwar nicht gerade liebt, mich aber nicht dumm finden könnte und mich nicht verabscheut … Menie, sie ist die große Athene, dazu noch die Herzlichkeit in Person.

Da ist die Rückkehr in die Welt meines Vaters dann beinahe grausam. Zurzeit ist Salto Opfer diverser kulinarischer und alkoholischer Experimente. Da er seinen Auftrag als »Mähmaschine« hartnäckig verweigert, hat mein Vater beschlossen, ihm seine Instinkte auszutreiben und ihn zum Allesfresser zu machen. Er möchte mir beweisen, dass selbst die Natur seiner Macht nicht zu widerstehen vermag. Salto gewöhnt sich daran, die gleichen Speisen wie wir zu essen. Er findet Geschmack an Omeletts. Sein Lieblingsessen ist das gleiche wie meines: Spaghetti mit Tomatensoße.

Eines Tages lässt mein Vater vom Metzger Pferdefleisch bringen, das meine Mutter zubereiten muss. Daraufhin werden wir feierlich zusammengerufen, um Zeugen eines wissenschaftlichen Experiments von höchster Bedeutung zu werden. Er füllt etwas davon in einen Napf und gießt Tomatensoße darüber. Salto macht sich darüber her und leert die Schüssel. Da wendet sich mein Vater zu mir und triumphiert: »Siehst du, wie die Lebewesen sind? Salto, den du für so nett und lieb hältst, würde keinen Augenblick zögern, dich aufzufressen, wenn er die Möglichkeit hätte, er frisst ja auch seinen Artgenossen! Die Menschen sind genauso, sie sind alle Kannibalen, jederzeit bereit, dich zu verraten und zu verschlingen. Verstehst du jetzt, dass du niemandem vertrauen kannst außer mir?«

»Ja, ja«, sage ich, »ich verstehe.« Doch nein, ich verstehe nicht, warum er so zufrieden ist, dass er Salto zu einem Kannibalen gemacht hat. Wenn er mir erzählt, wie sein eigener Vater ihm heimtückisch sein geliebtes Kaninchen zum Essen vorgesetzt hat, ist er angewidert. Man könnte meinen, er wolle nun diesen fürchterlichen Mann noch übertrumpfen.

Auch Salto muss jeden Tag eine Portion Alkohol schlucken und genau wie ich die Prüfung auf der weißen Linie absolvieren. Er gewöhnt sich bald an Weiß- und Rotwein, an mit Wasser verdünnten Ricard und an Glühwein, aber er verweigert strikt den Ricard pur. Er sträubt sich, und so müssen wir ihn zu dritt festhalten, Raymond, meine Mutter und ich, um ihm seine Portion in die Kehle zu schütten. Sobald wir ihn loslassen, stürmt er los und wiehert markerschütternd. Es gelingt ihm nie, der weißen Linie zu folgen, und oft fällt er mit der Nase voraus hin. Mein Vater ist maßlos enttäuscht.

Auch meine Mutter ist von ihm enttäuscht, denn er weigert sich, jemanden aufsitzen zu lassen. Selbst eine Tracht Prügel mit der Reitpeitsche ändert daran nichts, er lässt sich einfach nicht den Sattel auflegen. Er beißt sie, schnappt nach der Hose meines Vaters, kurz, er lässt sich nichts gefallen. Nach einer Weile geben sie die Versuche auf.

Die Ungarische Rhapsodie

Seit drei Jahren ist Yves nun mein Musiklehrer, und in diesen drei Jahren schikaniert er mich mehrmals in der Woche. Er gerät immer außer sich, wenn er Geld braucht. Er braucht aber immer Geld, hat immer Schulden, wird immer vom Gerichtsvollzieher verfolgt. Mein Vater macht ihm den Vorschlag, zusammen mit seiner Frau Mireille ein Zimmer im zweiten Stock zu beziehen und als Gegenleistung acht Musikstunden zu erteilen, natürlich nicht an den Tagen, wo er zum Tanz aufspielt. Yves zieht also für etliche Monate bei uns ein, ein Alptraum. Ich kann bald die ganze Musik nicht mehr ausstehen.

Mein Stundenplan wird umgekrempelt und an Yves' Terminplan angepasst. Wenn er zu seinen Auftritten fährt, kann ich ein paar Tage aufatmen. Doch sobald er zurück ist, beginnt für mich wieder die Hölle auf Erden. Als ob er sich an mir für die Mehrarbeit rächen wollte, die mein Vater von ihm verlangt. Wenn ich Klavier spiele, packt er mich an den Haaren, zerrt sie brutal nach hinten und schreit: »Was hab ich dir gerade gesagt?« Manchmal zwingt er mich, über eine Stunde im Stehen dieses grausige, zwölf Kilo schwere Akkordeon zu bearbeiten.

Acht Stunden am Tag spiele ich abwechselnd Klavier, Akkordeon, Klarinette, Saxophon, Trompete, dazu eine zwölfsaitige Gitarre, die so groß ist, dass ich nicht einmal mit den Fingern den Hals umgreifen kann. Außerdem nutzt mein Vater Yves' Anwesenheit, um mich Schlagzeug und Pedalorgel lernen zu lassen, zwei weitere Instrumente, die er hat anschaffen lassen.

Die beiden Manuale der Orgel faszinieren mich. Dank meiner Klavierkenntnisse und dank der Musiklehre von Emile Schvartz, mit der mich Madame Descombes vertraut gemacht hat, fällt es mir nicht besonders schwer, Partituren in drei Notensystemen gleichzeitig zu lesen. Die Bachkantate »Jesu bleibet meine Freude« fällt mir sogar ziemlich leicht. Yves ist erstaunt und fragt mich, ob ich das Stück bereits einmal geübt hätte. »Nein, aber mir hilft, was mir Madame Descombes beigebracht hat.« Er sieht mir an, dass ich diese Dame immer noch verehre, und rasend vor Wut fegt er die Noten vom Klavier. Als ich meine kostbare *Ungarische Rhapsodie* auf dem Boden liegen sehe, stockt mir der Atem. Das bemerkt er sofort, schnappt sie sich, und mit grimmigem Blick zerreißt er sie in tausend Stücke.

Die *Ungarische Rhapsodie Nr. 2* von Liszt, die mir besonders am Herzen liegt, ist für mich eine heilige Reliquie. Vor langer Zeit hat Madame Descombes sie mir mit den Worten geschenkt: »In diese Richtung gehst du voran. Eines Tages werden wir sie gemeinsam studieren.« Wenn ich traurig bin, brauche ich nur an diese Partitur zu denken, dann fasse ich wieder Mut, als würde sie mir sagen, dass es eine andere Zukunft gibt und ich nicht dazu verdammt bin, ewig hierzubleiben.

Ich weiß nicht, was mich dazu bewogen hat, mich Yves' Frau Mireille zuzuwenden. Dabei darf sie eigentlich gar nicht mit mir sprechen, sonst riskiert sie Prügel von ihrem jähzornigen Gatten. Trotzdem bitte ich sie unauffällig um Tesafilm, denn im Haus haben wir keinen. Yves hat welchen, ich habe gesehen, wie er damit seine eigenen Partituren zusammengeklebt hat. Mireille bekommt es hin, mir heimlich eine Rolle zuzustecken. Ihre Freundlichkeit rührt mich. Ein Rest Unsicherheit bleibt, und ich bitte sie, niemandem etwas davon zu sagen. Sie legt ihren Finger auf die Lippen und flüstert: »Keine Sorge, ich weiß Bescheid.« In der Nacht klebe ich meine *Ungarische Rhapsodie* Schnipsel für Schnipsel wieder wie ein Puzzle zusammen. Dann verstecke ich sie in der Etüdensammlung von Czerny, die Yves nicht leiden kann, und so besteht kaum Gefahr, dass er sie findet.

Ich bin jetzt zehn Jahre alt und traue mich, Dinge zu tun, die ich noch vor ein paar Monaten niemals gewagt hätte. Zum Beispiel stehe ich nachts auf und »spaziere« im Haus herum, obwohl es mir immer noch verboten ist, mein Zimmer zu verlassen. Das ist kein vergnüglicher Spaziergang: Ich stoße überall heftig an, das tut gemein weh, ich bekomme blaue Flecken, aber ich hoffe, diese verdammte Bude kriegt auch was ab. Ich hasse sie, und ich will, dass sie das weiß.

Schlimmer noch: Wenn die Nacht nicht zu kalt ist, öffne ich meinen Fensterladen und passe dabei auf, dass er nicht quietscht. Dann klettere ich auf den Sims und springe auf das Dach der Veranda. Von dort aus kann ich auf das Dach der Hundehütte rutschen und bin im Garten. Seit ich die nächtliche Runde im Park machen muss, finde ich mich im Dunkeln ganz leicht zurecht. Ich bewege mich noch etwas zaghaft, aber der Rausch der Freiheit überwiegt. Linda kommt angelaufen. Wir besuchen Salto, der neben dem Hühnerstall im Stehen schläft. Er meidet den Stall, aus Furcht, eingesperrt zu werden. Aber als er uns sieht, kommt er spontan herein und legt sich aufs Stroh. Linda und ich schmiegen uns an seinen Bauch für ein paar Augenblicke reinen Glücks.

Ich mache mir Sorgen um Salto, der oft bestraft wird, weil er sich weigert, puren Ricard zu trinken, oder weil er Raymond gebissen hat. Dann wird er zwischen die äußere Tür des Stalls und das innere grüne Gatter gesperrt. Ich hasse diese Stelle, genau da postiert sich Raymond, wenn er mich schnappen will. Manchmal bleibt Salto drei Tage hintereinander im Dunkeln eingeklemmt.

Mein Vater verlangt nach wie vor, dass er das Gras an bestimmten Stellen »mäht«, insbesondere vor der Bank bei der Veranda. Weil er sich weigert, hier zu grasen, wird er zusätzlich bestraft. Bevor ich wieder in mein Zimmer hinaufklettere, schneide ich mit einer Schere aus dem Stall Büschel für Büschel den Rasen um die Bank herum. Mein Vater, der diese Fläche täglich inspiziert, ist zufrieden. Seine Konditionierung funktioniert: Salto ist Allesfresser, Gras behagt ihm immer weniger, außer da, wo mein Vater es gemäht haben will.

Aspirin

Yves und Mireille nehmen ihre Mahlzeiten immer in ihrem Zimmer im zweiten Stock ein. Sie sind sehr zurückhaltend und vermeiden es, mit uns im selben Raum zu sein. Doch abends hört man sie zuweilen hinter verschlossener Tür zanken. Yves ist zu seiner Frau bestimmt nicht netter als zu mir. An manchen Morgen kommt Mireille ziemlich niedergeschlagen und mit einem blauen Auge herunter.

Sie ist eine freundliche, etwas rundliche, auffällig geschminkte Frau, von Beruf ist sie Friseurin. Ihre dunkelbraunen Haare gefallen mir sehr. Liebend gerne hätte ich so hübsche halblange Haare wie sie, so wie die Mädchen im La-Redoute-Katalog. Meiner Mutter und mir hat mein Vater immer verboten, uns die Haare auch nur einen Zentimeter abzuschneiden: »Nur Huren haben kurze Haare, das hat man ja gleich nach dem Krieg gesehen ...« Das Argument macht uns beide fassungslos. Inzwischen reichen unsere Haare bis zur Taille. Wir dürfen sie nur so wenig wie möglich anfassen und sie nur einmal im Monat waschen. Meine Mutter trägt das Haar als Chignon, ich habe Zöpfe, denn »Haare bis zur Schulter tragen nur leichte Mädchen«. Die Stirn muss frei sein, »damit der Verstand freie Bahn hat«: Frauen, die »einen doppelten Vorhang vor den Augen haben, behalten die Dummheit im Kopf.«

Eines Tages nehme ich nach der Deutschstunde meinen ganzen Mut zusammen und stelle eine unerhörte Anfrage: Ich bitte meinen Vater, Mireille zu gestatten, mir die Haare ein wenig zu kürzen. Er wirft mir einen finsteren Blick zu: »Willst du das wirklich? Okay.« Nichts weiter. Die Tage vergehen, und ich wage nicht, ihn an seine Zustimmung zu erinnern. Doch dann trifft er Mireille auf dem Gang und spricht sie an: »Haben Sie einen Augenblick Zeit?« Sie erbleicht, ich glaube, sie hat noch mehr Angst vor ihm als ich. »Haben Sie Ihr Handwerkszeug dabei? Holen Sie es. Nehmen Sie sich Maude vor.« Erleichtert antwortet sie: »O ja, gern. Aber vorher muss ich ihr die Haare waschen.«

»Nicht nötig.«

Sie kommt mit ihrem Köfferchen an. Knapp weist er sie an: »Scheren Sie ihr den Kopf.« Sie erstarrt einen Moment, dann sagt sie mit zittriger Stimme: »Ich könnte ihr eine hübsche Kurzhaarfrisur machen …«

»Scheren Sie ihr den Kopf.«

Während sie mit dem Rasierer über meinen Schädel fährt, sehe ich im Spiegel ihr betrübtes Gesicht. Meine langen blonden Strähnen fallen wie das Hanfgarn, das wir im Winter gegen den Frost um die Rohre wickeln. Ich vermeide es, mich anzusehen, ich schäme mich. Ich habe doch gar nicht mit den Deutschen geschlafen. Wenn mein Vater mich in gleicher Weise bestraft, wie es den schamlosen Frauen widerfuhr, dann deshalb, weil ich ein ebenso nichtswürdiger Mensch bin. Vielleicht werde ich für die niederträchtigen Dinge bestraft, die Raymond mit mir anstellt.

Ich warte, bis Mireille fertig ist, dann schaue ich auf und bin wie versteinert. Ich erkenne mich nicht wieder, ich bin noch hässlicher als vorher. Auf meiner Kopfhaut sieht man deutlich die vielen kleinen Narben, die von den Verletzungen von damals stammen, als ich mit dem Kopf gegen die Wand schlug. In den folgenden Wochen juckt mein Kopf ganz schlimm. Mein Körper wird mir immer fremder, ich vermeide jetzt erst recht jeden Blick in den Spiegel. Meine Eltern sind bestimmt zufrieden, sie ertragen es sowieso nicht, dass ich mich im Spiegel betrachte. Wenn mein Vater mich dabei ertappt, wie ich kurz in einen Spiegel schaue, summt er mit näselnder Stimme: »Haben Sie schon Zozos neuen Hut gesehen?«, und schon schäme ich mich wieder. Mireille meidet mich jetzt, als wäre sie schuld an meinem kahlen Schädel.

Die nachwachsenden Haare sind nicht mehr blond, sondern hellbraun, was meine Eltern furchtbar zu stören scheint. Jedes Mal, wenn mein Vater über Blandine spricht, erwähnt er ihr strahlend blondes Haar und wirft mir dabei einen missbilligenden Blick zu. Die eingeweihten Frauen sind alle ganz blond. Als Kind hatte meine Mutter sehr helles, beinahe weißes Haar, und ich glaube, das hat für meinen Vater den Ausschlag gegeben, sie als meine künftige Mutter auszusuchen. Auch ich war ausnehmend blond ... Nun, das spielt jetzt keine Rolle mehr.

Als meine Haare nachwachsen, schneide ich zum Trotz wilde Zacken in meinen Pony und aufs Geratewohl Stufen ins Haar, so dass »Löcher« auf der Seite oder oben entstehen. Es bereitet mir beinahe Vergnügen, mich zu entstellen. Meine Augenbrauen, die schon seit langem dunkler sind, zupfe ich mit einer kleinen Zange aus, die ich im Keller gestohlen habe und unter dem Teppich im zweiten Stock verstecke. Ich habe jetzt Eulenaugen. Hässlich ... es kommt nicht mehr darauf an. Mein Vater merkt offenbar nichts. Meine Mutter triumphiert: Das ist der Beweis, dass ich verrückt bin!

Einmal mehr soll ich Raymond zur Hand gehen. Ich gehe in den Werkzeugkeller, Raymond direkt hinter mir. Ich bin verloren! Jedes Mal sterbe ich einen weiteren kleinen Tod. Plötzlich höre ich, wie die Tür im angrenzenden Kellerraum aufgeht. Raymond hechelt wie ein Hund, er hat nichts gehört. Endlich wird etwas geschehen, das diesem Alptraum ein Ende macht. Ich erkenne meine Mutter am Schritt, ich bin gerettet, sie wird begreifen, was ich durchmache. Und er ist erledigt. Da kommt sie … Sie sieht mich, unsere Blicke treffen sich, sie wendet sich ab. Was hat sie hier unten tun wollen? Anscheinend hat sie es sich anders überlegt. Sie kehrt um.

Seit ich die Tür gehört habe, sind nur wenige Sekunden vergangen. Ich stürze in abgrundtiefe Verzweiflung: Sie muss gesehen haben, wie Raymond mich von hinten umklammerte. Sie muss doch meine Not gesehen haben … Bin ich denn so schlecht, dass ich nicht einmal ein kleines bisschen Hilfe verdiene?

Bald kommt der Winter. Mein Vater fürchtet immer noch die im Versteck lauernden Schützen und verlangt stur, dass die Rollläden an allen Fenstern, die zur Straße gehen, abends heruntergelassen werden, bevor Licht angemacht wird. Seit einiger Zeit bin ich dafür zuständig, die alten, verklemmten Kurbeln zu bedienen. Mit besorgter Miene beaufsichtigt mich mein Vater manchmal. Eines Tages ordnet er an: »Ab sofort bleiben die Läden bis zum Frühjahr geschlossen.« Mir bleibt das Herz stehen bei dem Gedanken, den Winter in diesen eiskalten und jetzt auch noch dunklen Räumen verbringen zu müssen. Als wäre es eine Halluzination, kommt mir der Blick in den Sinn, den meine Mutter und ich im Keller getauscht haben. Sie hat mich gesehen, sie hat sich abgewendet … Hat sie mich wirklich gesehen? Ist es denkbar, dass sie weggegangen ist und mich in den Fängen dieses dreckigen Vampirs ließ? Oder habe ich das nur geträumt?

Beim morgendlichen Weckdienst arbeiten wir in einem düsteren Halbdunkel. Ich habe Angst, dass mir der glatte Pott, in den mein Vater pinkelt, aus den Händen gleitet. Abscheu überkommt mich, vor ihm, vor mir, vor diesem Haus, vor der ganzen Welt. Wenn ich den Topf im WC auf dem Gang leere, graust mir manchmal so, dass ich mir vor lauter

Hast etwas auf die Füße schütte. Ich bin starr vor Entsetzen. Ich habe weder eine Hose noch Schuhe zum Wechseln. Dieser abscheuliche Geruch wird in meinen Kleidern hängen, an meiner Haut haften und nie mehr verschwinden. Der Ekel wird mich immer verfolgen.

Es ist kühler geworden, obwohl wir noch September haben. Ich muss weiterhin bis Oktober dreimal die Woche eine halbe Stunde schwimmen. Ich tauche in das schwarze Wasser, wie man sich in einen Abgrund stürzt. Es ist kalt bis in alle Ewigkeit. Manchmal sage ich mir, ich brauchte nur unter Wasser zu bleiben und aufhören zu atmen.

Die Tage vergehen grau und trübselig. Meine natürliche Lebensfreude ist endgültig dahin. Was ich auch tue, morgen wird es genauso sein wie heute oder noch schlimmer. Allein beim Lesen kann ich mich fortstehlen, doch kaum habe ich das Buch zugemacht, schnürt mir die Beklemmung die Kehle zu. Wenn ich *Ruy Blas* lese, fühle ich mich betäubt vom Gift, das er nimmt. Ich bin bei Romeo, als er die verhängnisvolle Phiole leert. Ich möchte weg von hier, und sterben ist eine Möglichkeit, wegzugehen. Wie schafft man es, sich zu vergiften? Wo finde ich eine Phiole mit dem Todestrank?

Mangels Gift begnüge ich mich mit Aspirin, dem einzigen Medikament im Haus. Der Vorrat befindet sich in einer Schublade im Gästezimmer. Es gelingt mir, mich nach dem Unterricht dort hineinzuschleichen, und ich nehme aufs Geratewohl eine fast volle Packung heraus. Es ist beschlossene Sache: Heute werde ich mich aus meinem Gefängnis befreien.

Am Abend hole ich die Schachtel unter der Matratze hervor. Ich kann es nicht hinausschieben, meine Mutter inspiziert hin und wieder mein Bett. Aber ich habe nicht daran gedacht, Wasser mit aufs Zimmer zu nehmen. Ich schlucke trotzdem zwei Tabletten, die dritte bleibt mir im Hals stecken. Ich werde den Ausbruch auf den nächsten Tag verschieben müssen. Jetzt verstecke ich die Schachtel beim Kamin. Am nächsten Tag habe ich Mühe, ein Gefäß zu finden. Unter meiner Weste verberge ich einen Becher für Stifte, fülle ihn im Bad mit Wasser und kehre in mein Zimmer zurück.

Anstatt zu lesen, schlucke ich die Tabletten eine nach der anderen und spare dabei mit Wasser. Ich lege mich ins Bett und sehe meine Eltern vor mir, wie sie mich leblos daliegen sehen, Hilfe herbeiholen, mich ins Krankenhaus bringen. Sie sind in Sorge, sie kümmern sich um mich, ich werde gerettet, und morgen sieht nichts mehr aus wie heute.

Aber gleich darauf stürmt ein anderes Bild auf mich ein: Meine Eltern sind wütend, sie lassen mich leiden, mein Todeskampf dauert eine Ewigkeit. Schließlich komme ich ohne Hilfe wieder auf die Beine, und die Unterweisungen werden noch härter! Nein, morgen sieht nichts mehr so aus wie heute, es wird noch schlimmer. Ich stehe auf und verstecke die rosa Tütchen unter dem Teppichboden: So wissen sie nicht, was ich eingenommen habe, und meine Chancen zu sterben stehen umso besser.

Ich rechne damit, sachte in einen Dämmerzustand zu gleiten, aber mein Geist beginnt, sich zu wehren, wie bei den Trainingseinheiten »Alkohol und Wille«. Ein Teil von mir lässt sich gehen, der andere verkrampft sich beim Gedanken an die Folgen: Was ist, wenn Linda eingesperrt bleibt, wenn niemand sie je wieder befreit und sie im Wahnsinn stirbt? Und wer wird Bibiche und ihre Kätzchen füttern? Die ganze Nacht schlingere ich zwischen Alpträumen im Schlafen und im Wachen hin und her. Um sechs Uhr wache ich auf. Ich bin immer noch da, der Tag beginnt wie jeder andere. Ich fühle mich etwas seltsam, vielleicht sterbe ich jetzt gleich? Dann kommt der Abend, ich sinke ins Bett wie ein nasser Sack. Nicht einmal richtig sterben kann ich.

Nietzsche

Lehren die Fernkurse etwas anderes als mein Vater, »stellt« meine Mutter die Sache »richtig«. Das Geschichtsbuch präsentiert Vercingetorix als mutigen Krieger und hochtalentierten Militärführer, der es verstand, den römischen Legionen die Stirn zu bieten? Sie verkündet dagegen in einem Ton, der keinen Widerspruch duldet: »In Wahrheit war er nichts anderes als ein Vollidiot.« Wenn ich sie darauf aufmerksam mache, dass in meinem Buch steht, Jeanne d'Arc sei lebendig verbrannt worden, wo doch mein Vater behauptet, die Tempelritter hätten sie gerettet, antwortet sie: »Nerv mich nicht damit, das hat heute sowieso keine Bedeutung mehr.«

Obwohl meine Lektüre streng kontrolliert wird, komme ich manchmal zu Auffassungen, die in den Augen meines Vaters unannehmbar sind. Hartnäckig besteht er darauf: »Du darfst dich auf keinen Fall wie ein Herdentier betragen und nichts nur einfach deshalb glauben, weil man es dir sagt.« Auf der anderen Seite soll ich alles blind hinnehmen, was er mir beibringt, angefangen bei seinen Überzeugungen, die Religion betreffend. »Nehmen wir einmal Gott und den Teufel. Für die meisten Menschen sind sie ein Gegensatz, doch in Wirklichkeit sind sie ein und dasselbe, nämlich Emanationen des Großen Architekten des Universums.« Der Begriff des lieben Gottes wurde von der Kirche erfunden, um »die Gemüter gefügig zu machen«. Der Teufel wurde absichtlich »verteufelt«, um jede Kreativität zu verhindern. Die Inquisition zum Beispiel hat sich des Begriffs bedient, um Jagd zu machen auf alle großen Geister, die nach anderen Antworten auf die entscheidenden Fragen suchten. Und dadurch hat sie die Menschheit zurückgeworfen.

In Wahrheit ist die Welt das Werk des Großen Architekten des Universums. Luzifer, der eine Emanation von ihm ist, war der Herr des Lichts, aber er ist vom Ziel abgekommen. Man muss dem, was über ihn gesagt wird, misstrauen. Nur die wahrhaft Eingeweihten können seine Spur in manchen Taten erkennen, wie zum Beispiel in der Versuchung, die Energien in die umgekehrte Richtung zu lenken.

Was Jesus betrifft, so hat er wirklich gelebt: Er war ein vortrefflicher Mensch, ein Eingeweihter, nicht aber der Sohn Gottes. Dumme Menschen haben ihn ans Kreuz geschlagen, aber diese Geschichten mit der Kreuzigung darf man nicht allzu wörtlich nehmen. Mir wird ausführlich erklärt, dass ein achtzig Kilo schwerer Mann, dem man zwei Nägel durch die Handflächen treibt und den man dann aufhängt, mit ausgerissenen Händen unweigerlich vornüber zu Boden stürzt. So kann das also nicht gewesen sein. In Wirklichkeit hatte man Jesus mit Stricken ans Kreuz gebunden. Und Maria war eine rechtschaffene Frau, aber bestimmt keine Jungfrau! Aber da die Hohlköpfe nicht in der Lage sind, den tieferen Sinn einer Botschaft zu begreifen, liefert ihnen die Kirche etwas Spektakuläres, denn nichts anderes interessiert sie.

Adam und Eva, die Engel und andere Heilige sind, mit Ausnahme von wenigen Eingeweihten wie Blandine, im Allgemeinen erfundene Figuren, mit denen man die Hirne der Hohlköpfe beschäftigt. Man braucht sich nur Lourdes anzusehen, »bestes Beispiel für den heiligen Hort des Blödsinns, errichtet, um die Dummerjane auszunehmen und die Kirchenkasse zu füllen«.

Allerdings hat die Kirche manchmal auch ihr Gutes. Man denke an die Kathedralen, sie wurden an »Kraftorten« von Baumeistern errichtet, Erben einer uralten Tradition, die auf den Architekten Hiram von Tyrus zurückgeht, der in Jerusalem einen vollkommenen Tempel zum Empfang der Königin von Saba errichtet hat. Mein Vater ist ja heute seine Reinkarnation, er weiß, wovon er spricht. Einst waren die Kathedralen Orte der Initiation. Wenn die Eingeweihten sich der Unterweisung nicht würdig erwiesen, konnten die Steine über ihnen einstürzen. Es waren auch geheiligte Orte, an denen die Armen und Unglücklichen Schutz vor Unrecht fanden.

Doch das Problem der Kirche ist, dass sie die Existenz von Eingeweihten nicht erträgt, die von ihrer Macht unabhängig sind. Das zeigt die Geschichte der Katharer, authentischer Lichtwesen, die von diesen katholischen Dummköpfen vernichtet wurden. Als Eingeweihte haben die Katharer die Fähigkeit zur Wiedergeburt. Von Leben zu Leben vervollkommnen sie sich und sammeln kostbares Wissen. Die Kirche fürchtet ihre Macht, aber es ist ihr nicht gelungen, sie ganz auszurotten. Ihr Orden lebt im Geheimen weiter.

Das Gleiche gilt für den Orden der Templer, sie sind allesamt höhere Wesen. Ihre Organisation beruht auf dem Geheimnis, weshalb sie nicht vernichtet wurden, wie es in den Geschichtsbüchern heißt. Sie existieren weiter im Verborgenen und wirken im Geheimen. Der Beweis: Mein Vater ist einer von ihnen. Wenn ich getreulich seine Lehren befolge, werde auch ich ein Templer werden und somit Zugang zu den Geheimnissen des Universums erhalten.

Wenn mein Vater von den Lichtwesen spricht, darf ich ihn nicht aus den Augen lassen, selbst Blinzeln ist verboten. Tief in meinem Inneren schrillt eine Alarmglocke, und ich schotte mich insgeheim vor ihm ab. Aber ein Teil von mir kann nicht umhin, diesen seltsamen und großartigen Geschichten zu lauschen. Wie der von Noah, jenem großen Eingeweihten, den die Bibel ganz falsch beschreibt. Noah war nämlich ein Seher, der die Lichtwesen unter den Menschen wie auch unter den Tieren erkennen konnte. Er versammelte Letztere in seiner Arche, denn er wusste, dass die Schöpfung, durch die unersättliche Gier nach materiellem Reichtum verdorben, dem Untergang geweiht war. Noah hat sich geopfert: Wie mein Vater hat er sich aus der Welt zurückgezogen, um über seine Schützlinge zu wachen, damit das Leben nach der Sintflut von neuem beginnen konnte.

Insgeheim bin ich von Noah fasziniert. Auch von Isis, Osiris' Witwe und Mutter aller Freimaurer. Manchmal werde ich in den Billardsaal bestellt, um Hermes Trismegistos zu begegnen. Dem »dreimal großen Hermes«, präzisiert mein Vater. Eine leise innere Stimme spöttelt: Schon wieder eine Drei … Doch tatsächlich bin ich tief beeindruckt von dem dicken Buch, das er vor mir aufschlägt. Unten auf dem Vorsatzblatt lese ich »Didier & Co., Buchhändler und Verleger«. Ich schließe daraus, dass mein Vater dieses herrliche Buch geschrieben hat! Ich muss einige etwas obskure Abschnitte lesen, bestimmte Seiten berühren und dabei dreimal (schon wieder die Drei) nacheinander kreisförmige Bewegungen im Uhrzeigersinn ausführen. Seine tiefe Stimme ertönt in meinem Kopf, sie erklärt mir, in diesem Buch befänden sich die Schlüssel zur wahren Weisheit. Zur hohen Kunst der Alchimie, zum Verständnis des Universums. Das in diesen Seiten enthaltene Wissen wird in mein Gehirn übergehen. Ich muss meinen Geist öffnen, um es zu empfangen.

Nach diesen Sitzungen bin ich immer verwirrt und unruhig. Mein Vater bringt mir die Geheimcodes bei, mit deren Hilfe ich später die Freimaurer erkennen kann. Wenn ich höre: »Es regnet«, muss ich antworten: »Ich kann weder lesen noch schreiben, kann nur buchstabieren, geben Sie mir den ersten Buchstaben, dann gebe ich Ihnen den zweiten.« Wenn man mir auf eine bestimmte Weise die Hand drückt, muss ich sagen: »Ich bin sieben Jahre alt.« Was ich hier lerne, bringt mich ganz aus dem Häuschen: Es bedeutet ja, dass ich eines Tages herauskommen, dass ich andere Leute kennenlernen werde. Vor allem Eingeweihte, aber besser als nichts.

Nun muss ich *Jenseits von gut und böse* von Nietzsche lesen, einem bedeutenden Philosophen, der mir helfen wird, »über mich hinauszuwachsen«, davon ist mein Vater überzeugt. Ich mochte *Also sprach Zarathustra*, das ich mit neun Jahren las. Der Satz »Gott ist tot« erstaunte mich, die Gespräche mit den Tieren entzückten mich. Ich verstehe den Sinn der Sätze nicht so richtig, aber ich liebe ihren Klang, wie bei »Ich liebe die Menschen«. Er sagt oft »ich liebe«. Dieses Wort, das hier im Haus niemals ausgesprochen wird, ist Balsam für meine Seele. Selbst das Wort »Übermensch« klingt bei Zarathustra nicht so hart und bitter wie aus dem Mund meines Vaters.

Ich freue mich nun auf ein weiteres Buch von Nietzsche und sage mir, dass ich diesmal mehr verstehen werde. Das Gegenteil ist der Fall. Mein Vater aber meint, ich hätte alles begriffen. Er erzählt mir die Geschichte von Nathan Leopold und Richard Loeb, zwei amerikanischen Studenten, die fasziniert waren von der Idee des Übermenschen, der seine Gefühle so im Griff hat, dass er das perfekte Verbrechen begehen kann. Leopold und Loeb wollten also ihre Überlegenheit dadurch beweisen, dass sie einen vierzehnjährigen Jungen umbrachten. Aber das Verbrechen war alles andere als perfekt, denn einer der beiden war ein Schwächling. Sie wurden rasch gefasst, und ihr Prozess hielt die ganze Welt in Atem. Mein Vater spricht voller Bewunderung von Leopold, einem »echten Schüler Nietzsches«, der diesen Mord als eine sinnvolle Tat plante, durch die er zum »Übermenschen« werden konnte. Dagegen hat er für Loeb, einen »Mitläufer«, also ein »Monster«, nur Verachtung übrig. Der Beweis: Leopold hat sich in den Jahren seiner Gefangenschaft entwickelt, lebt jetzt als freier Mann und geht weiter auf dem Weg zum Licht, Loeb aber wurde im Gefängnis getötet.

Die Botschaft verstehe ich nicht ganz. Will mich mein Vater warnen vor der Versuchung, meine Überlegenheit mit einem perfekten Verbrechen zu beweisen? Oder will er mich umgekehrt auf die Idee bringen, ein solches zu begehen? Die Frage verfolgt mich. Als ich wieder einmal von den Leichen meiner Eltern unter dem Tisch geträumt habe und im Klassenzimmer aus dem Schlaf hochschrecke, fällt es mir noch schwerer, aus diesem Alptraum aufzutauchen. Für einige Sekunden habe ich die schreckliche Gewissheit, sie getötet zu haben … um eingeweiht zu werden … um ein Übermensch zu werden …

Mathilde

Meine Meditationen über den Tod finden weiterhin einmal im Monat statt. Völlige Reglosigkeit ist unerlässlich, damit die Toten einwilligen, in mich einzudringen. Sie kommen auf der einen Seite herein, hinterlassen ihre Unterweisung und gehen auf der anderen wieder hinaus. Da ich »rein« bin, behalte ich natürlich nur die »Reinheit« dieser Unterweisung.

Wieder spricht mein Vater von diesen Narben, die ich verabscheue. Er findet sie praktisch: Dank dieser Male wird er mich überall erkennen. Da ich auf beiden Seiten »markiert« bin, werden er und die auserwählten Geister, die seine Lehrmeister waren, in mich eingehen und sogleich wissen, wer ich bin, und so werden sie sich in Sicherheit fühlen. In der Tat müssen sie äußerst wachsam sein und aufpassen, dass sie nicht durch nur scheinbar reine Wesen »hindurchgehen«, die in Wirklichkeit teuflische Köder sind, ausgelegt von den »Jägern der Meister«. Die auserwählten Geister laufen Gefahr, im Inneren dieser Köder in die Falle zu gehen, und der »Dämon« könnte dann all ihr Wissen in sich aufnehmen, was für das Überleben des Universums katastrophal wäre.

Ich weiß nicht, ob ich lieber verstehen will, warum ich im Keller tausend Tode erleiden muss, oder ob ich lieber gar nichts wissen will. Diese Geister erschrecken mich beinahe genauso wie die Ratten. Ich will nicht durchdrungen werden von Meistern, auch nicht von auserwählten. Mir tut mein Vater leid, der so viel Energie darauf verwendet, sein Wissen einer so ungeeigneten »Auserwählten« zu vermitteln. Gleichzeitig nehme ich ihm insgeheim übel, dass er mich in diesen Ozean des Grauens stürzt, der mir den Atem raubt. Wenn ich einschlafe, beginnt es in meinem Kopf von guten und perversen, erleuchteten und heimtückischen Geistern zu wimmeln. Ich habe allergrößte Mühe, die Stimme meines Vaters aus meinem Kopf zu verbannen. Mitten in der Nacht öffnet sich die Wand hinter meinem Kopfkissen, zwei Hände kommen heraus, fassen meinen Kopf und ziehen mich nach hinten. Ich schlage um mich, versuche zu schreien, aber kein Laut kommt aus meinem Mund. Ich werde in die Wand hineingesaugt. Die sich über mir schließt. Ich bin bei lebendigem Leib eingemauert, und niemand weiß, dass ich dort bin.

Dieser neue Alptraum wiederholt sich so oft, dass ich mich inzwischen vor dem Einschlafen fürchte. Ich versuche, mich umgekehrt ins Bett zu legen, mit dem Kopf am Fußende. Von dort ist ein ziemlicher Abstand zum Kamin. Aber jetzt öffnet sich der Kamin, und die Hände der Geister werden immer länger und ergreifen meinen Kopf. Sie zerren mich bis zum Kaminabzug und lassen mich dort hineingleiten. Ich lande in einem »geheimen Keller«, von dessen Existenz niemand weiß.

Ich bin am Ende meiner Kräfte. Ach, könnte ich doch kraft meines Willens sterben! Könnte mich doch mein Geist weit weg und für immer von diesem verhassten Ort fortholen, und Linda gleich mit! Ich muss meinen Verstand trainieren, aber nicht, um Herr der Welt zu werden, sondern damit uns die Flucht gelingt. Ich mache mir die Übungen meines Vaters zunutze: Ich mobilisiere meinen ganzen Willen, als wollte ich mein Gehirn zusammenpressen. Ich kneife meine Augen zu, stelle mir vor, meine Narben gingen auf, und ich strömte durch sie hinaus. Ich bin ein flüssiger Körper, der die Hütte überflutet, Linda in die Lüfte hebt … und gemeinsam erwachen wir an einem anderen Ort.

Andere Male versenke ich mich immer tiefer in mich hinein, wie wenn ich im Inneren eines Gebirges aus Eis wäre. Meine Vitalfunktionen verlangsamen sich. Mein Vater hat mir erzählt, dass Gefangene auf diese Weise aus den Konzentrationslagern entkommen konnten. Sie haben ihren Herzschlag so gedrosselt, dass sie für tot gehalten, mit Leichen auf Karren geladen und in ein Massengrab geworfen wurden. Dort erwärmten sie ihren Körper wieder mit Hilfe geistiger Aktivität, indem sie sich vorstellten, über einem Feuer zu liegen. Sie kehrten ins Leben zurück und konnten fliehen. Ich übe also, meinen Herzschlag immer schwächer werden zu lassen, aber ich habe noch kein Mittel gefunden, Linda mitzunehmen.

Die Mahlzeiten sind zu einer Tortur geworden. Ich ertrage es nicht mehr, alles aufessen zu müssen, was mir meine Mutter auf den Teller packt. Manchmal halte ich es nicht mehr aus, ich kriege das schuhsohlenharte Steak in der schwarzen Buttersoße nicht hinunter. Mein Vater fährt mich an: »Du isst alles auf, du hast eine Minute Zeit.« Wütend stopfe ich mir das ganze Steak in den Mund. Ich kann es nicht schlucken, es ist entsetzlich, ich bekomme keine Luft mehr. Hilfe! Meine Kehle ist verstopft. Ich werde ersticken … Das Stück Fleisch steckt immer noch in meinem Hals. Schließlich stecke ich den Finger in den Mund, kriege es irgendwie zu fassen und ziehe es aus dem Schlund. Ich bin völlig erledigt. Mein Vater sagt: »Nimm es und wirf es ins Klo.«

Ich bin es leid, immer alles aufessen zu müssen wie eine Maschine, unter dem verächtlichen Blick meines Vaters fast zu ersticken und zu erbrechen. Jeden Freitag gibt es Ärger, wenn meine Mutter ein Gericht auftischt, das ich ebenfalls hasse: Fisch in Senfsoße. Lange habe ich mich gezwungen, meinen Teller leer zu essen, habe meinen Brechreiz unterdrückt. Aber damit ist jetzt Schluss. Ich bleibe stumm mit verschränkten Armen sitzen. Das Mittagessen geht zu Ende, meine Mutter räumt ab. Wie gewohnt sagt mein Vater: »Du stehst nicht auf, bevor du aufgegessen hast.« Er bleibt mir gegenüber sitzen, durchbohrt mich mit Blicken. Egal, mit gesenktem Kopf harre ich aus. Die Stunden vergehen. Eine stumme Wut verwandelt mich in einen Fels. Schließlich steht er auf und sagt: »Du bleibst sitzen.« Einverstanden, ich bleibe sitzen. Das Abendessen kommt. Sie essen und tun so, als sähen sie mich nicht. Das ist mir gleich, ich denke nur, dass ich dringend pinkeln muss. Sie gehen zu Bett, ich muss trotzdem den Abenddienst mitmachen. Und das ist das einzige Mal, dass ich froh bin, den Nachttopf zu leeren, so kann ich wenigstens pinkeln. Danach begleitet mich meine Mutter wieder an den Esstisch und setzt mich vor meinen Teller. Wie betäubt bleibe ich vor dem grässlichen Fisch in seiner grässlichen Senfsoße sitzen, die ich nicht essen werde.

Am nächsten Tag heißt es nach dem morgendlichen Ritual: »Schön, es wird vorläufig abgeräumt. Du isst es später.« Zum Abendessen ist der Fisch wieder da, aber nur noch halb so viel. Das ist machbar, ich esse ihn auf. Das Kriegsbeil ist bis zum darauffolgenden Freitag begraben.

Ich bin zum Kampf bereit. Oder vielmehr: Mathilde ist bereit. Maude ist eine arme Versagerin, sie zittert, sie gehorcht. Aber Mathilde ist eine Kämpferin, sie führt jetzt den Kampf. Ich bin ihr in *Rot und Schwarz* begegnet, sie hat mich begeistert. Ich bewundere ihre Energie, ihre Leidenschaft, ihren ganzen Charakter – sie ist bereit, ihr Leben für ein Ideal zu opfern. Sie ist meine heimliche Freundin geworden, sie macht mir Mut, sie richtet mich auf. Irgendwann hielt mein Vater einen Vortrag über den Vornamen Maude mit oder ohne E. Maude ohne E kommt von Madeleine. Die Madeleines sind Heulsusen. Aber Maude mit E kommt von

Mathilde! Ich weiß nicht, ob das stimmt, aber ich stelle mir gleich vor, ich sei irgendwie verwandt mit der so kühnen, intelligenten und schönen Mathilde. Nun bin ich nicht mehr nur die Tochter von Louis Didier, ich bin die Zwillingsschwester von Mathilde. Und sie ist es, die vorangeht, wenn ich eine Schlacht zu schlagen habe.

Was sich Mathilde überhaupt nicht gefallen lässt, ist, dass sie Akkordeon vorspielen soll, wenn Gäste da sind, egal, ob Rémi und Albert zum Aperitif kommen oder, seltener, Freimaurer zu Besuch da sind. Heute um halb zwölf ist Raymond zum Ricard eingeladen. Ich muss diesem Kotzbrocken den Aperitif servieren. Und da verlangt mein Vater: »Spiel uns *Sous les ponts de Paris!*« Ich weigere mich. Er besteht darauf, ich bleibe stur, er regt sich auf, schreit mich an. Ich verstehe nicht, was er sagt, aber Mathilde sieht rot. Ich packe mein Akkordeon und werfe es ihm vor die Füße. Das bringt mir einen saftigen Stockhieb und sechzig zusätzliche Akkordeonstunden ein. »Einen Monat lang gehst du eine Stunde später ins Bett und stehst eine Stunde früher auf.«

Die Strafe ist hart. Aber Mathilde spielt nicht Akkordeon vor Raymond, lasst euch das gesagt sein.

Das Kalb

Vor dem vierteljährlichen Besuch des Schlächters graut mir immer mehr. Es fällt mir immer schwerer, die heuchlerische Rolle dessen zu spielen, der die Kälber beruhigen muss. In den Tagen vor seiner Ankunft stelle ich mir vor, wie ich den Gefangenen freilasse und die wenigen Minuten nutze, in denen das Tor offen steht, um mit dem Tier zu fliehen. Aber dann kommt der Schlächter, und das Kalb wird unweigerlich heimtückisch umgebracht.

Als nun diesmal das Kalb an die Kette gelegt wird, bemerke ich, dass der Karabiner kleiner ist als sonst. Ich versuche, ihn zu öffnen, sobald man mich mit dem Tier allein lässt. Und siehe da, es geht! Ich schubse das Kalb zum offenen Tor und sage ein paarmal halblaut: »Lauf weg! Lauf weg!« Aber es rennt planlos davon und löst ein heilloses Chaos aus. Der Metzger rennt ihm brüllend hinterher. Meine Mutter schreit mich an, ich solle es einfangen. Mein Vater, der wahrscheinlich aus dem Schlaf aufgeschreckt ist, stellt sich ans Fenster und schießt ein paarmal in die Luft. Das Kalb stößt an den Elektrozaun, hopst wild herum und gerät immer mehr in Panik.

Schließlich fängt es der Metzger ein. Jetzt muss man vierundzwanzig Stunden warten, bis es sich wieder beruhigt hat, bevor man es schlachtet. Niemand hat gesehen, wie ich den Karabiner geöffnet habe, ich werde also nicht bestraft. Aber ich schäme mich zutiefst, dass ich das arme Tier nicht nur nicht retten konnte, sondern ihm noch zusätzlichen Schrecken eingejagt habe. Ich wollte es befreien und ihm das Leben erleichtern, aber ich habe ihm nur größeres Leid zugefügt.

Kommt das bei Mathildes Aufbegehren heraus? Eine versteckte Form, sie zu knechten und zu fesseln? Mein Vater hat zwei Krücken aus seinem Schrank geholt und mimt nun den Behinderten. Er ist nicht hingefallen, hat sich nicht verletzt, er könnte genauso gut alleine gehen. Aber ich muss ihn jetzt stützen, wenn er ein paar Schritte machen will, muss ihm helfen, sich zu setzen, auch wenn er aufs Klo geht. Wenn wir ihm morgens aus dem Bett helfen und abends wieder hinein, gibt er sich überhaupt keine Mühe mehr. Er hebt nicht einmal mehr den Hintern, wenn wir ihm die Hose anziehen sollen, auch nicht das Bein, um mir das Überstreifen der Socken zu erleichtern. Täglich muss ich seine Füße massieren, die riechen schlecht und widern mich an mit ihren dicken schwarzen Nägeln. Ich fühle mich schuldig, weil ich eine schlechte Tochter bin, gleichzeitig bin ich wütend auf ihn, ja, ich hasse ihn. Und er spürt es und will mich bändigen.

Es ist Sommer, wir frühstücken auf der Veranda. Ich muss ein Stück alten Gouda abschneiden, der so hart ist, dass ich es kaum schaffe. Meine Mutter ärgert sich, nimmt mir den Käse aus der Hand und schneidet sich dabei in den Finger. Beide regen sich auf und geben mir die Schuld daran, dass sie sich verletzt hat. Mein Vater kündigt eine Strafe an, »die sich gewaschen hat«. Plötzlich habe ich die Nase voll von ihrem Gezeter. Ich nehme das Messer und stoße es mir mit aller Kraft in die andere Hand. Aus Leibeskräften schreie ich: »So, wie willst du mich jetzt bestrafen?« Sein Blick durchbohrt mich. Ich halte ihm stand. Soll er mich doch umbringen, ich werde nicht klein beigeben. Ich weiß nicht, wie lange das dauert, das Messer steckt immer noch in meiner Hand. Er ist derjenige, der als Erster den Blick abwendet. Er schnauzt meine Mutter an: »Hol den Whisky, und bring im Vorbeigehen ein Pflaster mit.«

Ich schreie meine Mutter an: »Ja, ja, hol den Whisky, wenn es noch etwas Stärkeres gibt, bring es auch. Wenn du willst, schütte ich auch dir davon in deine Wunde.« Sie kommt mit der Flasche Johnny Walker an, ich ziehe das Messer aus meiner Hand und gieße Alkohol auf die stark blutende Wunde. Der Whisky läuft auf den Boden, das ist mir egal, ich lasse meinen Vater nicht aus den Augen. Er wird mich nicht unterkriegen.

Ich gehe an mein Klavier, auf die Tasten tropft Blut. Mathilde ist mit mir zufrieden. Aber etwas stört mich: Als ich den Whisky verschüttete, sah ich etwas in seinen Augen aufblitzen. Ich bemerkte einen Anflug von ... Stolz. Sofort freut mich meine aufsässige Handlung weniger. Bin ich in Wirklichkeit etwa gerade dabei, das zu machen, was er von mir erwartet? Ihm genau das zu demonstrieren: Stärke, Mut, Entschlossenheit, Macht? Bin ich vielleicht im Grunde nur eine jämmerliche Marionette, die unwissentlich seine Weisungen befolgt?

Ich weiß nicht, ob er mich manipuliert. Ich weiß nicht, ob ich selbst über meine Handlungen bestimme. Ich bin völlig verzweifelt. Ich grüble darüber nach, während ich die kleinen Äste von der Wiese auflese, bevor ich den Rasenmäher anlasse. Mein Vater sitzt dabei, wie immer auf seiner Holzkiste. Mein Rücken schmerzt vom vielen Bücken, und ich richte mich auf. Doch das ist verboten: Man darf sich weder hinknien wie die Faulpelze noch sich aufrichten. Mein Vater brüllt los. Ich schnappe einen langen Regenwurm, der sich zwischen meinen Fingern windet. Ich tue so, als schleuderte ich ihn auf meinen Vater, er weicht etwas zur Seite, dann halte ich den Wurm mit einem bösen Grinsen vor mein Gesicht und lasse ihn in meinen weit geöffneten Mund fallen. Ich zerkaue ihn, dabei schaue ich meinem Vater direkt in die Augen. Und ich schreie: »Du kannst mir gar nichts, du wirst mir nie etwas können!«

Mein Herz schlägt wie rasend. Meine Wut verebbt. Es dreht mir den Magen um, als ich den Wurm schlucke. Ich zittere innerlich, ich habe das Gefühl, den Boden unter den Füßen, ja den Verstand zu verlieren. Was ich auch tue, ich tue mir weh. Entkomme ich denn niemals dieser Hölle? Ich bücke mich und lese weiter die Zweige auf. Ich habe das Gefühl, dass ich in großer Gefahr bin. Hilfe, ich bin am Durchdrehen. Meine Mutter hat recht, ich gehöre nach Bailleul.

Aus dem Schreibtisch meines Vaters stehle ich ein kleines Taschenmesser, das ich in einer der unteren Schubladen gesehen habe. Ich verstecke es unter dem Teppichboden in meinem Zimmer. Abends klappe ich es auf und betrachte es: Es ist ein altes Taschenmesser mit abgenützter Klinge. Mein Vater kannte im Krieg Leute, die sich lieber die Adern aufschnitten, als dem Feind in die Hände zu fallen. Das will ich jetzt auch machen, dann wird er begreifen, dass ich ihn als Feind betrachte. Ich ziehe die Klinge über mein Handgelenk, die Haut wird aufgeschürft, aber meine Adern »rutschen weg« unter der Klinge und bleiben heil. Liegt es daran, dass die Klinge stumpf ist? Oder gehe ich nicht energisch genug vor? Ich spüre einen starken Instinkt, der gegen meinen Entschluss ankämpft. Dabei möchte ich doch so dringend weg …

In meinem Leben bewegt sich nichts, aber ich merke, dass draußen wichtige Dinge vor sich gehen. Man hört praktisch keine Züge mehr auf der Bahnlinie, die fünfzig Meter vom Haus entfernt vorbeiführt. Auch fahren immer seltener Lastwagen auf der Nationalstraße. Nachts herrscht fast vollkommene Stille. Mein Vater sagt: »Jeannine, du rufst morgen den

COOP an und bestellst vierzig Kilo Zucker und zwanzig Liter Öl.« Er sagt, man darf die Gefriertruhen nur so selten wie möglich öffnen, denn es besteht die Gefahr von Stromausfällen. Dass dann der Generator normalerweise einspringt, scheint ihm nicht zu genügen.

Er beschließt, dass wir künftig mittags und abends Eier essen, um den Kühltruhen kein Fleisch entnehmen zu müssen.

Was mich fertigmacht, ist, dass Raymond dreimal so oft kommt wie üblich. Im Hafen von Dunkerque wird anscheinend gestreikt, und die städtischen Angestellten wie er gehen nicht zur Arbeit. Beim Aperitif berichtet er meinem Vater von den »Ereignissen in Paris«, den Studenten auf den Straßen, den Pflastersteinen, die herausgerissen werden. Dabei fällt mir Gavroche ein. Mein Vater unterbricht Raymond schroff: »Und wie geht es Ihrer Frau?«, oder: »Was meinen Sie, wann sollen wir die Bäume schneiden?« Die Lage wäre beinahe aufregend, wenn nur dieser Teufel von Raymond nicht ständig auf die Gelegenheit lauern würde, über mich herzufallen. Ich kann nicht mehr, ich will, dass er wieder an die Arbeit zurückkehrt. Wie lange dauert denn dieser Streik noch?

Der Schlüssel

Der Winter ist vorbei, aber die Fensterläden Richtung Straße bleiben auf der gesamten Hausseite geschlossen. Nie mehr sehe ich die Arbeiter vom Cathelain-Werk und die Lastwagen, die nach England fahren. Mein Vater hat auch alle Läden der Erdgeschossfenster, die auf den Garten gehen, verrammeln lassen. Die großen Räume hier unten sind jetzt riesige Katafalke, in denen düsterer Halbschatten herrscht.

Im selben Maße, wie das Leben im Haus zum Stillstand kommt, verstärkt mein Vater die Kontrollen und Durchsuchungen. Nie legt er irgendwo mit Hand an. Ohne Vorwarnung kommt er in mein Zimmer oder in das meiner Mutter und befiehlt: »Bett aufdecken.« Er begnügt sich damit, uns zuzuschauen, wie wir die Decken zurückschlagen, die Betttücher abnehmen, die Matratzen umdrehen … Dann kommt ein Wink mit der Hand: Wir sollen das Bett wieder richten, und weg ist er. Das kann einmal im Jahr oder dreimal im Monat vorkommen. Ich weiß nicht, was er sucht. Ich glaube, er will vor allem ein Gefühl der Unsicherheit verbreiten. Meine Mutter ist empört, weil sie genauso behandelt wird wie ich. Sie sagt nichts, aber man merkt es an der Heftigkeit ihrer Gesten.

Seit anderthalb Monaten sprechen jetzt meine Eltern nicht mehr mit mir, weil ich einen Stapel Teller fallen gelassen habe und vor allem, weil ich dadurch beinahe eine Herzattacke bei meinem Vater ausgelöst habe. Ich glaube, langsam sind mir diese Zeiten massiver Verachtung lieber, als wenn sie in kleinen mörderischen Dosen verabreicht wird. Mit niemandem reden zu können, macht mich zur erbarmungswürdigsten Kreatur, die es gibt. Und genau so fühle ich mich auch. Also ist es mir egal. Sie hassen mich, ich hasse mich.

Ich fange wieder an, mich übel an Armen und Schenkeln zu ritzen. Ich wickle mir auch die Kordeln der Doppelvorhänge um Arme, Handgelenke, Schenkel, Hintern und Waden. Ich ziehe sie so fest wie möglich zu, manchmal hole ich Atem, dann ziehe ich noch fester, bis mir vor Schmerz die Luft wegbleibt. Ich höre erst auf, wenn ich keine Kraft mehr in den Händen habe. Beim Unkrautjäten fasse ich jetzt die Brennnesseln mit der ganzen Hand an. Ich habe überhaupt keine Angst mehr vor dem brennenden Schmerz, denn ich selber löse ihn ja aus, ich selber bestimme, wann er aufhört. Meine Eltern sehen natürlich, dass meine Hände von Dornen zerstochen sind, aber sie machen keinerlei Bemerkung dazu.

Inzwischen weiß ich, was ich einmal werden will: nicht »Herr der Welt«, sondern »Kopfchirurg«. Soeben habe ich *Die Pest* zu Ende gelesen, und dieser Dr. Rieux hat mir klargemacht, dass der Kopf mindestens ebenso leidet wie der Körper. Schon seit ich den *Idioten* gelesen habe, habe ich eine unbändige Lust, die Epilepsie des wunderbaren Prinzen Myschkin zu behandeln. Mein Vater sagt immer wieder: »Die Ärzte sind Esel.« Das weiß ich nicht, ich bin noch nie einem begegnet. Wenn ich krank bin, behandelt mich mein Vater mit Weißwein und ein paar Aspirintabletten. Aber die Ärzte, über die ich in den Büchern lese, lassen mir das Herz aufgehen. Der *Landarzt* von Balzac ist ein wahrer Wohltäter, der sich nicht nur um das Wohl des Körpers kümmert. Er hilft dem Dorf, gesund zu leben, größer und schöner zu werden. Für mich ist das der Geist der Aufklärung.

Färbt das, was ich lese, auf mich ab? In meinem Kopf wimmelt es von Ideen, Personen, Geschichten. Wenn meine Mutter aus dem Klassenzimmer geht und mich meinen Aufgaben überlässt, fange ich an, ein kleines Gedicht zu verfassen, dessen Held ein Vogel ist, der sich auf den höchsten Ast der australischen Pappel im Park setzt. Von dort oben betrachtet er die Bewohner dieser seltsamen Behausung. Da er die Enten direkt unter sich im Teich schwimmen sieht, hält er sie für die Hausherren und glaubt, sie hätten einen Zoo mit Löwen (Linda), Zebras (Salto) und Giraffen (meine Eltern und ich). Der Vogel rätselt, wie diese Tiere sich so weit von ihrem Dschungel hierher verirrt haben konnten.

Ich bin eigentlich ganz zufrieden mit meiner Geschichte, finde sie amüsant und lehrreich. Meine Mutter lässt mich manchmal einen Aufsatz schreiben, ihr könnte sie vielleicht gefallen. Ich wünsche mir so sehr, sie würde merken, dass ich nicht ganz so schlecht bin, wie sie denkt! Ich beschließe, ihr mein kleines Poem zu widmen. Wenn sie es gelesen hat, wird sie mich vielleicht nicht mehr hassen …

In der Französischstunde reiche ich ihr, ein wenig verzagt, das Blatt. Erstaunt wirft sie einen Blick darauf, überfliegt den Text und wirft ihn mir ins Gesicht: »Wenn ich sehe, was deine Phantasie alles erfindet, wie soll ich dir da noch glauben, wenn du mit mir sprichst?« Für meine Mutter ist Phantasie und Lüge dasselbe. Ich merke auch, dass sie furchtbar eingeschnappt ist, weil sie mit einer Giraffe verglichen wird. Das tut mir wirklich leid, ich versuche, ihr zu erklären, dass sie in den Augen eines kleinen Vogels doch unverhältnismäßig groß ist. »Da du offenbar Zeit zu verschwenden hast, hole ich dir das orangefarbene Buch, und dann löst du uns einige Rechenaufgaben …«

Ich mache einen Rückzieher. Ich werde ihr nie mehr etwas widmen.

Mein Kopf ist voller Geschichten, mir ist beinahe schwindlig davon. Ich muss sie herauslassen, deshalb entwende ich »Durchschlagpapier« aus dem Schreibtisch meines Vaters, und abends kauere ich im Bett und fülle engzeilig die Seiten. Vor dem Einschlafen gehe ich auf Zehenspitzen hinaus und verstecke die gefalteten Blätter unter dem Teppich. Jeden Morgen treten meine Eltern auf diese Stufe, ohne zu ahnen, was sich darunter verbirgt, und ich empfinde einen Schauder, gemischt aus Befriedigung und Besorgnis.

Aber das ist alles zu riskant. Um zur Treppe zu gelangen, muss ich am Zimmer meiner Mutter vorbei, die mich am Ende noch hören könnte. Auf der Suche nach einem möglichen Versteck in meinem Zimmer entdecke ich, dass das unterste Brett meines Kleiderschranks achtzig Zentimeter über dem Fußboden auf Backsteinen aufliegt: unter diesem Brett will ich ein Versteck aushöhlen.

Zuerst muss ich die Fugen um die Backsteine in Angriff nehmen. Dazu stehle ich einen Türschlüssel in der zweiten Etage, mit dem ich den Fugenzement auskratzen kann. Ich arbeite jeden Abend. Die Brösel stecke ich in meine Tasche und verstreue sie am andern Morgen im Park. Bald liegen die Fugen frei. Jetzt brauche ich ein Werkzeug, das stabil genug ist, um den Backstein herauszustemmen, aber auch hinreichend klein, um in die Nut der Fuge zu passen.

Ein Werkzeug meines Vaters vom Brett über der Werkbank auszuleihen, auf dem alle Geräte vor ihrem Umriss aufgehängt sind, kommt nicht in Frage. Ich denke eher an den großen Schlüssel, den Raymond manchmal mitbringt und mit dem er mich auch schon verletzt hat. Ja, der muss es sein! Der wäre ideal, um den Backstein herauszuheben; den will ich haben. Und ich werde ihn mir holen. Jedes Mal, wenn Raymond kommt, finde ich eine Möglichkeit, mich in das Gewächshaus beim Hühnerstall zu schleichen, wo er seine Jacke aufhängt. Ich durchsuche seine Taschen: kein Schlüsselbund! Ich gebe nicht auf. Nach vielen Wochen lacht mir das Glück: Die Schlüssel sind da, ich schnappe sie, grabe ein Loch in die Erde und versenke sie darin.

Ich riskiere enorm viel. Aber ich juble! Mir ist klar, dass der Verlust des Schlüsselbunds sehr schlimm für Raymond ist. Nicht nur, dass er abends nicht nach Hause kann, er wird auch seinem Arbeitgeber, der Stadt Dunkerque, erklären müssen, was er mit dem Schlüssel für das städtische Depot gemacht hat … Ich hoffe sehr, dass man ihm etwas vom Gehalt abzieht! In der Zwischenzeit genieße ich schadenfroh Raymonds Bestürzung, als er in allen Winkeln des riesigen Anwesens verzweifelt nach seinen Schlüsseln sucht.

Sobald es geht, grabe ich das Schlüsselbund aus, mache den größten ab und werfe die übrigen in die Latrine im Park. Raymonds Schlüssel erweist sich als ideales Werkzeug. Mehrere Monate lang höhle ich nachts den Backstein aus, tagsüber leere ich meine Taschen. Ich bin gleichzeitig Edmond Dantès und Abbé Faria. Ich arbeite an meiner geistigen Befreiung. Nichts kann mir mehr etwas anhaben. Als das Versteck groß genug für meine Manuskripte und eine Taschenlampe ist, kommt Raymonds Schlüssel zu den anderen auf den Grund der Latrine.

Meine Mutter ahnt wohl dunkel, dass ich unerlaubte Absichten und Tätigkeiten verfolge. Sie führt jetzt ihre eigenen Inspektionen durch, und zwar ohne Wissen meines Vaters. Sie kontrolliert viel gründlicher als er. Sie kehrt das Unterste zuoberst, leert die Schubladen, räumt den Schrank aus, schaut unter dem Teppich, hinter den Bodenleisten nach. Sie ist sich sicher, ich verberge irgendetwas. Aber mein Versteck ist unauffindbar. Wenn sie lange genug vergeblich gesucht hat, sagt sie zu mir: »Keine Sorge, ich finde es schon.«

Die Flugmaschine

Shakespeare ist kein Autor. Tatsächlich ist er mehrere Autoren, fünf, um genau zu sein. Fünf Eingeweihte, »Gerechte und Vollkommene«, wie in den Logen, fünf, die in den berühmten Theaterstücken geheime Botschaften versteckt haben, die vom Uneingeweihten nicht entdeckt werden können. Dies war der sicherste Weg, ihr Denken durch die Jahrhunderte hindurch zu bewahren, ohne Gefahr zu laufen, verboten zu werden. Auch war sein Globe-Theater in London ein symbolischer, energiegeladener Ort. Es war als Vieleck nach dem Vorbild der Baptisterien gebaut worden, um die verborgenen Ideen zu verbreiten und dadurch zu Englands Vorherrschaft beizutragen. Mein Vater gibt mir viele seiner Werke zu lesen – *Heinrich IV., Richard III., König Lear, Coriolan, Hamlet* u. a. – in einer alten englischen Ausgabe. Ich verstehe rein gar nichts, er vermutlich auch nicht. Aber das spielt keine Rolle. Mein Vater behauptet, dass diese Lektüre im Blindflug meinen Geist höchst wirkungsvoll beflügle. Ich bin fasziniert von diesen herrlichen Bänden, deren Papier so dick ist, dass die Buchstaben wie eingraviert aussehen. Die Lektüre stimmt mich friedlich und heiter. Vielleicht hat mein Vater doch recht, und diese Texte beflügeln mich tatsächlich.

Er zeigt mir auch noch andere schöne Bücher über die Erfindungen Leonardo da Vincis. Ich streiche über die vergoldeten Einbände, auf denen ich die ins Leder geprägten Titel fast mit den Fingern ertasten kann. Staunend betrachte ich die wunderbaren Zeichnungen und versuche, sie zu interpretieren. Mein Vater erklärt mir, dass sich Leonardo eine Flugmaschine ausgedacht hat, lange bevor es Flugzeuge gab, und dass er sogar einen Hubschrauber entworfen hat. Er war ein Genie und auch ein Groß-Eingeweihter, der François I. aufklärte und dem es gelang, den religiösen Obskurantismus zurückzudrängen. Als Reinkarnation von Lichtwesen verstand er es, die Energien zu nutzen. Insbesondere beherrschte er meisterhaft die »Göttliche Proportion«, die man im belebten wie im unbelebten Universum unter der Bezeichnung »Goldener Schnitt« wiederfindet. Die einzelnen Teile des menschlichen Körpers folgen dem »Goldenen Schnitt«, ebenso das Pentagon und das Pentagramm. Die gleichen Proportionen waren Grundlage für die Errichtung der Pyramiden, und Hiram von Tyrus dienten sie zum Bau des Salomonischen Tempels.

Mein Vater versichert, Leonardo da Vinci sei immer noch unter uns in seinen Reinkarnationen, er lebe in Venedig und leite dort die Geheimlogen. Ich bin hingerissen von Leonardos Kunst, seiner Klugheit und seinen Kenntnissen. Wie kann er nur das alles wissen? Und wie kann er sich an alles erinnern, wenn er wiedergeboren wird? Ich weiß gar nichts, ich erinnere mich an kein einziges meiner früheren Leben. Ich träume davon, ihm zu begegnen. Vielleicht weiß mein Vater, wie ich ihn finden kann?

Wie wundervoll muss es sein, wenn man intelligent ist! Vielleicht hat mein Vater recht. Wenn ich ein Übermensch werde, könnten sich Leute wie Leonardo da Vinci für mich interessieren. Und ich wäre die Qualen los, die ich empfinde, wenn ich nicht begreife, was man mich fragt. Ich muss mich zusammenreißen! Ich muss anfangen, meine alberne Seite abzulegen. Ich werde Linda nicht mehr anschauen, wenn ich sie rauslasse, und ich werde sie einsperren, ohne sie um Verzeihung zu bitten oder ihr eine Liebkosung aufzudrängen. Mein Programm steht fest: Wenn Linda mir flehende Blicke zuwirft, bleibe ich hart und sage: »Hau ab!« Mir bricht fast das Herz bei der Vorstellung, wie weh ich ihr tue. Doch ich halte durch, beiße die Zähne zusammen. Bis zum nächsten Morgen, als meine Entschlossenheit unter ihrem Blick dahinschmilzt. Ich bitte sie, mir zu verzeihen, ich nehme mir mein Verhalten übel. Linda hingegen überhaupt nicht, sie ist außer sich vor Freude, mich wiederzusehen.

Aber wie schaffen es die Übermenschen, über ihren Emotionen zu stehen? Diese Frage beschäftigt mich wochenlang. Das einzige Leiden, das ich bereiten kann, ist das Leiden, das ich mir selbst auferlege. Ich kämpfe gegen meine Sentimentalität an. Ich zerreiße, was ich heimlich auf Durchschlagpapier geschrieben habe. Ich überlege sogar, ob ich meine *Ungarische Rhapsodie* vernichten soll. In meinem Kopf beginnt ein Streit zwischen der Person, die sagt: »Nie und nimmer! Die *Rhapsodie*, das ist Madame Descombes, das kannst du nicht machen!«, und der anderen, die erwidert: »Ach ja? Hör doch auf mit deinen Ausreden!«

Irgendwann, ich weiß nicht, warum, hört dieser innere Streit auf. War es eine Gefasstheitsübung, die zu lange gedauert hat, eine Meditation über den Tod, die schwerer erträglich war als sonst, oder eine misslungene Mutprobe? Auf einmal ist meine Faszination dahin. Ich sehe meinen Vater so, wie er ist: ein Mann ohne Freunde, ohne Liebe, der Zärtlichkeit weder empfängt noch schenkt, der selbst die Tiere terrorisiert. Ich sehe meine Mutter, die ihren Mann nicht einmal duzen und beim Vornamen nennen darf, die heimlich Radio hören muss … Soll das der Weg der Erleuchtung sein? Das ist doch das gerade Gegenteil von Leonardos Flugmaschine!

Mein Vater versucht gar nicht zu fliegen, er schießt die Vögel vom Himmel und bleibt lieber eingesperrt in seinem verdammten Garten. Ich aber will frei sein, ich will davonfliegen. Ich werde draußen leben, na und? Ich werde nichts zu essen haben, na und? Das Einzige, was mich interessiert, ist der liebevolle Blick eines Hundes, ist es, Leuten zu begegnen, die sich trauen zu leben. Ich kann meinen Vater und »Vordenker« nicht daran hindern, mich mit seinem Abrakadabra vollzulabern, aber jetzt ist Schluss mit meiner Faszination für sein Universum voll angeblicher Übermenschen.

Zum Glück habe ich die Musik und die Lektüre, um den Tumult in meinem Kopf zu besänftigen. Abends lese ich wieder *Les Misérables,* das tut mir unendlich gut. Ich empfinde ein beinahe körperliches Glücksgefühl, wie wenn sich etwas in mir öffnen und mich in andere Welten versetzen würde, wo ich mit anderen Menschen und anderen Geschichten zusammen bin. Natürlich weiß ich, dass diese Geschichten erfunden sind, aber ich glaube, sie sind sehr nahe am wahren Leben. Wenn die Sicherungen abgeschaltet werden, lege ich mir das Buch auf die Brust und gehe ganz verzückt noch einmal die letzten Abschnitte durch. Als ich erneut den *Glöckner von Notre-Dame* lese, trifft es mich wie ein Blitz. Zum ersten Mal bin ich verliebt, und zwar in Quasimodo. Ich bin berührt von seiner verborgenen Schönheit. Die Augen ins Dunkel gerichtet, sehe ich mich stolz an seinem Arm spazieren gehen. Die Leute drehen sich nach uns um, auch sie sind plötzlich hingerissen von seiner Schönheit, die sich ihnen offenbart.

Die Freundschaft

Nachdem meine Mutter und ich den Rasen gemäht haben, rechen wir das Gras zu kleinen Häufchen zusammen. Mein Vater übernimmt die »Operation Abfackeln«, eine heikle Sache in einer Gegend, in der das Gras selten trocken ist. Er hebt ein paar Vertiefungen aus und schüttet Benzin hinein, dann rollt er Zeitungspapier zusammen, zündet es an und wirft es auf die Häufchen.

Einmal verfehlt eine dieser kleinen Papierfackeln ihr Ziel. Feuer flammt zwischen den Beinen meines Vaters auf, der sofort Bocksprünge vollführt und sich dreht und windet, um seine brennenden Hosenbeine zu löschen. Wir sind völlig sprachlos angesichts dieses Gezappels. Seit Jahren bewegt er sich nur mühsam, als hätte er schlimme Probleme mit den Beinen. Seit er die Krücken hervorgeholt hat, befürchten wir, dass er womöglich einen Rollstuhl haben will.

Schließlich murmelt meine Mutter: »Dein Vater ist nichts als ein elender Schauspieler. Ich hasse diesen Menschen.« Sie erwartet, dass ich ihr freudig zustimme, aber ich fürchte, sie würde dies dann wieder gegen mich verwenden. Schließlich fährt sie mich an: »Du bist natürlich immer auf seiner Seite.« Mein Vater wettert: »Auf was wartet ihr? Macht das Feuer an, aber ein bisschen plötzlich!« Ich tauche aus meiner Erstarrung auf und gehorche, doch gleichzeitig bin ich unendlich traurig, weil ich die ausgestreckte Hand meiner Mutter nicht ergriffen habe.

Gegen den Terror meines Vaters bin ich abgestumpft, aber wenn meine Mutter mit mir über ihn spricht, erfasst mich eine ohnmächtige Wut. Das geschieht gewöhnlich, wenn wir zusammen die Treppe hinuntergehen, ihn im Park treffen sollen oder zu ihm in den Park »einberufen« werden. Dann grummelt sie: »Ich hasse diesen Mann. Was soll denn dieser ganze Blödsinn? Dein Vater hat es gerade bis zum Hauptschulabschluss gebracht. Für wen hält er sich eigentlich?« Aber kaum stehen wir vor ihm, dann wird sie ganz klein und unterwürfig, und es heißt: »Ja, natürlich«, und: »Ja, wird sofort erledigt.« Das verschlägt mir die Sprache. Damit zwingt sie mich in eine Art schmerzhaften Spagat, wie wenn sie mir in der Turnhalle mit aller Kraft auf die Schultern drückt, damit ich tiefer gehe.

Manchmal frage ich mich, ob sie mir mit diesen Hasstiraden nicht einfach eine Falle stellt, damit ich ihr meine negativen Gedanken anvertraue. Aber nein: Ihr Abscheu ist ehrlich, vor allem, wenn sie mich einbezieht. In solchen Momenten überfällt sie mich wie aus heiterem Himmel. Plötzlich höre ich sie sagen: »Für wen hältst du dich eigentlich?« Ich erstarre vor Angst und verstehe überhaupt nichts. Als hätte sie Sätze im Kopf, die sie in Rage bringen: »Du hältst dich für die Tochter deines Vaters? Schön, meine Liebe, das geschieht dir recht. Wenn ich hier eingesperrt bin, dann wegen dir! An allem bist du schuld!« Der Vorwurf wühlt mich auf, ich kann kaum die Tränen zurückhalten. Da wirft sie mir an den Kopf: »Hör auf mit dem Theater!«

Ein andermal rühmt sie die Verdienste meines Vaters, zählt alle Opfer auf, die er schon so lange auf sich nimmt. Wegen mir hat er ihr dieses lange Studium bezahlt, damit es mir heute von Nutzen ist. Ich bin eine undankbare Göre, die nicht tut, was man von ihr erwartet.

Ich verstehe nicht, was sie will. Ich weiß nicht, womit ich sie zufriedenstellen kann. Ich wünschte mir so sehr, dass sie zu mir sagte: »Er hält uns beide hier gefangen, und wir müssen uns gegenseitig helfen, damit wir fliehen können.« Ich glaube, es wäre mir lieber gewesen, sie hätte einfach gesagt, sie liebe ihn, sie mache alles nur für ihn, und wenn ich nicht zufrieden sei, dann sei das eben mein Pech. Dann wäre die Sache klar, ich wüsste, gegen wen ich ankämpfe, und ich wäre nicht mehr so verzweifelt über ihre Rückzieher und ihre Inkonsequenz.

Aber im Grunde erwarte ich nicht mehr viel von ihr. Ich bastele immer noch jeden Tag an meinem Versteck. Ich sammle geräuschlos alle meine Durchschlagpapiere ein, die ich unter dem Teppich im Treppenhaus versteckt habe. Ich lese meine Texte noch einmal und bringe sie dann in Sicherheit. Am meisten berührt mich eine Geschichte, die in den Schützengräben des Krieges von 1870 spielt. Leopold, ein preußischer Soldat, wird verwundet. Jean-Baptiste, ein Franzose, stürzt sich auf ihn, um ihm den Todesstoß zu versetzen. Doch in dem Moment, als er mit seinem Bajonett zustechen will, treffen sich ihre Blicke, und er bringt es nicht mehr fertig, ihn zu töten. Er schafft den Verwundeten weg von den feindlichen Linien und wird dadurch zum Deserteur. Jean-Baptiste pflegt Leopold; sie können sich nicht sprachlich verständigen, nur über den Blick und den Händedruck. Am Ende werden sie von der französischen Armee aufgegriffen und zum Tod durch Erschießen verurteilt. Vor dem Erschießungskommando drücken sich die beiden innig die Hand. Rasend vor Wut, gibt der Offizier den Befehl zu schießen. Die zwei Freunde fallen, Hand in Hand. Diese Geschichte der Freundschaft zwischen Jean-Baptiste und Leopold rührt alle Gemüter, auch auf preußischer Seite. Aus den preußischen Schützengräben hört man Rufe zu Ehren von Jean-Baptiste, aus den französischen Gräben schallt der

Name Leopold. Die Soldaten beiderseits der Front werfen die Waffen weg und gehen aufeinander zu, um sich die Hand zu geben, so wie es die beiden Freunde taten. Alle Armeen meutern, der Krieg ist aus. Ein »Leopold-Jean-Baptiste-Pakt« zwischen Frankreich und Preußen wird unterzeichnet, der zu einem Weltfriedensvertrag wird. Der Erste und der Zweite Weltkrieg finden nicht statt.

Beim Einschlafen fällt mir ein Titel für meine Geschichte ein: *Die Freundschaft.*

Der Satz des Thales

Mein Vater hat mir immer wieder gesagt, dass ich mit dreizehn meine Regel bekommen würde. Ich bin dreizehn und habe in meiner Unterhose Blut entdeckt. Ich warte, bis ich Unterricht habe, und sage zu meiner Mutter: »Ich glaube, ich habe meine Regel.« Sie lässt alles liegen und stehen und benachrichtigt meinen Vater. Dann kommt sie mit einem Päckchen Damenbinden zurück und hält es mir hin ohne ein Wort der Erklärung. Zum Glück steht eine Gebrauchsanweisung auf der Verpackung. Sie beendet die Stunde früher und sagt: »Geh in die Halle und warte auf deinen Vater.«

Ich bin ganz verkrampft. Weiß Gott, was ich jetzt zu hören bekomme. Als ich in den Ballsaal trete, bin ich fasziniert vom Licht, das den Raum durchflutet: Bevor meine Mutter wieder hochging, hat sie alle Läden geöffnet, die seit mindestens einem Jahr geschlossen waren. Ich warte im Stehen. Als mein Vater den Raum betritt, ist er sehr bewegt und den Tränen nahe! Er geht zur Bar, füllt eines seiner kostbaren Kristallgläser mit Chivas und bringt es mir! Vor Überraschung stehe ich da wie gelähmt: Noch nie hat sich mein Vater die Mühe gemacht, ein Glas zu ergreifen, eine Flasche zu halten oder jemandem ein Getränk zu reichen, noch nie! Er wendet sich mir zu und spricht: »Setz dich. Du bist jetzt eine Frau. Das wird gefeiert. Trink aus.«

Während ich den Whisky, der mir in der Kehle brennt, Schluck für Schluck trinke, wiederholt er die Unterweisungen zur Menstruation, die er mir bereits zuteilwerden ließ. Erstens: Dadurch verursachte Bauchschmerzen existieren nur im Kopf von Hysterikerinnen. Zweitens: Die Regel dauert zweieinhalb, höchstens drei Tage und wiederholt sich genau alle achtundzwanzig Tage. Und drittens: »In dieser Zeit bist du besonders empfänglich für gute wie für schlechte Energien. Niemand darf jemals wissen, wann du deine Tage hast. Du musst dich außerdem von Tieren fernhalten, denn sie riechen es und könnten es, ohne es zu wollen, deine Feinde merken lassen.«

Weil ich offener und empfänglicher bin, muss ich noch besser darauf achten, was in mein Gehirn dringt: Ich darf nichts »Leichtes« lesen, keine Werbung hören. Ich muss mich ausschließlich mit intelligenten und geistvollen Dingen befassen. Aber es gibt keinerlei Grund zur Besorgnis. Meine Regel wird »wie ein Uhrwerk« funktionieren, genau wie bei meiner Mutter, und er wird immer wissen, wann es so weit ist, und darüber wachen, dass ich nicht beschmutzt werde.

Dann erklärt mir mein Vater die besondere Macht, die eine Frau während ihrer Regel besitzt. Dieses ganz natürlich vergossene Blut ist die Macht des Lebens, der Erneuerung. Die Männer haben diese Macht nicht, denn ihr Blut wird nur gewaltsam vergossen. Ihnen fehlt die weibliche Fähigkeit, sich zu erneuern, und ihre Energie versiegt unweigerlich. Außer natürlich bei den wahrhaft Eingeweihten, aber das ist ein anderes Kapitel. Diese Macht der Frauen flößt den Religionen Angst ein. Die jüdische Religion zum Beispiel redet den Frauen ein, sie seien unrein, um ihnen ihre Initiationsmacht zu nehmen. Aus den gleichen Gründen lässt sie das Reich der Materie glauben, sie hätten Bauchschmerzen … Ich darf diesen Irrtümern nicht aufsitzen und muss meine Macht nutzen, um den Unterweisungen meines Vaters besser folgen zu können.

Ich weiß nicht, ob es daran liegt, dass ich jetzt eine Frau bin? Oder weil er es leid ist, den lieben langen Tag meine Tonleitern anzuhören? Jedenfalls hat mein Vater in diesem Sommer den Bau eines »Musikpavillons« in Angriff genommen, der sorgfältig gegen Kälte und Lärm isoliert wird. Dort sind meine Instrumente untergebracht, und dort werde ich üben. Seit ich meine Regel habe, muss ich nicht mehr so oft den Maurerlehrling spielen. Meine Mutter hält sich häufig in meiner Nähe auf, ich vermute, sie hat den Auftrag, meinen Umgang mit Albert und Rémi zu überwachen.

Nach wie vor zittert sie bei dem Gedanken, meine Prüfungsarbeiten könnten von der Fernschule mit einer schlechten oder auch nur mittelmäßigen Note zurückkommen. Mein Vater rügt sie deswegen schroff in meiner Gegenwart. Zufällig hat sie einen Kniff entdeckt, mit dem sie sich im Voraus die Musterlösungen der jeweiligen Lektion beschaffen kann, und sie schickt den Korrektoren »Prüfungsaufgaben«, die in Wirklichkeit Lösungen sind und die sie mich abschreiben ließ, wobei sie ein paar kleine Veränderungen vornahm. Meine Noten sind jetzt durchweg hervorragend. Mein Vater ist zufrieden, meine Mutter erleichtert, und ich sollte es eigentlich auch sein. Aber insgeheim werfe ich ihr das vor. Ich will lernen! Die guten Noten sind mir piepegal! Als Antwort bekomme ich: »Ich warne dich, wenn du deinem Vater davon erzählst, dann sage ich ihm, dass du die Lösungen abschreibst. Und das stimmt ja auch!«

Die Noten 1 bis 2 oder 1 minus reichen ihr nicht mehr. Sie will bei meinem Vater Eindruck schinden mit ihren tollen Fähigkeiten als Erzieherin. In allem soll ich glänzen. Sie hat es erreicht, dass ich die achte und neunte Klasse binnen eines Jahres bestanden habe. Mit dreizehneinhalb bin ich schon in der dritten Klasse. Wenn man die Lösungen abschreibt, ist das leicht. Aber wir wissen beide, dass das Schwindel ist. Ich werde immer wütender, ich habe das Gefühl, dass sie mir die echte Ausbildung vorenthält, die ich so dringend brauche, um erwachsen und stark genug zu werden, damit ich fortgehen kann. Meine »reine« und »höhere« Ausbildung ist Tinnef. Der Schutz, den ich angeblich in diesem Hause genieße, ist Tinnef. Die großartigen Unterweisungen meines Vaters: alles Tinnef. Mein ganzes Leben ist eine Fälschung. Wenn ich »richtigen Unterricht« von ihr verlange, antwortet sie: »Du brauchst nur zu verstehen, denn du schreibst ja die Lösungen ab. Das ist eine Frage der Intelligenz und des Willens.«

Was die Mathematik angeht, ist das eine echte Katastrophe. Sie hat keine Ahnung und ist mir keinerlei Hilfe. Ich rackere mich ab über den Schulbüchern, aber ohne Unterstützung schaffe ich es nicht. Da meine Ergebnisse immer hervorragend sind, kann ich mich auch nicht an den Lehrer der Fernschule wenden. Nirgends kann ich Hilfe finden. Da kommt eine Lektion über den Satz des Thales. Ich lese den Wortlaut: Ich verstehe gar nichts. Verzweifelt zeichne ich Dreiecke … Nichts. Mein Vater kennt sich mit Pyramiden aus, ihn könnte ich fragen, aber meine Mutter verbietet mir strikt, ihn deswegen anzusprechen. Ich bin am Boden zerstört. Kein Mathe, das heißt kein Medizinstudium. Ade, »Kopfchirurgie«, ade, ihr meine heldenhaften Ärzte und Heiler … Ich bin dazu verdammt, auf immer hier eingesperrt zu sein. Und auch wenn ich wie durch ein Wunder eines Tages herauskäme, könnte ich ja gar nichts tun.

Hüterin des Tempels

Linda wird bald elf Jahre alt. Das ist viel für einen Schäferhund. Sie humpelt, sieht immer schlechter. Trotzdem besteht mein Vater darauf, dass sie eingesperrt bleibt. Wenn ich sie abends herauslasse, sehe ich manchmal, dass sie in ihre Hütte gepinkelt hat. Sie schaut mich mit so schamerfüllten Augen an, dass sich mir das Herz zusammenkrampft. Nein, es ist nicht deine Schuld, arme Linda, du dürftest nicht hinter diesem Gitter sein …

Eines Abends finde ich blutigen Durchfall auf ihrem Lager. Ich sage sofort meiner Mutter Bescheid, sie macht sich Sorgen, aber mein Vater darf nicht benachrichtigt werden, es geht ihm nicht gut. Wir wissen nicht, wie wir der Hündin Linderung verschaffen können. Sie frisst nicht mehr, sie wird merklich schwächer. Mein Vater beschließt, im Bett zu bleiben. Das heißt für uns, wir sind mit ihm auf unbestimmte Zeit eingesperrt.

Salto weicht Linda nicht von der Seite. Wenn ich sie abends füttere, ist er immer da und streckt seinen Kopf in die Hütte.

Wir verbringen eine zweite Nacht am Bett meines Vaters. Plötzlich zerreißt ein Geheul die Stille. Es ist Salto, der wiehert und Klagelaute von sich gibt. Auch meine Mutter spitzt die Ohren. Ich möchte ihr etwas sagen, aber sie flüstert:

»Still, du weckst deinen Vater auf.« Mein Herz pocht wild, ich weiß, ich habe begriffen, Linda ist tot, und Salto beweint sie. Ich erinnere mich an Lindas Jammer, als Arthur starb. Schlagartig empfinde ich den gleichen Kummer wie damals.

Als mein Vater aufwacht, schickt er mich in den Garten, nachsehen, was dort los ist. Ich gehe zur Terrasse hinunter, dort finde ich Salto, der mit den Hufen scharrt; er kommt auf mich zu, kehrt um zur Hütte, kommt zur Küche zurück. Ich sehe, dass er nicht aus noch ein weiß, kann nicht weitergehen. Solange ich Linda nicht mit eigenen Augen gesehen habe, ist sie für mich am Leben. Schließlich gehe ich zur Hütte. Der Boden ist voller Blut, sie liegt ausgestreckt da, auch ihr Hinterteil ist blutig.

Ich laufe hoch und melde, was geschehen ist, meine Mutter scheint betroffen. Später am Morgen heben wir ein Grab aus in der Nähe der Volieren, unweit der Stelle, wo Arthur beerdigt ist. Es hat viel geregnet in letzter Zeit, der Boden ist weich. Salto ist uns gefolgt, er beobachtet uns bei der Arbeit. Meine Mutter schließt ihn im Stall ein, sie befürchtet, er könnte Linda ausgraben, so wie Linda damals Arthur ausgraben wollte. Wir hören sein leises trauriges Wiehern, während wir Linda beerdigen. Ich will ihn aus dem Stall lassen, aber er bleibt drinnen, als wolle er Buße tun. Wir bewachen den Schlaf meines Vaters eine dritte Nacht. Salto klagt bis zum Morgen.

Mein Schmerz ist zu groß, als dass ich Tränen vergießen könnte. Voll Jammer denke ich an Lindas Leben. Ich kann nicht begreifen, warum man den Hund trotz des großen Hauses und des großen Gartens dauernd einsperren musste.

Mein Vater beschließt, dass ein neuer Hund hermuss. Er wird einen Schäferhund besorgen, natürlich ein Weibchen, das ausgerechnet ... Linda heißen soll. Sind denn die Lebewesen für die Eingeweihten austauschbar?

Am Samstag darauf schickt mich mein Vater in den Keller

ein Werkzeug holen. Raymond folgt mir auf den Fersen. In dem Moment, wo er mich von hinten packen will, drehe ich mich abrupt um. Ich sage nichts, ich sehe ihm direkt ins Gesicht. Während ich ihn fixiere, kommen mir blitzartig Erinnerungen. Wie er mich am Arm fasst und sagt: »Komm her«, und dabei lächelt. Ein komisches Lächeln, aber ich kenne mich da nicht aus, ich kann ein böse gemeintes Lächeln nicht erkennen. »Komm her zu mir.« Seine Hände auf meinen Schultern … »Ein bisschen schmusen?« Ich müsste froh sein, ich sehne mich ja nach jemandem, der mich in den Arm nimmt. Aber nein. Ich mag seinen Geruch nicht, und er atmet so komisch. Er presst sich an mich, das kann ich überhaupt nicht leiden. Später geht er weiter, viel weiter. Mein ganzer Hass steigt wieder in mir hoch. Die ganze Not, die Scham, die Angst dieser sieben Jahre … Die ganzen Drohungen, immer wieder … Das ist jetzt wie hinweggefegt von einer rasenden Wut. Ich blicke ihm starr in die Augen, und jetzt ist er es, der es mit der Angst zu tun bekommt. Wovor kann er sich fürchten? Dass ich darüber spreche? Mit wem könnte ich schon darüber sprechen? Niemand würde mir helfen. Das weiß er aber nicht. Er sieht nur meinen Zorn. Er weicht zurück. Nie wieder wird er sich mir nähern, nie wieder. Und heute Nacht wird er es sein, der Alpträume hat.

Abends im Bett bricht der Damm, der bis jetzt meine Tränen über Lindas Tod zurückgehalten hat. Ich weine über den Verlust, ich weine, weil ich sie verlieren musste, um mich von diesem Vampir zu befreien.

Wie jeden Sommer kommen die Maurer, um neue Bauten hinten im Park zu erstellen: einen Brotbackofen sowie ein rundes, zwanzig Quadratmeter großes Gebäude, das mein Vater »die Bar« nennt und wo er künftig alle seine Tage verbringt. Hier lässt er ein Interphon einrichten, mit dem er abhören kann, was sich im Musikpavillon abspielt. Da er sicher ist, mich auf diese Weise überwachen zu können, verbringt er viel Zeit damit, deutschsprachige Kriminalromane auf Karteikarten zu übertragen, die er mit dem Füller in zierlicher, zunehmend zittriger Schrift ausfüllt. Für meine Deutschstunde muss ich täglich um halb zwölf in die Bar kommen.

Doch heute werde ich in den Ballsaal gerufen. Diesmal sind die Läden alle geschlossen. Mit strenger und bedeutender Miene thront mein Vater in der Mitte des Raums und zeigt auf einen Hocker, der vor ihm steht. Meine Mutter ist ebenfalls erschienen, sie steht hinter mir an der Tür. Er spricht: »Du weißt, dass du die Hüterin des Tempels bist.« In meinem Kopf schrillen Alarmglocken. »Wenn ich einmal tot bin, werde ich im Garten begraben. Und du wirst nach meinem Ableben für immer mein Grab bewachen.« Ich merke, wie mich die Panik erfasst. »Du wirst nicht allein sein, ich werde dich besuchen, werde immerfort an deiner Seite sein, um dich weiterhin zu unterweisen.« Er erklärt mir, wo sein Grab hinsoll: an die Stelle der Bank gegenüber der Veranda, die versetzt werden muss.

Beim Hinausgehen sehe ich, dass meine Mutter ebenso bleich ist wie ich. Wir schließen uns im Klassenzimmer ein und flüstern verzweifelt: »Das ist unmöglich, ganz und gar unmöglich! Nicht für immer!« Bislang hatte meine Mutter wie auch ich angenommen, dass meine Mission darin bestand, das Andenken meines Vaters nach seinem Tod zu bewahren. Aber bis dahin ist noch viel Zeit, er ist ja erst neunundsechzig. Sie hatte es nicht so verstanden, dass ich sein Grab zu bewachen hätte, dass sein Leichnam tatsächlich auf dem Gelände des Anwesens bleiben würde. Ich sage: »Ich werde weglaufen.« Das ist die ständige Angst meiner Mutter: dass ich fliehe und sie mit dem Ingrimm meines Vaters allein lasse. »Nein, auf gar keinen Fall! Das wird nicht geschehen – damit bin auch ich nicht einverstanden!« Es sieht fast so aus, als flehe sie mich an, sie nicht im Stich zu lassen.

Abends grüble ich lange über diese Ankündigung nach. Glaubt er tatsächlich, ich hätte Lust, sein Grab zu bewachen und zuzusehen, wie er nach seinem Tod wieder heraussteigt? Brauchen alle, die wiedergeboren werden, eine Tochter, die ihr Grab bewacht? Leonardo da Vinci hatte keine Tochter. Davon abgesehen müsste man, bevor man ein neues Leben anzufangen gedenkt, aus dem jetzigen doch schon etwas gemacht haben. Ich habe aber noch nie gesehen, dass mein Vater oder meine Mutter irgendetwas Gutes hervorgebracht hätte. Die Geistesgrößen verteidigen Werte – Victor Hugo die Gerechtigkeit, Zola die Gleichheit, und so weiter. Was macht mein Vater, außer dass er deutsche Kriminalromane abschreibt, ohne sie zu verstehen?

Si tu t'imagines

Die Krücken meines Vaters sind verschwunden, wie sie aufgetaucht waren: von heute auf morgen. Um neun Uhr in der Frühe legt er den Weg vom Haus zur »Bar« hinten im Park zurück, wo er den Tag verbringt. Jeden Abend um acht geht er denselben Weg zurück. Eine Toilette, eine kleine Anbauküche und ein Brotbackofen wurden eingerichtet. Seither bereitet meine Mutter dort die Mahlzeiten zu, und dort nehmen wir sie auch ein. Ich verstehe nicht, warum er sich mit diesem kleinen Raum begnügt, der dazu noch vollgequalmt ist von den Zigarillos, die er den ganzen Tag pafft. Er ist erst siebzig Jahre alt, aber er benimmt sich wie ein uralter Greis. Nach wie vor muss ich ihn auf die Toilettenschüssel setzen und ihm anschließend helfen, die Hose wieder anzuziehen. Ich schäme mich für seinen Geruch, ich schäme mich, weil ich mich für ihn schäme, schäme mich, weil ich ihn verabscheue, ihm nicht für sein »Opfer« dankbar bin. Mein Kopf ist wie ein Kessel, in dem die widersprüchlichsten Emotionen köcheln, und ich bekomme Migräne davon.

Ich habe den Eindruck, dass mein Vater, der König des »Ex-Trinkens«, den Alkohol inzwischen weniger verträgt. Er torkelt, ich muss ihn auf dem Rückweg ins Haus stützen. Er schiebt das auf seine »angegriffene Gesundheit«, aber vielleicht ist auch die immer höhere Dosis Alkohol der Grund. Ich stelle fest, dass er sich ständig ganze Gläser Chivas einschenkt, dass er sehr oft Flaschen teuren Champagners öffnet. Zweimal im Jahr lässt er sich Hunderte edler Flaschen liefern. Man könnte meinen, er habe es eilig, sein Geld zu vertrinken.

Er wäscht sich immer seltener, manchmal nur alle vierzehn Tage oder alle drei Wochen. An diesen Tagen sollte ich immer im selben Wasser wie er baden. In Wirklichkeit tue ich nur so als ob, indem ich mit dem Waschlappen gegen die Wanne klatsche. Seit mein Vater in den Zimmern Waschbecken anbringen ließ, kann ich mich jetzt nachts waschen. Ich lasse nur einen winzigen Strahl laufen, damit man das Wasser nicht durch die Abflussrohre laufen hört.

Auf diesen langsamen Weg in den Abgrund will ich mich nicht mitziehen lassen, dagegen kämpfe ich an. Mein Vater lebt nicht, er ist ein lebender Toter, und wir baden in seinen Gerüchen und seinem Schmutz. Jetzt sind es schon zwölf Jahre, seit er sich – und uns mit ihm – hinter den Gittern des Anwesens begraben hat. Mag er sein Mausoleum in den Garten stellen und auch eine Pyramide, wenn er Lust hat. Er kann auch seine Frau mit ins Jenseits nehmen, wie die großartigen Pharaonen bei ihren erhabenen Initiationsriten, von denen mein Vater dieser Tage dauernd spricht …

Ich aber werde dieses Grab nicht bewachen, das schwöre ich stumm.

Eine der wenigen Möglichkeiten, den Aufruhr in meinem Kopf zu besänftigen, ist die Musik. Es ist, als ob meine Gedanken das Tempo des Stückes annähmen, das ich gerade übe, und mein Gehirn beruhigt sich allmählich.

Jedenfalls wird bald etwas Außerordentliches, etwas Gewaltiges in meinem Leben geschehen. Im Juni mache ich die Französischprüfung für das Abitur. Da meine Mutter dafür gesorgt hat, dass ich ein Jahr übersprungen habe, laufen die

Dinge gemäß den Entscheidungen meines Vaters ab: die Französischprüfung mit fünfzehn, das Abitur mit sechzehn.

Sie bestellt mir einen nachtblauen Hosenanzug aus Samt und neue Schuhe. Ich brauche auch einen Personalausweis. Dazu gehen wir aufs Rathaus. Meine Mutter legt sich ein Halstuch um, setzt ihre Sonnenbrille auf und nimmt eine große Handtasche mit, die ich seit Jahren nicht mehr gesehen habe … seit wir zuletzt bei Madame Descombes waren! Wir gehen durch das Gartentörchen hinaus, »das fällt weniger auf«. Seit wie langer Zeit waren wir nicht mehr draußen? Ich versuche zu zählen. Acht Jahre, neun Jahre? Seltsam, die Luft riecht fast anders als drinnen. Ich schrecke zusammen, als ein Lastwagen vorbeifährt, ich habe das Gefühl, er saugt mich beinahe ein. Wir biegen nach rechts ab, gehen an Häusern mit hübschen Blumentöpfen am offenen Fenster vorbei. Ich glaube, ich habe noch nie Blumen in Töpfen gesehen. Ich bin so an die Asphaltwege gewöhnt, dass ich aufpassen muss, auf dem unregelmäßigen Pflaster nicht zu stolpern, und ich gehe langsamer. Meine Mutter dagegen hastet voraus, ich spüre, dass sie nervös und besorgt ist. Hinter den Häusern sieht man Felder, soweit das Auge reicht. Ganz hinten der Horizont, wie schön! Niemandem dürfte je der Horizont genommen werden.

Auf dem Kirchplatz steht auch das Rathaus mit der Trikolore, genau wie in den Bilderbüchern. Eine freundliche Dame empfängt uns und füllt ein Formular aus: »Augenfarbe?« Sie schaut mich an und sagt: »Oh, was hast du für schöne blaue Augen!« Auf dem Heimweg verfehlen wir den Weg, gehen im Kreis, verlieren die Orientierung. Eine Sekunde lang kommt mir die verrückte Idee, wir könnten zusammen fortgehen, sie und ich, und nie wieder nach Hause zurückkehren. Meine Mutter ist völlig in Panik. Ich sehe, dass ihr Schal verrutscht ist, dass sie sich die Lippe blutig gebissen hat. Plötzlich hören wir einen Zug. Fast rennt sie bis zu den Gleisen, man braucht nur an ihnen entlangzugehen, dann sieht man bald den Haupteingang zum Haus.

Bevor wir durch das Tor treten, schaue ich noch einmal zur Straße hinüber, die am Gitter entlang nach Saint-Omer führt, ganz weit, dort hinter dem Horizont.

Dann kommt der Tag der Prüfung: Ich muss mich um acht Uhr morgens im Lycée Paul-Hazard in Armentières melden. Meine Eltern beschreiben mir den Weg: zum Bahnhof, dreißig Meter vom Haupttor nach links, dann zum Bahnsteig Richtung Lille, aussteigen in Armentières. Von dort mit dem Taxi zum Lycée.

In der Nacht vor der Prüfung mache ich kein Auge zu, ich weiß nicht, was stärker ist, Aufregung oder Angst, beim Gedanken an das bevorstehende Abenteuer. In der Frühe gehe ich auf die Straße hinaus, allein, denn meine Mutter muss bei meinem Vater bleiben. Allein! Aber ich bin so nervös, dass ich gar nicht das Gefühl habe, draußen zu sein. Alle zehn Sekunden schaue ich auf die Uhr, um zu prüfen, ob ich alles so mache, wie man es mir aufgetragen hat. Bin ich auf dem richtigen Bahnsteig? Ich komme mir winzig vor, ich könnte unter den Gehsteig versinken. Gleichzeitig fühle ich mich zu groß. Ich hasse meine Größe. Ich bin eine Riesin im Vergleich zu den anderen, und die Leute starren mich an. Voller Angst frage ich mich, ob ich es schaffe, die Waggontür zu öffnen. Ich werde mich an die anderen Fahrgäste halten. Ich mache nach, was sie tun, steige hinter ihnen in den Waggon, setze mich hinter sie. Während der Fahrt quält mich eine andere Sorge: Wie lange hält der Zug in Armentières? Wie geht das mit dem Aussteigen? Am Bahnhof von Hazebrouck schaue ich genau zu, wie die Leute aussteigen, es sieht nicht allzu schwierig aus.

Als der Zug in Armentières einfährt, steht eine Menge Fahrgäste um mich herum auf. Ah, daran hatte ich gar nicht gedacht, ich bin nicht die Einzige, die diese Prüfung absolviert, welch eine Erleichterung! Mit Freuden schließe ich mich einer Gruppe Jugendlicher an und folge ihnen, ohne irgendwelche Fragen zu stellen, froh, kein »Taxi« suchen zu müssen, ich habe sowieso nicht verstanden, was das ist. Endlich wird Wirklichkeit, wovon ich mein ganzes Leben geträumt habe: mich unter die Menge zu mischen, mich ihrem Rhythmus zu überlassen, es wie alle zu machen! Ich gehe mitten in einer Gruppe Gymnasiasten! Trotzdem fällt es mir nicht leicht, mich ihrem Schritt anzupassen. Sie scheinen wie im Gleichschritt zu gehen, und es gelingt mir nicht, mich auf ihren Rhythmus einzustellen. Schließlich zähle ich den Takt, wie bei einem Musikstück, das hilft mir, nicht über meine eigenen Beine zu stolpern. Aber warum bin ich so traurig? Warum fühle ich mich so allein? Ich gehöre nicht dazu, bin irgendwie deplaziert, beinahe grotesk mit meiner zu großen Jacke, meiner zu kurzen Hose und meinen neuen Schuhen, die mich natürlich drücken. Sie tragen Jeans, ihre Haare flattern, sie lachen und schwatzen. Sie sind schön, und ich bin hässlich. Wir kommen am Gymnasium an, ich gehe durch das Portal, eigentlich müsste ich überglücklich sein, aber ich fühle mich linkisch und entsetzlich unwohl.

Ich finde meinen Platz und stelle überrascht fest, dass ich unter drei Themen wählen muss: Das eine ist ein Aufsatz, worauf ich gefasst war, die zwei anderen Aufgaben, die ich nicht kenne: eine »Textinterpretation« und eine »Textzusammenfassung«. Ich kann nur Aufsätze, das ist wahrscheinlich das Gleiche. Ich wähle die Textinterpretation, weil es da um ein hübsches Gedicht geht, *Si tu t'imagines, fillette.*

Noch größere Angst habe ich vor der mündlichen Prüfung.

Ich bin es kaum gewohnt, zu sprechen, schon gar nicht vor Unbekannten. Meine Stimme gehorcht mir nicht, sie zittert, krächzt, macht eine Art knackender Geräusche … Und manchmal versagt sie vollkommen. Zufällig bekomme ich ein Gedicht von Baudelaire, das ich liebe: *Le parfum*. Auch meine Prüferin scheint es zu mögen. Stotternd fange ich an, aber unter ihrem freundlichen Blick wird meine Stimme fester, und am Ende habe ich beinahe das Gefühl, dass wir uns miteinander unterhalten. Zu Hause liest meine Mutter dann meine Notizen und scheint zufrieden.

Endlich kommt der Umschlag mit den Ergebnissen. Voll Vertrauen in die Qualitäten ihres Unterrichts, öffnet ihn meine Mutter voller Stolz. Eine Katastrophe! Im Mündlichen habe ich zwar eine Zwei, im Schriftlichen aber ... eine Sechs! Meine Eltern schauen mich an, als hätte ich jemanden ermordet. Ich habe ihnen soeben bewiesen, dass ich eine »einzige Enttäuschung« bin. Mein Vater will trotzdem den Kommentar zur schriftlichen Arbeit sehen: »Dies ist ein schöner philosophischer Aufsatz, keine Textinterpretation.«

Ich bete, dass meine Eltern begreifen, dass der Unterricht, den ich bekomme, ungeeignet ist. Ich flehe meine Mutter an, sie möge mich aufs Internat schicken. »Du wagst es, um so etwas zu bitten?«, empört sie sich. »Weißt du nicht, dass das deinen Vater umbringen würde?«

Monsieur Molin

Mein Vater will einen Stutzflügel für den Musikpavillon kaufen. Da es freilich nicht in Frage kommt, das Instrument in einem Geschäft auszusuchen, bekommt meine Mutter den Auftrag, sich telefonisch zu erkundigen. Schließlich bekommt sie einen gewissen Monsieur André Molin an den Apparat, den Inhaber des besten Musikgeschäfts von Dunkerque, der ihr netterweise anbietet, ins Haus zu kommen, um die Sache zu besprechen. Ich glaube, ich werde mich immer an diesen kleinen, auf Krücken gestützten Mann erinnern, dem ich die Tür aufmache. Er ist um die sechzig, hat einen Bauchansatz und sehr freundliche Augen. Als er mich sieht, lächelt er, und mir ist, als treffe mich ein Sonnenstrahl. Sogar mein Vater ist angetan von seiner angenehmen Art. Zunächst prüft er den Stutzflügel im Salon und stellt überrascht fest, dass mein Vater noch nie davon gehört hat, dass man ein Klavier stimmen muss. Höchst taktvoll spielt Monsieur Molin das Problem herunter: »Wissen Sie, das macht man sehr selten. Vor allem in so einem schönen Anwesen wie diesem!« Als könnte das Haus das Klavier selber stimmen … Hocherfreut fragt ihn mein Vater trotzdem, ob er sich wohl der Sache annehmen wolle. »Wären Sie so freundlich und würden auch einen Blick auf die anderen Instrumente werfen ... Neben dem Klavier spielt Maude seit Jahren auch Akkordeon, Klarinette, Saxophon, Trompete, Orgel, Schlagzeug ...« Bei dieser Aufzählung schaue ich zu Boden, es kommt mir vor, als würde ich immer kleiner, als wäre ich nichts als ein gelehriges Äffchen. »Manchmal lasse ich sie bis zu zehn Stunden am Tag üben«, fährt mein Vater fort. Der Monsieur macht »hm, hm«, ich wage nicht mehr, zu ihm hinzuschauen. Ich höre den Befehl: »Maude, bring die Gläser.« Als ich mich aufrichte, sehe ich, dass der Besucher mich mit einer Art Verwunderung, gemischt mit Besorgnis, beobachtet. Ein Gesichtsausdruck, den ich einst bei Madame Descombes sah, als sie meine zerkratzten Hände bemerkte.

»Sie nehmen doch einen Whisky?«, fragt mein Vater. Es ist neun Uhr morgens. Molin hebt die Brauen, aber er zögert nur den Bruchteil einer Sekunde. Tapfer leert er sein Glas und erzählt uns dabei von seinen Reisen als Musiker im Orchester des Ozeandampfers *France*, auf dem er zahlreiche verschiedene Instrumente zu spielen hatte. Da horcht mein Vater auf: Yves war nämlich von der Bildfläche verschwunden, nachdem er von meinem Vater Geld geliehen hatte, und seither war kein Musiklehrer für mehrere Instrumente aufzutreiben. Er fragt: »Spielen Sie Akkordeon?«

»Aber natürlich!«

Es ist beschlossene Sache: Monsieur Molin ist mein neuer Musiklehrer. Und was für einer! Ein exzellenter Musiker und gleichzeitig eine Seele von Mensch. Mit ihm wird sogar das Akkordeon zum reinen Vergnügen. Ich bin fünfzehn Zentimeter größer als er, aber er nennt mich »mein Kleines«; so hat mich bis jetzt noch niemand genannt. Er erzählt mir von den Musikern, deren Stücke ich übe, in welcher Phase ihres Lebens sie dies oder jenes komponiert haben. Die Musik wird lebendig in mir, sie ist nicht mehr nur eine Abfolge von Noten. Ich lege Czernys *Schule der Geläufigkeit* weg und betrete den Bereich der Schönheit. Sogar *Perles de cris-*

tal, ein Musettewalzer, den ich für meinen Vater spielen musste, erscheint mir jetzt wie ein Stück Poesie.

Zweimal in der Woche kommt Monsieur Molin für vier Stunden auf seinen Krücken angehumpelt. Wir üben im Musikpavillon, vor allem am Klavier und am Akkordeon. Da er wie ich ein feines Gehör hat, hört er das Klicken des Interphons, wenn mein Vater uns abhört. Dann wird sein Ton schroffer, aber sein Blick wird umso milder, und wir lächeln uns an, während er mir an den Kopf wirft: »Also nein, wirklich! Das mit dem Akkordeon wird so nichts ... Wenn du zu mir in mein Studio nach Dunkerque kommen würdest, da könntest du sehen, was wirklich arbeiten heißt! Da würdest du echte Fortschritte machen.«

Ich glaube, Monsieur Molin hat begriffen, was hier vor sich geht. Und er hat gespürt, dass es mich bald innerlich zerreißt. Ich weiß nicht, wie er das gemerkt hat, ich habe ihm nichts gesagt. Er muss einen sechsten Sinn haben; allein wenn er mich anschaut, ahnt er, was mit mir los ist, und ich glaube, er kann auch in meinem Vater wie in einem offenen Buch lesen. Er hat sich wohl in den Kopf gesetzt, mir zu helfen, und sich eine Strategie ausgedacht, um meinen Vater milde zu stimmen. Nach dem Unterricht bringt ihm meine Mutter seinen Umschlag und bugsiert ihn zum Tor. Da sagt er: »Oh, ich muss mich noch von Monsieur Didier verabschieden«, und biegt munter plaudernd in Richtung Bar ab, als würde er die verstimmte Miene meiner Mutter nicht wahrnehmen. Obwohl ihm der Arzt vom Alkohol abgeraten hat, verweigert er nie das angebotene Glas. Bestimmt spürt er, dass die Wertschätzung meines Vaters davon abhängt. Wenn während des Unterrichts das Interphon klickt, sagt er in mürrischem Ton: »Du machst dir hier wirklich ein bequemes Leben. Du würdest dich ganz schön umschauen, wenn du unter meinem Kommando im Studio arbeiten müsstest! Ich würde dir das Kontrabassspielen schon beibringen, da müsstest du dich richtig plagen! Außerdem müsstest du die Instrumente reinigen und auch den Fußboden …« Ich muss mir das Lachen verbeißen, das ist zu dick aufgetragen, das funktioniert nie!

Aber es funktioniert doch. Beim nächsten Mal fragt ihn mein Vater: »Glauben Sie, der Kontrabass wäre etwas für Maude?«

»Für Maude? Daran habe ich noch nicht gedacht, aber das ist eine sehr gute Idee …«

»Könnten Sie dann vielleicht nächstes Mal ein Instrument mitbringen?« Bestimmt ist Monsieur Molin sehr mit sich zufrieden. Mein Vater fragt noch, ob es seines Wissens Kontrabässe in den Orchestern der Konzentrationslager gegeben habe.

Einen Augenblick lang ist Monsieur Molin fassungslos, dann erklärt er: »Äh, ich werde mich erkundigen …«

Monsieur Molin ist für mich wie ein frischer Windstoß. Als ich für die Französischprüfung draußen war, wurde mir bewusst, wie weit ich hinter der wirklichen Welt herhinke. Ich habe furchtbar Angst, dieser Abstand könnte nicht mehr aufzuholen sein, ich könnte immer nur ein Scheinleben, eine Randexistenz führen. Ich werde bleich, als Monsieur Molin ankündigt, er müsse den Unterricht wegen eines chirurgischen Eingriffs unterbrechen. »Aber ich habe dir zwei Préludes von Rachmaninow mitgebracht. Du wirst zunächst ganz allein das Prélude in cis-moll vom Blatt spielen, und wenn ich wieder auf den Beinen bin, über wir es gemeinsam.«

Ich tauche völlig ein in Rachmaninow. Sogar abends in meinem Zimmer lasse ich meine heimlichen Erzählungen liegen und klimpere auf einer imaginären Tastatur. Ich verbringe Stunden am Klavier, das Akkordeon auf dem Schoß: Sobald ich das Klicken des Interphons höre, hüpfen meine Finger auf das Akkordeon. Höre ich das Klicken, wenn es abgeschaltet wird, bin ich wieder am Klavier. Im Hochsommer kann ich es einigermaßen vom Blatt spielen. Ich mache mich an das zweite Prélude in fis-moll, es ist schwieriger, aber ich denke an nichts anderes. Wenn meine Eltern etwas zu mir sagen, dringen ihre Stimmen kaum an mein Ohr.

Endlich kommt Monsieur Molin wieder. Ich möchte ihn mit den beiden Préludes überraschen. Er ist in der Tat überrascht, aber ich bemerke auch seine Besorgnis. Da ich ihn bitte, mir das Zweite Klavierkonzert von Rachmaninow zu bestellen, schlägt er vor, »vielleicht zu etwas anderem zu greifen«. Da ich ihn so dringend bitte, gibt er nach, aber unter der Bedingung, zwei andere Komponisten zu bearbeiten.

Infolge einer Infektion muss er wieder ins Krankenhaus zu einer erneuten Hüftoperation. Ich stürze mich auf die Noten. Das Konzert ist viel länger als die Préludes, und ich spiele dafür nicht gut genug. Verbissen, beinahe besessen verliere ich mich in den Noten, ich höre sie Tag und Nacht. Zum Glück kommt Monsieur Molin bald wieder zurück. Er ist sehr besorgt, als er mich in diesem Zustand antrifft. Ich spiele zu schnell, spreche zu schnell, ich kann mich nur schlecht konzentrieren. Zu seiner Verblüffung nehme ich das Akkordeon auf den Schoß, bevor ich mich ans Klavier setze. Das mache ich aus Gewohnheit schon ganz automatisch.

Ganz ruhig erzählt er mir von Rachmaninow, der eine vier Jahre anhaltende Depression durchzumachen hatte, nachdem sein Konzert Nr. 1 durchgefallen war. Er erzählt von Rimski-Korsakow, der sein Lehrer und Vorbild war. Ich könnte seinen *Hummelflug* lernen und Vergnügen daran finden. Der Ausdruck kommt mir seltsam vor. Rasch fügt er hinzu: »Aber Vorsicht, das ist ein schwieriges Stück! Und man könnte zwei Fliegen mit einer Klappe schlagen, denn es gibt auch eine Partitur für Akkordeon. Dein Vater wird sich freuen.«

Der *Hummelflug* verzaubert mich sofort. Ich entdecke auch Manuel de Falla: Monsieur Molin spielt den *Feuertanz*, und ich bin hingerissen. Nach und nach bringt er mich von meiner Rachmaninow-Obsession ab. Einige Monate später nehme ich mir die Préludes wieder vor und stelle fest, dass ich sie anders, mit größerem Ernst spiele. Das Konzert Nr. 2 lege ich ohne Bedauern beiseite, denn wir machen uns an Liszt und seine *Ungarischen Rhapsodien*: mein absoluter Traum, seitdem ich vor zehn Jahren Madame Descombes verloren habe.

Marie-Noëlle

Ein Jahr nach der Französischprüfung nehme ich wieder den Zug nach Armentières, diesmal für das Abitur, und jetzt ist mir vor Angst noch schwerer ums Herz. Meine Mutter hat mir erklärt: »Wenn dich ein Lehrer fragt, warum du eine externe Kandidatin bist, sag ihm, du seist asthmakrank und kannst deshalb nicht aufs Gymnasium gehen.« Aber niemand stellt mir diese Frage. Dann ist Deutsch als erste Fremdsprache dran. Ich habe Schiller und Goethe gelesen: Man setzt mich vor moderne Texte, die mich ganz schwindelig machen. Die gleiche Enttäuschung in Englisch: Ich habe mich mit Shakespeare beschäftigt, und man gibt mir einen Text aus einem Schulbuch, auf dessen Umschlag die amerikanische Flagge abgebildet ist … Der einzige Trost: die freiwillige Prüfung in Musik. Ich spiele das Prélude in cis-moll von Rachmaninow, und der Prüfer ruft aus: »Sie spielen ja wundervoll! Warum machen Sie nicht das Musikabitur?« Ich wusste nicht, dass es das gibt.

In der mündlichen Geschichts- und Geographieprüfung erwische ich ein Thema, über das ich zum Glück gut Bescheid weiß: »Der Russlandfeldzug«, und ein zweites, in dem ich mich weniger auskenne: »Die Entwicklung Lateinamerikas«. Der Prüfer hört mir zu und raucht dabei seine

Pfeife. Dann wird er lebhafter und fragt mich über Brasilien und König Pelé. Ich habe noch nie von einem König dieses Namens gehört. Er zieht die Augenbrauen hoch: »Wissen Sie, dass Brasilien Weltmeister ist dank Pelé? Nein? Dass die Fußballweltmeisterschaft gerade in der Bundesrepublik begonnen hat?« Ich verstumme. »Mademoiselle, lernen ist schon in Ordnung, aber man muss sich auch für die Welt interessieren, in der man lebt. Na ja, mit sechzehn ist es nicht schlimm, wenn man das Abi nicht besteht. Vielleicht besser so, da haben Sie Zeit, an Reife und Neugier zuzulegen.«

Es ist keine Überraschung: Meine Zeugnisse sind miserabel. Trotz meiner Eins in Musik und der Zwei in Philosophie bin ich durchgefallen. Mein Pass für den Weg nach draußen ist abgelaufen. Meine Träume von einem Universitätsstudium lösen sich in Luft auf, es ist, als würde mich das Haus weiterhin gefangen halten. Meine Eltern zeigen mir die kalte Schulter, aber ich spüre, dass sie mehr wegen des Scheiterns ihres Unterrichts beleidigt als um meine Zukunft besorgt sind. Vergeblich bitte ich meine Mutter, mich aufs Internat zu schicken, sie argumentiert stets, wie verhängnisvoll das für meinen Vater wäre. Und was würde dann aus mir? Wer würde mich vor der Gefahr einer viel schlimmeren Gefangenschaft schützen: der einer Einweisung ins Irrenhaus.

Abgrundtiefer Niedergeschlagenheit folgt eine Phase innerer Hysterie, meine Nerven liegen blank. Das kann so nicht weitergehen, ich muss etwas tun. Schreiben und Musizieren, das genügt nicht, ich muss mich bewegen. Seit ich draußen war, ist mir, als hätte ich eine Droge gekostet, brennend gerne möchte ich wieder hinaus.

Wenn ich jetzt nachts durch den Park gehe, fühle ich mich immer stärker von dem Gitter entlang der Nationalstraße angezogen. Sie sind sehr hoch und wirken mit ihren gen Himmel gerichteten Spitzen bedrohlich. Ihr Anblick erinnert mich an Bilder gepfählter Körper, die mein Vater mir gerne in allen Details beschreibt. Trotzdem klettere ich auf das Mäuerchen, packe die Gitterstäbe und schwinge mich über die gefährlichen Spieße. Ich springe auf den Gehweg hinunter, geschafft, ich bin auf der anderen Seite. Mein Gott, wie gut das tut! Die Luft riecht hier tatsächlich anders ... Ich schaue die Straße entlang, sie reicht bis zum Horizont. Nein, ich will nicht sterben, ich will das alles erleben. Aber die Angst lässt mich nicht los. Ich bin wie eine Gefangene, die gefesselt ist und sich nur so weit bewegen kann, wie die Kette lang ist. Schließlich klettere ich wieder zurück und schleiche in mein Zimmer, hin- und hergerissen zwischen meiner Lust, die Luft der Freiheit zu atmen, und meiner ungeheuren Angst.

Eines Morgens komme ich die Treppe herunter und sehe einen Umschlag im Briefkasten. Ich bin wie vom Donner gerührt, als ich darauf meinen Namen in hübscher Schrift lese. Noch nie hat mir jemand geschrieben. Meine Hände zittern, als ich auf der Rückseite sehe, dass der Brief von Marie-Noëlle ist, die ich während der Abiturprüfungen kennengelernt habe, ein Mädchen voller Energie und Lebenslust, dazu so hübsch mit ihrem schönen schwarzen Pferdeschwanz. Sie hat damals zu mir gesagt: »Wir könnten uns doch schreiben, gib mir deine Adresse.«

Fieberhaft öffne ich den Umschlag und entfalte zwei beidseitig in blauer Schrift beschriebene Seiten, am Rand mit bunten Blümchen verziert. Marie-Noëlle berichtet, sie habe das Abitur nicht bestanden, das sei aber nicht schlimm, sie verbringe trotzdem einen schönen Sommer. Man kann also durch das Abitur fallen und braucht sich nicht wie eine einzige Enttäuschung zu fühlen? Sie hatte mir erzählt, dass sie mit siebzehn geheiratet hatte. Jetzt erfahre ich, dass sie sich nicht mehr mit ihrem Mann versteht, dass sie einen anderen Jungen getroffen hat und sie sich geküsst haben. Dann berichtet sie von ihren Ferien, von ihrem »Papa« und ihrer

»Mama«, auf die sie sich wieder so freut, denn sie hat ihnen so viel zu erzählen. Sie hofft, dass ich ihr antworte, und vor allem, dass wir uns wiedersehen. Wenn ich sie besuchen will, würden mich ihre Eltern gerne in ihrem Ferienhaus begrüßen …

Ich kann kaum fassen, dass sie sich an mich erinnert, und ich freue mich so für sie! Ihr Glück und ihre Fröhlichkeit sind ansteckend. Dieser Brief erfüllt mich mit Hoffnung, er zeigt mir, dass das Leben nach einem verpatzten Abitur weitergeht, dass auch die Liebe weitergeht, dass es Eltern gibt, die danach immer noch mit ihrer Tochter sprechen …

Was könnte ich ihr denn schreiben? Ich habe ja nichts zu erzählen. Doch halt, ich werde ihr von den Büchern schreiben, die ich lese, vom Garten, von Pitou, der nach einem langen schönen Entenleben gestorben ist. Ich werde ihr erzählen, wie er in letzter Zeit zu einer Humpelente geworden ist und wie sehr ich ihn mochte mit seinem Watschelgang. Ich merke, dass ich trotz meiner Weltabgeschiedenheit jede Menge schöner Sachen zu erzählen habe, das Leben setzt sich überall durch. Im Geist schreibe ich ihr einen seitenlangen Brief: Ich habe keinen Freund, aber ich bin verliebt in das Leben, in die Natur, in die Taubenküken … Ich frage meine Mutter, ob wir hübsches Briefpapier und Briefmarken haben. Sie will vorher den Brief von Marie-Noëlle lesen und ist völlig außer sich: »Ein einziges Mal warst du draußen, und schon gibst du dich mit Prostituierten ab! Ein Mädchen, das mit siebzehn heiratet, ist eine Prostituierte! Und dann hat sie auch noch einen anderen geküsst!«

»Ja, aber sie hat die Scheidung eingereicht!«

Meine Mutter beschlagnahmt den Brief und verbietet mir strikt, mit dieser »dreckigen Hure« Verbindung aufzunehmen.

Aller Mut verlässt mich. Was soll ich jetzt tun? Ich drehe und wende mich in meinem Käfig und stoße auf allen Seiten an die Gitterstäbe. Die Predigten, die mir meine Mutter beim

Essen hält, sind verwirrend und verletzend: »Wir haben gehofft, dich in vollkommener Weise zu formen, und das ist nun das Ergebnis. Du bist eine einzige Enttäuschung.« Und da fällt es meinem Vater ein, mich zu einem seiner eigenartigen Experimente zu zwingen: Ich soll Blut einer geschlachteten Henne trinken, »das ist gut für das Gehirn«.

Nein, jetzt reicht es. Ist ihm nicht klar, dass ich nichts mehr zu verlieren habe? Dass er es mit jemandem zu tun hat, der zum Äußersten entschlossen ist? Nein, das ist ihm nicht klar. Er besteht darauf, er tobt, er droht ... Als er mit seiner dröhnenden Stimme daherkommt, die mir das Blut in den Adern gefrieren ließ, als ich klein war, platze ich heraus: »Ich habe nein gesagt! Ich trinke dein Hühnerblut nicht, weder heute noch irgendwann. Im Übrigen werde ich auch dein Grab nicht bewachen. Vergiss es! Wenn nötig, gieße ich Zement darauf, damit niemand daraus heraussteigt. Und wie man Zement macht, das weiß ich!« Ich sehe ihn unverwandt an, ich halte seinem Blick stand, ich kann das nämlich auch, offenbar besser als er, denn er ist es, der den Blick abwendet. Ich bin nahe am Umkippen, aber ich habe es geschafft. In eisigem Ton stößt er hervor: »So kommst du mir nicht davon. Der Stärkere, das bin ich.«

Aber er hat verloren.

Ein paar Tage später sagt er noch einmal: »Glaub ja nicht, dass du so davonkommst. Auch wenn du dich weigerst, verlasse ich dich nie, und du verlässt mich auch nie. Ob du willst oder nicht, deinen Geist lenke immer noch ich.«

Monsieur Delataille

Ich habe mit dem Kontrabassspiel bei Monsieur Molin begonnen. Dieses Instrument, das so gut nach Holz riecht, liebe ich besonders, ich mag die Sinnlichkeit des Bogens, wenn er vibrierend über die Saiten streicht. Welch ein Glück, musizieren zu lernen ohne Zwang und ohne Drohungen. Monsieur Molin versäumt es nicht, zweimal die Woche mir gegenüber die unerbittliche Strenge der Musikschule zu rühmen, in der er unterrichtet. Mein Vater fragt ihn, als sie zusammen ein Glas trinken, ob es nicht angebracht sei, dass ich »anderswo« weiterlerne, um schneller Fortschritte zu machen. Monsieur Molin reagiert zurückhaltend: »Vielleicht ... Man könnte es ja einmal versuchen ... Aber vielleicht auch nicht.« Genau der richtige Ton, damit mein Vater verlangt, er solle mich auf der Stelle in seine Klasse aufnehmen. Und mich ja nicht schonen. Monsieur Molin tut so, als willige er wohl oder übel ein: »Also einverstanden, ich erwarte Ihre Tochter morgen um vierzehn Uhr in meinem Geschäft, Rue nationale Nummer elf.«

Ich traue meinen Ohren nicht! Morgen fahre ich nach Dunkerque! Und dann gehe ich einmal in der Woche zu den Kursen in einer Musikakademie! Monsieur Molin, Sie sind meine Rettung. Wie viele Glas Whisky, Ricard und wie viel absurdes Geschwafel mussten Sie schlucken! Nach zwei Jahren geduldiger Mühen und diplomatischen Geschicks gelingt es Ihnen endlich, die Gitter meines Gefängnisses einen Spalt weit zu öffnen.

Meine Mutter begleitet mich zum Bahnhof und kauft mir einen Fahrschein erster Klasse, »damit ich mich nicht gemein mache«, dann eilt sie zurück nach Hause. Ich muss allein klarkommen, habe aber nicht die leiseste Ahnung, wie ich in die Rue nationale komme. Zum Glück holt mich Monsieur Molin ab. Er nimmt mich zur Akademie mit, zu einem großen Gebäude, in dem es sehr gut riecht. Überall sind Leute, es herrscht eine fröhliche Stimmung, man vernimmt Grüße: »Salut! Wie geht's?« Keine Spur von dem Dschungel, den mein Vater beschreibt. Ich begegne großen und kleinen Studenten, dicken und dünnen, mit allen Haarfarben, die es gibt. Es ist schön, all diese ganz verschiedenen Menschen zu sehen, die sich doch gemeinsam so wohl zu fühlen scheinen! Die Stimmung in den Unterrichtsstunden ist ernsthaft und fröhlich zugleich. Monsieur Molin ist ein wundervoller Lehrer, ich bin stolz, in seiner Klasse aufgenommen worden zu sein, und doch wundere ich mich ein wenig: Warum hat er sich so dafür eingesetzt, dass ich komme? Er hat doch viel interessantere Schüler als mich …

Meine Eltern bekommen, was höchst selten vorkommt, einen langen Besuch von einem mysteriösen Menschen, dann rufen sie mich in den Salon. Mein Vater stellt mir einen sehr seltsamen, mageren kleinen Mann vor; er ist um die fünfzig und spricht mit schriller, affektierter Stimme. Während er in allen Einzelheiten erzählt, wie viel Freude es ihm bereitet, seine Spitzentaschentüchlein zu bügeln, mustert er mich von Kopf bis Fuß, befragt mich zu Platon, Aristoteles, zur italienischen Renaissance. Er möchte wissen, was ich von Machiavelli halte, ob ich den Impressionismus mag … Ich antworte mit Ja, ohne zu wissen, was das ist. Zu meiner großen Verblüffung streicht er mir sogar über das Haar!

Nach seinem Abgang bestellt mich mein Vater ein: »Es ist Zeit, an deine Heirat zu denken. Eine verheiratete Frau kann im Leben alles tun, was sie will, sie bleibt stets achtbar. Sie kann sich sogar scheiden lassen, das spielt keine Rolle. Aber man muss vorher verheiratet gewesen sein.« Dann spricht er über Monsieur Delataille: Er ist homosexuell, reich, Freimaurer, und auch er muss heiraten, vorzugsweise ein hübsches Mädchen, um »den Schein zu wahren«. Er wird mir also gar nichts tun und mich nicht daran hindern, die meiste Zeit bei meinen Eltern zu leben.

Vor Verblüffung bringe ich kein Wort heraus. Ich weiß nicht, was ich davon halten soll. Bietet sich mir die Chance meines Lebens, eine Möglichkeit, tatsächlich hier herauszukommen? Oder riskiere ich, noch unfreier dazustehen, wenn ich den Freund meines Vaters heirate? Ich brauche nicht lange zu überlegen. In sehr bestimmtem Ton schaltet sich meine Mutter ein: »Nein, nein! Das kommt nicht in Frage. Maude wird doch keinen Homosexuellen heiraten, der dreimal so alt ist wie sie!« Sprachlos schaue ich sie an. Zum ersten Mal in meinem Leben bezieht sie Stellung für mich und widerspricht meinem Vater. Erweckt dieser abartige Plan vielleicht vergrabene Erinnerungen an die Zeit, als sie als kleines Mädchen erlebt hat, dass Erwachsene ihr Schicksal bestimmten, ohne sich um ihre Meinung zu kümmern? Die Reaktion meines Vaters ist noch surrealer: »Wenn du meinst«, und fortan spricht er nicht mehr darüber …

Ein erstaunlicher Sieg und doch so bitter! Ich bin meiner Mutter dankbar dafür, dass sie mir zu Hilfe gekommen ist, aber warum hat sie so lange damit gewartet? Sie hätte schon längst versuchen können, seine Vorschriften in Frage zu stellen, und vielleicht hätte sie Erfolg gehabt. Ich brauchte so dringend ihren Schutz!

Monsieur Molin kommt weiterhin zum Unterricht am Klavier und am Akkordeon. Nach der Stunde richtet er es so ein, dass ich ihn nicht begleite, wenn er sich von meinem Vater verabschiedet. Ich ahne, er hat einen Plan und befürchtet, dass er nicht funktioniert, wenn ich dabei bin. Das nächste Mal zitiert mich mein Vater per Interphon zu sich: »Komm her.« Als ich die Bar betrete, bemerke ich Monsieur Molin mit seinen Stöcken und mit verschlossenem Gesicht. Ich mache mich auf das Schlimmste gefasst. Mein Vater sagt: »Es ist höchste Zeit, dass du dich den Härten des Daseins stellst. Schluss mit dem behüteten Leben! Monsieur Molin hat eingewilligt, dich an drei Nachmittagen in der Woche nach Dunkerque zu begleiten, damit du ernsthaft Akkordeon und Geige lernst und auch bei den anderen Instrumenten Fortschritte machst. Du wirst auch anfangen zu arbeiten: Samstags wirst du ganztägig in Monsieur Molins Geschäft als Verkäuferin arbeiten und putzen.«

Ich muss mich wahnsinnig zusammennehmen, um meinen Jubel zu verbergen. Nachdem Monsieur Molin gegangen ist, heißt mich mein Vater, mich ihm gegenüberzusetzen, und erklärt, der Augenblick sei gekommen, mit meiner Mission in der Welt zu beginnen. Ich muss heiraten, er wird sich darum kümmern. Nach sechs Monaten wird er meine Scheidung bezahlen, und ich werde wieder nach Hause zurückkehren. Bis dahin darf ich nicht schwanger werden. Ich verstehe nicht so ganz, bin aber einverstanden. Ich willige in alles bedingungslos ein! Lange schaut er mir tief in die Augen. Ich spüre, dass ich mir auf keinen Fall meine Aufregung anmerken lassen darf. Ich wende den Blick nicht ab, ich lasse ihn »meinen Geist erforschen«, denn ich habe mich hinter einer Wand verschanzt, die durch einen großen reflektierenden Spiegel verstärkt ist – eine jüngst erfundene Verbesserung meiner Technik der Backsteinmauer.

Ich schwebe wie auf Wolken. Es macht mir großen Spaß, mit dem Schienenbus nach Dunkerque zu fahren. Ich fahre nicht erster Klasse, wie mein Vater es verlangt, sondern nehme lieber die zweite, wo ich manchmal zwei Eisenbahner treffe, die mich unter ihre Fittiche genommen und mir sogar Kartenspielen beigebracht haben. Wenn sie sehen, wie ich an jeder Haltestelle aufstehe, bereit, auf den Bahnsteig zu springen, sagen sie: »Du brauchst nicht auf jede Haltestelle zu achten, Dunkerque ist Endstation.«

Sonntags helfe ich meiner Mutter im Garten. Bei Regen bleiben wir in der Bar. Dort machen wir dann lange Schweige- und Gefasstheitsübungen. Mein Vater erklärt, dies sei ein Mittel, im Kontakt mit ihm »neue Kraft zu schöpfen«, nachdem ich durch den ganzen Unrat von draußen beschmutzt worden bin. Er stellt mir keinerlei Fragen nach meinem Leben außerhalb des Hauses. Abends erwartet er mich zum Essen mit einem glibberigen Omelett in verbrannter Butter. Immer noch verlangt er von meiner Mutter und mir, ebenso viel Alkohol zu trinken wie er. Manchmal gelingt es uns, unsere Gläser in den Ausguss zu schütten. Bei seinen Unterweisungen kommt er neuerdings vom Hölzchen aufs Stöckchen und hält immer verworrenere Reden.

Vormittags befasse ich mich mit dem Lehrstoff für das Abitur. Meine Eltern haben es abgelehnt, mich für das Musikabitur anzumelden, ich muss es also im geisteswissenschaftlichen Zug wiederholen. Ich lerne allein, meine Mutter weigert sich hartnäckig, sich mit einer so enttäuschenden und undankbaren Schülerin abzuplagen. Es fällt mir schwer, aber ich halte durch, versuche, meine Erfahrungen vom Vorjahr zu nutzen und gezielter zu lernen. Ich habe die Lektion von Abbé Faria nicht vergessen, ich muss alles tun, um auf die Universität zu kommen, denn es geht um meine Freiheit. Zwar kann ich fast täglich das Haus verlassen, was ich mir noch vor ein paar Monaten niemals hätte vorstellen können, aber nur deshalb, weil meine Kette jetzt länger ist. Wie sollte ich mich damit begnügen?

Ohne Unterstützung sind meine Ergebnisse alles andere als glänzend. Ich falle wieder durch das Abitur. Aber diesmal traue ich mich, meinen Vater direkt zu bitten, mich in einem Internat anzumelden. Ich bin erst siebzehn, wenn ich tüchtig lerne, kann ich mit achtzehn das Abitur haben. Er antwortet, er habe »viel weitreichendere« Pläne mit mir, was mich gleich wieder in Angst versetzt. Ich muss es einsehen: Mein Traum, Medizin zu studieren, wird sich nicht erfüllen. Ich habe keine Wahl, ich muss meine ganze Energie einsetzen, um die von Monsieur Molin in Erwägung gezogene Lösung Wirklichkeit werden zu lassen. In dieser Richtung muss ich meinen Tunnel in die Freiheit graben.

Die Santinas-Jazzband

Unglaublich, was Monsieur Molin bei meinem Vater alles erreicht. Ich arbeite jetzt täglich in seinem Musikgeschäft und besuche seine Kontrabassstunden am Konservatorium von Dunkerque. Mein Vater hat es ihm gestattet, obwohl die Kurse erst spät am Abend stattfinden. Zurück nehme ich den Zug um halb zehn, es ist schon dunkel, und manchmal sind Betrunkene im Abteil. Ich hüte mich, zu Hause davon zu reden. Natürlich musste ich mir wieder eine feierliche Predigt anhören: »Du wirst nun deine Initiation in die Welt vollenden. Aber Achtung, ich wiederhole es: Du darfst auf gar keinen Fall schwanger werden! Sonst fallen alle Pläne, die ich mit dir habe, ins Wasser.« Dann warnt er mich vor den »Sekten«: Leute werden mich überreden wollen, mit ihnen zusammenzuleben, die schlimmer sind als religiöse Gruppen. Ihr Chef, genannt »Guru«, wird mir Drogen verabreichen, die das gesamte Training mit meinem Vater zunichtemachen. Sobald wir allein sind, kommt meine Mutter immer hartnäckig auf dieses Thema zurück. Sie meint, weil ich so schwach sei, sei ich »das ideale Opfer« von Sekten. Sie befürchtet, dass ich mich gegen diese Gurus nicht wehren könnte, die nur eines im Sinn hätten: mich ins Bett zu kriegen.

Es geht mir auf die Nerven, dass sie dauernd auf diesen

Sexgeschichten herumreitet. Ich habe überhaupt kein Interesse daran, in irgendjemandes Bett zu landen. Im Übrigen finde ich mich immer noch linkisch und verabscheue meinen zu großen Körper. Zum Glück habe ich mich mit Angèle angefreundet, die den Laden gegenüber von Monsieur Molins Geschäft betreibt. Bei ihr darf ich Kleider anprobieren, sie erklärt mir, welche Farben zusammenpassen, was es für Unterschiede im Material gibt, was ein Gürtel, ein Halstuch ist … Ihr verdanke ich, dass ich jetzt normal angezogen bin, was mich ein wenig mit meinem Äußeren versöhnt.

An einem Mittwoch im Dezember geht mitten in der Kontrabassstunde die Tür auf, und ein sehr schlanker, großer junger Mann erscheint, von dem man praktisch nichts als die schwarzen Haare über einem roten Schal sieht. Molin begrüßt ihn: »Da ist ja der große Richard! Komm herein!« Ich habe noch nie einen so großen Menschen gesehen, der dazu noch genauso schüchtern wirkt wie ich. Vielleicht leidet er auch unter seiner Größe? »Was machst du denn hier, mein Großer?« Richard stottert, er komme in seine Freitagsstunde. Lächelnd sagt Monsieur Molin zu ihm: »Heute ist Mittwoch.«

Richards Mund klappt auf, die Zigarette fällt zu Boden. Er bückt sich und versucht ungeschickt, die Asche aufzusammeln. Molin fasst ihn am Arm: »Komm, ich stelle dir meine kleine Maude vor, eine begabte Musikerin und dazu noch so hübsch …« Ich werde so rot wie Richards Schal. Ich erfahre, dass er fünfundzwanzig ist und Kontrabass und Musiktheorie zu studieren begonnen hat. Molin sagt: »Ich freue mich sehr, dass man mit fünfundzwanzig Jahren die Lust und den Mut haben kann, ein Musikinstrument spielen zu lernen!« Richards mageres, verschlossenes Gesicht hellt sich mit einem Mal auf. Er schaut Molin an, als wäre er sein Messias.

Dieser große junge Mann ist mir auf Anhieb sympathisch mit seiner Schüchternheit, seiner Zerstreutheit. Manchmal kommt er ins Geschäft und kauft Saiten und Noten. Er ist das genaue Gegenteil von den Matrosen, die mir auf der Straße nachlaufen, mich mit ihren blöden Komplimenten ganz kopfscheu machen und die ich nur mit Mühe abschütteln kann. Richard dagegen traut sich kaum, mich anzulächeln. Er ist anscheinend ebenso unerfahren, ebenso verwirrt angesichts des Lebens wie ich.

Wenn ich abends heimkomme, sitzen meine Eltern noch genau an derselben Stelle in der Bar, an der ich mich morgens von ihnen verabschiedet habe. Ich wage nicht, meine Mutter zu fragen, ob sie ihre Tage mit ihm eingesperrt auf diesen zwanzig Quadratmetern verbringt. Mein Vater will so wenig wie möglich im Haus sein. Gleich nachdem er morgens aufgestanden ist, geht er, von uns gestützt, hinunter und seufzt erleichtert auf, wenn er ins Freie tritt. Erst am Abend kehrt er ins Haus zurück. Man könnte fast meinen, dieses große Gemäuer würde ihm jetzt Angst einflößen. Niemand setzt mehr einen Fuß in die Räume im Erdgeschoss, in denen eine unheilvolle Atmosphäre herrscht. Mir schwant, dass meine Arbeit als Verkäuferin und meine Kontrabassstunden in den Augen meines Vaters höchstens eine »Erfahrung« sind, die er jederzeit beenden kann. Ich muss einen Weg finden, mich aus dem Staub zu machen.

Im Augenblick denke ich an nichts anderes als an die Jahresabschlussprüfung, die ich auf Molins dringenden Wunsch am Konservatorium ablegen soll. Nach dem Abiturtrauma brauche ich seinen ganzen Zuspruch, damit ich mich traue, zur Prüfung zu gehen. Auch Richard hat mir seine Unterstützung versprochen. Am Tag der Prüfung spiele ich eine Chaconne von Bach. Meine Hände zittern wie Espenlaub, und mein Bogen fühlt sich an wie eingeölt. Aber ich nehme mich zusammen, so ähnlich wie bei den Alkoholübungen. Am Ende bin ich schweißgebadet, und alles kommt mir unwirklich vor. Während die anderen Schüler warten, bis sie dran sind, sprechen ihnen ihre Eltern Mut zu, geben ihnen einen Kuss auf die Stirn und sogar ins Haar. Wie schön muss das sein! Wie eine Waise klammere ich mich an meinen Bogen, ich bin zu »anders«, um die Liebe einer Mutter zu verdienen.

Molin holt mich aus meiner Betäubung: »Meine Kleine, die Jury ist begeistert von dir! Du hast den ersten Preis des Konservatoriums bekommen! Glückwunsch, du hast ihn dir redlich verdient.« Ich lächle, freue mich, aber ich weiß nicht, ob ich ihn wirklich so sehr verdient habe. Eine »begabte Musikerin« ist in der Lage, ganz unbefangen zu spielen. Dank Madame Descombes, Monsieur Molin und der Schallplatten, die ich jetzt hören darf, habe ich die wahre Musik kennengelernt, die Musik, die zum Himmel emporzusteigen scheint. Aber für mich ist Musik gleichbedeutend mit Tortur, Leiden und stundenlangem Üben. Mir fehlt jegliche Spontaneität. Molin fragt mich: »Was ist los? Geht's dir nicht gut?«

»Ich kann nicht einmal improvisieren ...«

»Hör zu, Kleines, anders als du glaubst, kann man improvisieren lernen. Du wirst sehen, wie das geht, wenn du mit uns in der Santinas-Jazzband spielst ...«

Meine Mutter ist besorgt, weil ich so oft weg bin. Sie ist überzeugt, ich hätte »schlechten Umgang«, ich sei in großer Gefahr, vom Erstbesten verführt zu werden. Vielleicht wollen meine Eltern deshalb, dass ich so bald wie möglich heirate. Eines Tages, als die Bahn streikt, begleitet mich Richard im Auto nach Hause. Meine Mutter bittet ihn herein und begleitet ihn zur Bar, wo mein Vater an seinem üblichen Platz thront. Sie muss Richard ein großes Glas Whisky einschenken, und mein Vater fragt ihn, wie alt er ist, was für einen Beruf er hat. Dann schickt er meine Mutter und mich hinaus. Nach einer ziemlich langen Unterredung unter vier Augen werde ich wieder hereingerufen. Mein Vater verkündet, Richard und ich würden in drei

Wochen heiraten, die nötige Frist für die Bestellung des Aufgebots. Ich bin sprachlos.

Der Termin wird auf den 24. Juli festgesetzt. Abends im Bett kann ich kaum glauben, dass ich das Haus endgültig verlassen werde, um mit diesem so zurückhaltenden, schönen jungen Mann zusammenzuleben. Träume ich etwa?

Am Sonntag vor der Hochzeit verordnet uns mein Vater ein Gefasstheitstraining, das ich nur mit allergrößter Anstrengung absolvieren kann, denn in mir brodelt es. Dann schickt er meine Mutter hinaus und bleibt mit mir allein: »Alle diese Jahre waren der Aufgabe gewidmet, dich zu formen. Du stehst nun vor einer neuen, wichtigen Etappe, davor aber musst du verheiratet gewesen sein. Du wirst also diesen jungen Mann ehelichen, wirst aber die Ehe nicht vollziehen. Keine Sorge, du hast nichts zu befürchten. In sechs Monaten werde ich deine Scheidung bezahlen, und du kommst hierher zurück, um deine Mission zu erfüllen.« Ich höre ihm zu und unterdrücke mein Schaudern. Sein Ton wird noch feierlicher: »Wenn du willst, dass ich dich gehen lasse, musst du mir jetzt versprechen, in sechs Monaten zurückzukommen. Weigerst du dich, bleibst du hier.« Ich soll die rechte Hand heben und dreimal schwören.

Ich hebe die rechte Hand und schwöre dreimal; es zerreißt mir das Herz, denn ich bin sicher, dass ich den Schwur brechen werde. Ich werde mich nicht nach sechs Monaten scheiden lassen und nicht zu ihm in dieses Haus zurückkommen, ich werde seine große »Mission« nicht erfüllen. Im Gegenteil, ich werde alles tun, damit diese Ehe Bestand hat und ich meine Freiheit erobere.

Es ist Samstagmorgen, schweigend verrichten wir das Aufstehritual, für mich zum letzten Mal. Meine Mutter sagt kein Wort. Schweren Herzens denke ich daran, dass von jetzt an sie den Topf halten muss, dass sie nun ganz allein für alles zuständig ist. Dann nehme ich meine kleine Tasche mit einem Nachthemd und zwei Kleidern, die ich bei Angèle gekauft habe. Rasch stecke ich noch die zusammengeklebte *Ungarische Rhapsodie* und das Exemplar der *Aufzeichnungen aus dem Untergrund*, das ich aus den Schachteln im zweiten Stock entwendet habe, in die Tasche. Nach so vielen Jahren, die ich in diesem Haus zugebracht habe, sind das die einzigen Gegenstände, die ich mitnehmen will.

Es ist acht Uhr vierzig, die Hochzeit ist auf zehn Uhr im Rathaus von Dunkerque angesetzt. Meine Eltern werden nicht anwesend sein. Meine Mutter begleitet mich zum Tor, vor dem Richard das Auto geparkt hat. Kein Wort, kein Kuss. Vielleicht ist es besser so, wenn sie jetzt die Arme ausbreitete, würde ich ihr bestimmt um den Hals fallen. Ich brenne darauf, zu fliehen, aber gleichzeitig zittere ich vor Angst. Der Laden vor dem Fenster meines Vaters ist halb offen, ich sehe, dass sich der Vorhang bewegt. Er hat mich nicht verabschiedet, er verbirgt sich, um mich weggehen zu sehen. Mein Herz krampft sich zusammen. Ich liebe meinen Vater, er fehlt mir schon jetzt. Ich hasse meinen Vater, und ich will mich retten. In dem Augenblick, als das Tor hinter mir zugeht, durchfährt mich die Erinnerung an mein falsches Versprechen. Meine Mutter hat recht: Man kann sich auf mich nicht verlassen, ich schleiche davon wie der Dieb in der Nacht, wie ein Verräter, wie die Ratten verlasse ich das sinkende Schiff. Ich schäme mich, aber ich steige zu Richard ins Auto und schlage die Tür zu, wie um das Geräusch des Tors zu übertönen, das sich fünfzehn Jahre zuvor hinter mir geschlossen hatte.

Um meinen Lebensunterhalt zu verdienen, arbeite ich ganztags bei Molin. Wenn es irgendwelche Schwierigkeiten gibt, einen quengeligen Kunden, ein schwer zu reparierendes Klavier und so weiter, sagt er zu mir mit verschmitzter Miene: »Wir beide, meine kleine Maude, wir haben schon ganz andere Situationen gemeistert, nicht wahr? Ein Problem wie das hier, das kann uns wirklich nicht aufhalten.« Seit langem möchte er, dass ich in seiner Santinas-Jazzband mitspiele, einer Gruppe von Musikern, die alle alles spielen können. »Jetzt, da du verheiratet bist, kannst du abends mit uns üben.« Ich mag die vier Musiker, mit denen ich Trompete, Bass und Klavier spiele. Doch auch wenn ich vor Profis auftreten kann, so fühle ich mich doch unfähig, vor einem echten Publikum zu spielen. Ich fürchte, mich in große Gefahr zu begeben. Mein Vater hat mir immer wieder Geschichten von furchtbaren Massen erzählt, vom Pöbel, der die großen Operntenöre mit verfaulten Tomaten bombardiert.

An dem bewussten Tag verkrampft sich mir der Magen, so dass ich keinen Bissen hinunterbringe. Und ich habe dunkle Kleidung gewählt, für den Fall, dass Tomaten fliegen. Auf der Bühne klammere ich mich an meinen Kontrabass und gebe mir ernsthaft Mühe beim Spielen, während Molin am Banjo und die drei anderen Musiker sich sehr zu amüsieren scheinen. Das Konzert ist zu Ende. Unter Applaus gehen wir von der Bühne. Uff, keine Tomaten, wir sind noch einmal davongekommen! Aber was ist jetzt los? Der Applaus schwillt an, Rufe ertönen: »Zugabe!« Molin gibt mir einen Klaps: »Auf geht's, Kleines, auf die Bühne!« Ich bin ein bisschen in Panik, ich weiß ja nicht, was wir spielen, ich habe doch keine Noten. Molin ruft: »Los, Jungs! Wir spielen *Oh when the saints.*« Die Zuhörer stehen auf, klatschen in die Hände. Die Musiker sind ganz locker, kaspern herum. Man kann also etwas gut machen und dabei Spaß haben … Nach und nach lasse ich mich mitreißen, noch nie habe ich mich so gefühlt. Ich spüre, wie meine Finger geschmeidig werden, wie mein Körper seine Steifheit verliert, meine Miene lebhaft wird und ich von selbst zu lächeln beginne. Ich zwinkere dem Trompeter zu, er zwinkert zurück!

Ich bin in einer wunderbar euphorischen Stimmung.

Ich bin nicht in einem Konzentrationslager. Ich spiele nicht, um am Leben zu bleiben. Ich lebe. Und ich spiele Musik, um mitzumachen, um mich zusammen mit anderen Musikern und anderen Menschen mitreißen zu lassen.

Ich habe das Haus meiner Eltern verlassen. Ich bin entkommen.

Epilog

Als ich klein war, wiederholte ich immer wieder dieses Versprechen, das mit einem Gebet endete: »Wenn ich eines Tages herauskomme, werde ich mich von allem, was ich sehen werde, in Erstaunen versetzen lassen. Ich werde beten, dass die Stimme meines Vaters im Haus eingesperrt bleibt und mich nicht überallhin verfolgt.«

Heute glaube ich, dass ich mein Versprechen gehalten habe, aber manchmal frage ich mich, ob mein Gebet erhört wurde. Ich reise oft nach Arnhemland im Norden Australiens, wo ich mich in das Outback zu Aborigines begebe und Max Davidson wiedertreffe, einen Ranger, der seit dreißig Jahren in dieser paradiesischen Gegend ein Camp leitet. Bei meinem letzten Aufenthalt träumte ich, ich wäre dort mit Max, mitten in dieser schönen Landschaft, die mir ein intensives Freiheitsgefühl vermittelt. Plötzlich schrumpft, wie bei einem Rückwärtszoom, die ganze majestätische Natur schwindelerregend schnell vor meinen Augen zu einem kleinen Modell auf dem Tisch vor der Veranda, wo mein Vater steht und erklärt: »Jaja, wenn man bedenkt, dass sie all die Jahre geglaubt hat, draußen zu sein, wo sie doch nie das Haus verlassen hat …« Ich erstarre vor Schrecken, schaue zu Max hinüber, der nickt: »Ja, ich glaubte auch, alles sei wahr, dabei war es nur ein Modell.« Und ich fahre aus dem Schlaf hoch.

Zum Glück habe ich diesen Traum nicht häufig. Doch er erinnert mich daran, dass ich wachsam bleiben muss. Dreiunddreißig Jahre sind vergangen, seit ich das Haus meiner Kindheit verlassen und geheiratet habe. Danach hatte ich eine schwere Schlacht zu schlagen, um meine emotionale Freiheit zu erobern. Lange konnte ich nicht über die Vergangenheit reden, auch nicht mit meinem Mann und meinen Freunden und nicht einmal mit meinen Therapeuten. Wenn ich manchmal etwas davon erwähnte, beließ ich alles im Ungewissen. Wen hätte es auch interessiert? In Wahrheit verbarg ich meine Geschichte wie ein beschämendes Geheimnis. Ich befürchtete, die Menschen würden sich von mir abwenden mit dem Ausdruck von Abscheu, den ich auf Rémis Gesicht sah, als er meine Narben erblickte. Ich hatte Angst, erneut allein zu sein.

Vor allem aber war ich so glücklich, der Gefangenschaft entronnen zu sein, dass ich keinerlei Lust verspürte, auch nur in Gedanken zurückzukehren. Ich besuchte meine Eltern jede Woche, allerdings um den Preis eines wachsenden Unbehagens, gepeinigt von der Schuld, »das sinkende Schiff verlassen« zu haben. Mit der Zeit hatte sich mein Vater an Richard gewöhnt und verlangte nicht mehr die Scheidung. Doch jedes Mal, nachdem ich sie verlassen hatte, stürzte ich mich Hals über Kopf ins »echte Leben«, mit echten Menschen und echten Beziehungen. Ich hatte keine Zeit, zurückzublicken oder gar immer wieder meine Geschichte zu erzählen. Erst sehr viel später, als das alte Grauen wieder Besitz von mir ergriff, war ich gezwungen, mich den Verletzungen meiner Kindheit zu stellen.

In der Zwischenzeit hatte ich viel dringendere und viel spannendere Wünsche und Pläne. Ich wollte stundenlang gehen, ohne durch Tore und Gitter behindert zu sein, wollte einen Strand entlanglaufen, der sich am Horizont verlor, meinen Lebensunterhalt durch Arbeit mit Kollegen verdienen, reisen, Möbel umstellen, in eine Buchhandlung gehen und die Bücher kaufen, die mir gefielen, die Beatles hören, ins Kino gehen, lachen, bis mir die Puste ausging, weinen …

Ich musste die elementarsten Verhaltensweisen des Lebens in der Gesellschaft lernen: Wie spreche ich einen Unbekannten an? Wie finde ich mich im öffentlichen Raum zurecht? Wie geht das, mit Freunden im Restaurant essen? Das sieht so selbstverständlich aus, aber wie geht das, gleichzeitig essen, reden, trinken, kauen, antworten und schlucken, und das alles, ohne zu sabbern und ohne zu ersticken? Wie überholt man einen Passanten auf dem Gehweg, wenn einem andere Menschen entgegenkommen? Wie geht das: nein sagen? Ja sagen? All das war viel zu spannend, um zurückblicken zu wollen.

Erst nach dem Tod meines Vaters im Dezember 1979 begann mein Körper, das Leiden zum Ausdruck zu bringen, das zu verbergen ich gezwungen gewesen war. Sobald ich das berufliche Umfeld verließ, in dem alles wie am Schnürchen lief, bekam ich Krämpfe, Ohnmachten und Erstickungsanfälle, die ich für Asthma hielt. Heute weiß ich, dass dies die typischen Symptome eines Menschen sind, der unter dem leidet, was man allgemeine Angstzustände nennt. Ich presste die Zähne zusammen und stand es »mit Gewalt« durch, wie mein Vater es mir beigebracht hatte. Ich hatte umso weniger die Absicht, in mich hineinzuhorchen, als ich ein entzückendes Mädchen mit grünen Augen auf die Welt brachte. Wie ein Mantra wiederholte ich für mich: »Du bist draußen, du bist frei.«

Aber draußen und frei sein, das reichte nicht. Ich war immer noch hinter den »Gittern« der Konditionierung eingesperrt: Ich fühlte mich schuldig, sobald ich zwei Minuten lang nichts tat; ich machte stets die Augen auf, bevor der Wecker klingelte, und war sofort auf den Beinen, ohne mich auch nur einmal zu dehnen und zu strecken; ich plante meine Wege so, dass ich zu meinen Verabredungen exakt auf die Minute eintraf … Ich fühlte, dass meine stummen Ängste, die sich im finsteren Wald meiner Kindheit verkrochen hatten, auf ihre Stunde warteten, um mich in Stücke zu reißen.

Sie packten mich an der Kehle an dem Tag, als ich beschloss, mein Leben zu ändern, aus dieser Gegend wegzuziehen und das Haus meines Vaters endgültig hinter mir zu lassen. Ich war fünfundzwanzig. Auf der Fahrt nach Paris hatte ich eine Panikattacke, die mich und meine Tochter beinahe das Leben gekostet hätte. Es war die erste in einer langen Reihe. Von außen gesehen, war ich immer noch eine kompetente Juristin im öffentlichen Dienst. Aber unter der Oberfläche war ich furchtbaren Qualen ausgeliefert, die den »Panikern« wohlbekannt sind: Alpträume, in denen ich immer wieder zur Begegnung mit den Toten in den von Ratten wimmelnden Keller versetzt wurde; Phobien, die die einfachsten Verrichtungen des täglichen Lebens unmöglich machten; Tics, die einen behindern, wie zum Beispiel diese »Schutzrituale gegen die Ziffer Drei«; Übelkeit, Ohnmacht, Panikattacken. Meine Sinne waren permanent in furchtbarem Aufruhr: dauerndes Kribbeln, Schwindelanfälle, Beklemmung, Todesangst … Als hätte ich durch meine Flucht aus dem Haus meines Vaters versehentlich die heulende Meute meiner Angstträume aus der Kindheit losgelassen.

Zugleich begannen sich die teilweise gravierenden physischen Nachwirkungen zu zeigen. Da ich bis zum Alter von achtzehn Jahren niemals beim Zahnarzt gewesen war, waren meine Zähne in einem schlechten Zustand und mein Zahnfleisch voller Abszesse. Die zahllosen Stürze bei den Saltos ohne Hilfestellung hatten mir einen krummen Rücken und Muskelzerrungen eingebracht. Der massive Alkoholgenuss hatte meine Leber erheblich angegriffen, sie schüttete Gam-

ma-GT und Transaminasen aus, sobald ich mit so harmlosen Substanzen wie Paracetamol in Berührung kam. Was meine beidseitigen Narben angeht, so standen alle Ärzte vor einem Rätsel, schlossen jedoch die Hypothese von »Spuren einer Röntgenaufnahme« ebenso aus wie die, sie seien Folge eines Sturzes. Bis heute weiß ich nicht, woher sie stammen.

Mein Leben war so mühselig geworden, dass es nur einen Ausweg gab: Ich musste mich an die Aufarbeitung der Vergangenheit machen. Es begann eine therapeutische Odyssee, an deren Ende ich selbst Therapeutin wurde. Dabei schrammte ich manchmal hart am Abgrund vorbei, wie bei dieser Freudianerin, bei der ich ein Jahr lang in Behandlung war und die kaum einmal den Mund aufmachte: Nachdem ich so lange unter dem Schweigen gelitten hatte, erfuhr ich erneut bittere Ablehnung. Oder bei jenem wortverliebten anderen Psychoanalytiker, der es für angebracht hielt, gleich in der ersten Sitzung auszurufen: »Maude! C'est M la maudite!«, also: »Maude! Das ist doch die Verfluchte!« Oder auch bei einem hypersensiblen Psychiater, der so traurig wurde, als er mir zuhörte: Er war überzeugt, dass ich mich umbringen würde und dass ich der Typ sei, dem das nicht missglückt.

Bevor ich einer einfühlsamen Psychiaterin begegnete, mit der mich schließlich eine vertrauensvolle Beziehung verband, waren es einmal mehr die Bücher, in denen ich meine ersten »Lebenswerkzeuge« fand. Mit der Entdeckung der Schule von Palo Alto, dieser Forschungsrichtung, die Psychologie und Psychiatrie umkrempelte und beide für neue Ansätze wie die Anthropologie und die Soziologie öffnete, fand ich meinen Weg. Diese Bücher wirkten auf mich wie eine wahre Therapie: Sie gaben mir den Mut, mich meinen geschickt verdrängten Verletzungen zu stellen und sie in aller Ruhe zu untersuchen, ohne mich als Insassin der Irrenanstalt von Bailleul zu sehen. Diese Wissenschaftler wurden meine neuen Gefährten, so wie einst die Helden meiner Lektüren.

Mit der Geburt meiner zweiten Tochter trat eine neue große Wendung in meinem Leben ein. Ich beschloss, mein Studium wiederaufzunehmen, um Therapeutin zu werden und nun für andere Menschen Pfade zur Freiheit zu finden. Über mancherlei Umwege knüpfte ich schließlich an meinen größten Kindheitstraum an: »Kopfchirurgin« zu werden. Voller Leidenschaft stürzte ich mich in die Psychopathologie, die kognitiven Wissenschaften und die Wirkungsweisen der Hypnose, ich studierte an amerikanischen, kanadischen und schließlich Pariser Universitäten und erarbeitete mir ein breites Spektrum an faszinierenden therapeutischen Herangehensweisen. Mein Vater wäre nicht sehr zufrieden mit mir: Vermutlich bin ich das perfekte Beispiel für die Kategorie »schlechter Bohrer«, der es ablehnt, »sein Loch da zu bohren, wo er ist«, sondern lieber »herumexperimentiert«.

Im Laufe meiner Studien habe ich gelernt, meine Panikattacken, Ängste und Phobien zum Schweigen zu bringen. Gleichwohl schlich sich das Haus meines Vaters »in aller Unschuld« in alle meine Nächte ein: In einem Traum sah ich mich, ohne jeden ersichtlichen Grund, durch den Billardsaal gehen, an die Tür meiner Mutter klopfen oder die Bar betreten … Um Schluss zu machen mit diesen Heimsuchungen, begann ich, mein eigenes Schloss samt Nebengebäuden zu »bauen«, in dem ich niemals die Gefangene, sondern die Schlossherrin wäre. Jeden Raum entwarf ich so, dass er einem meiner Bedürfnisse entsprach oder eine meiner Blockaden löste. Auf diese Weise konnte ich jedem Problem das am besten passende Hilfsmittel zuweisen, das wie eine Medizin wirksam werden konnte. Die getrennten Räume isolierten die verschiedenen Probleme und verhinderten, gleichsam wie feuersichere Türen, dass sie sich gegenseitig ansteckten.

Diese Technik, die ich meine »Schlosschroniken« genannt habe, half mir später sehr, andere Menschen zu begleiten, die wie ich einer furchtbaren Falle entronnen waren, die man

»emotionale Manipulation« nennt. Dabei gibt es zunächst einen Täter, ein Ungeheuer, für den allein die eigene geistige Welt, die eigenen Glaubensüberzeugungen, Bedürfnisse und Wünsche zählen. Die Falle ist aufgestellt, wenn der Täter auf ein Opfer trifft. Er gaukelt ihm vor, dass die Begegnung »Die wahre Liebe« sei – mit großem D. Nach und nach nimmt er von seinem Opfer Besitz und behandelt es gleichzeitig wie ein verachtenswertes Objekt, das nur durch ihn von Wert ist. Die Falle schnappt zu, wenn das Opfer beginnt, dieses Bild von sich als erniedrigtem Objekt anzunehmen. Dann ist die Bahn frei für seine Zerstörung, die systematisch auf allen Ebenen erfolgt, der physischen, intellektuellen, relationalen und sozialen.

Diese Manipulation kann es auch in der Berufswelt geben, wenn ein Täter seine höhere Position missbraucht. Manchmal sind leider auch Psychiater und Ausbilder »Ungeheuer«, deren Wirken umso zerstörerischer ist, als sie effiziente therapeutische Methoden verkehrt anwenden können – wie zum Beispiel die Hypnose, die mein Vater zu seinen perversen Zwecken benutzte –, um ihre Patienten beziehungsweise Kunden zu unterwerfen.

Das beste Beispiel für eine solche manipulative Beziehung sind Sekten. Aber es wäre falsch, zu glauben, sie alle wären nach demselben Muster religiöser Sekten gestrickt mit einem Guru und einer Schar von Adepten. Es gibt »Zweiersekten«, Paare, bei denen einer den anderen verschlingt; »Familiensekten«, in denen der Vater oder die Mutter, der Großvater oder die Großmutter die Rolle des Gurus übernimmt …

Oft empfange ich in meiner Praxis die Gestrandeten solcher sklavenhalterischen Mikrogesellschaften. Sie werden mir von einem nahen Verwandten oder einem Arzt geschickt. Manche von ihnen gelten als hoffnungslose Fälle, aber ich bin zutiefst davon überzeugt, dass es immer einen Ausweg gibt. Oft sage ich meinen Patienten, dass die Freiheit »durch alles befördert wird«: durch scheinbar lächerliche Handlungen, unbedeutende Begegnungen, törichte Gedanken, ganz kleine Akte des Widerstands, winzige Fortschritte ... Alles kann taugen gegen Manipulation.

Die »Familiensekte zu dritt«, deren integraler Bestandteil ich war, wies beinahe alle Charakteristika religiöser Sekten auf. Mein Vater, der mich vor den Gurus draußen warnte, hatte selber alles von einem Guru. Seine Begegnung mit dem Okkultismus, sein Glaube an die »spirituellen Kräfte« hatten aus ihm einen Menschen gemacht, der fasziniert war von der Beherrschung anderer, überzeugt, ein »auserwählter Geist« zu sein und bereit, die Regeln der Gemeinschaft zu brechen. Vom Leben enttäuscht, wandte er sich von der »gescheiterten« Welt ab und einer immer wahnwitzigeren Utopie zu. Sein erstes Opfer war meine Mutter. Er machte sie abhängig und unfähig, sich zu wehren. Er verweigerte ihr die Rechte, die er sich selbst herausnahm, sie war in seinen Augen nur ein Instrument im Dienste seiner großen Pläne: mich auf die Welt zu bringen und dann zu erziehen. Manchmal hatte sie Anwandlungen von Rebellion, aber sie wagte nicht, sich gegen ihren »Beschützer« aufzulehnen.

Das unerbittliche und nahezu wasserdichte System, das mein Vater errichtet hatte, erstickte jede Möglichkeit der Revolte im Keim. Dennoch fand ich am Ende den Weg in die Freiheit. Ich hatte das Glück, die bedingungslose Liebe und Zärtlichkeit von vier wunderbaren Wesen zu erfahren: einer Hündin, einer Ente und zweier Ponys. Auch Menschen haben mir Freundschaft entgegengebracht: eine strenge Klavierlehrerin, eine verängstigte Friseurin und eine durchs Abitur gefallene Gymnasiastin. Die Bücher und die Musik haben mir die Augen für Ideen, Gefühle und Phantasien geöffnet, die sich der Indoktrination widersetzten. Sobald ich etwas Mut fasste, kam ich nach und nach in den Vollbesitz meiner geistigen Kräfte, indem ich alle Mittel einsetzte: Ich erfand imaginäre Gesprächspartner, grub ein Versteck, schrieb verbotene Geschichten, log absichtlich, um mein Recht auf eigene Gedanken zu behaupten. Ich war bereit, die Hand meines Retters zu ergreifen, als das Schicksal ihn am Ende zu mir führte. Monsieur Molin war ein Mensch von unendlicher Güte, der überall das Schöne fand und den das Leben in Erstaunen versetzte. Er war das genaue Gegenteil von meinem Vater und der Beweis, dass mein Vater nicht recht hatte: Die Menschen sind nämlich unvergleichlich und wunderbar.

Danksagung

Um dieses Buch zu schreiben, bin ich in das Haus meiner Kindheit zurückgekehrt, das ich dreißig Jahre lang nicht mehr betreten hatte. Ich war erschüttert, zu erfahren, dass es zu einem Erziehungsheim für Mädchen geworden war, das heißt, für minderjährige Straftäterinnen. Es wäre mir lieber gewesen, es wäre ein Freizeitheim oder ein Ferienhaus geworden … Doch dann war ich beeindruckt von der bemerkenswerten Arbeit der Erzieher in pädagogischer und menschlicher Hinsicht, von der Art, wie sie ihre Schützlinge begleiteten und stets präsent waren. Ich danke den Erziehern, die mich aufnahmen und mich ihren Alltag miterleben ließen, allen voran Marc und Séverine. Ein großer Dank geht auch an diese jungen Mädchen, mit denen ich einige Zeit verbringen durfte und die mich sehr berührt haben durch ihre Schönheit, ihre Wissbegier und ihre Fähigkeit, sich von der Welt in Erstaunen versetzen zu lassen.

Meine tiefe Dankbarkeit gehört auch all jenen Menschen, die mir auf meinem Weg begegnet sind, manchen, die für immer unbekannt bleiben, die mir mit einem Lächeln oder einem freundlichen Blick geholfen haben, in schwierigen Momenten wieder Mut zu schöpfen. Man kann nicht oft genug daran erinnern, wie sehr ein schlichtes Lächeln ein Leben verändern und wie sehr ein aggressives Wort oder ein böser Blick die Welt verfinstern kann.

Ich danke auch den Menschen, die meinen Heilungsprozess begleitet haben und immer noch begleiten. Ich kann sie nicht alle nennen, aber ich habe keine ihrer Gesten der Fürsorge und Solidarität vergessen.

Ich danke André und Geneviève Molin, die das Gitter einen Spaltbreit geöffnet und mir die Flucht ermöglicht haben. Henri Ibar und Sophie Ryckewaert, die dem völlig desorientierten jungen Mädchen, das ich war, die Chance gegeben haben, ins Berufsleben einzusteigen, mich in meine ersten Kunstausstellungen mitgenommen, mich ins Restaurant eingeladen und mir beigebracht haben, wie man Messer und Gabel hält. Den Musikern der Santinas-Jazzband, die mich als eine der Ihren aufgenommen haben. Marc Julien, dem ich meine ersten Comics, meine ersten Kinofilme und schöne gemeinsame Jahre verdanke. Marie-Jeanne, der ersten Frau, die mich in ihre mütterlichen Arme nahm: Du brachtest den Eisberg zum Schmelzen, in dem ich mich eingeschlossen glaubte. Jean, der in seinem Herzen und seinen Augen die ganze Güte der Welt trägt.

Ich danke all diesen wunderbaren Ärzten und Therapeuten, die mir großzügig Gehör und Wohlwollen schenkten, die sich für mich engagierten und denen ich verdanke, dass ich heute am Leben bin: Dominique Verhaeghe dafür, dass er mir gesagt hat: »Laufen Sie los, Sie haben ein Leben zu leben«; Jacques Pieri dafür, dass er die wirklichen Verletzungen hinter meinen physischen Beschwerden entdeckte; Martine Bouvier, der ersten Psychiaterin, die mich zum Sprechen brachte und die mir geholfen hat, die Türen meines inneren Gefängnisses zu öffnen; François Thioly, der mir beigebracht hat, mich vor emotionaler Manipulation durch andere zu schützen; Patricia und Fabien Chabreuil, meinen ersten Psychotherapielehrern.

Dank auch den hervorragenden Lehrern, von denen unterrichtet zu werden ich das Glück hatte, die mir ihr Vertrauen schenkten und mich in ihre Arbeitsgruppen aufnahmen: Jeffrey Zeig, der mich gelehrt hat, die Hypnose als geeignetes Instrument zur Befreiung zu nutzen und dass man jeden Tag an sich arbeiten muss; Ernest Rossi, der mir die Psychobiologie nahegebracht hat; Steve de Shazer, von dem ich gelernt habe, Musik und Emotionen in die Therapie einzubinden; Steve Andreas, der mir die ethische Dimension der Neurolinguistik sichtbar gemacht hat; John Gray, der mir beigebracht hat, wie man ein wenig Humor in die Paartherapie einbringt. Roger Salomon, meinem unermüdlichen Lehrer, Supervisor der EMDR und Freund. Philippe Duverger, der mich so viele Dinge über die Adoleszenz gelehrt hat. Marie-Rose Moro, der ich seit über fünfzehn Jahren meine Fortschritte im Bereich der Psychopathologie und der Therapie verdanke. Marie-Rose, du besitzt eine seltene Mischung aus Strenge, Gerechtigkeitssinn und Leidenschaft, und ich werde nicht müde zu beteuern, dass du mir beruflich wie persönlich ein Vorbild bist.

Dank an die Lehrer, die mir so sehr am Herzen liegen: das Team der Medizinischen Fakultät von Paris VIII, von Cochin, von der Maison des Adolescents, der Maison de Solenn; dem Team von der transkulturellen Psychiatrie im Hôpital Avicenne, dem Team des Milton-Erickson-Instituts von Phoenix.

Mein Dank gilt meinen Kommilitonen George Kirschner und Marjorie, die mir jedes Mal Mut gemacht haben, wenn ich mein Studium in den USA aufgeben wollte.

Dank all jenen, mit denen ich so viele leidenschaftliche Diskussionen geführt habe: Ron Davis, der mir in der Zeit, als ich sprachlich blockiert war, immer wieder sagte, dass ein Handicap auch ein Geschenk sein kann; Annie Dumont, du bist mir nicht nur eine Freundin, sondern auch eine Gefährtin bei den Forschungen in den Neurowissenschaften; Trinh Xuan Thuan, der mir die Galaxie erklärt hat, auch wenn ich immer noch nicht alles verstehe, was er sagt! Marilia Baker für ihren Enthusiasmus und die gemeinsam mit Elisabeth Moore Erickson verbrachte Zeit; David Servan-Schreiber, deine Freundschaft und unsere Gespräche vermisse ich.

Meinen australischen Freunden Deborah Rock und Rhys Jones danke ich dafür, dass ich durch sie den Kampf der Aborigines kennengelernt habe; Max Davidson, weil er sich dafür einsetzt, dass die Aborigines nicht hinter Zäunen eingesperrt werden. Ich danke den Aboriginal Communities von Derby, Titchikala, Arnhemland und Mount Borradaile, unter ihnen Charlie, mein »Blutsbruder«, und Alexis Wright, die nicht müde wird zu wiederholen: »Kämpfen heißt, ans Unglaubliche glauben«, und die auch überzeugt ist, dass das Leben »immer einen Weg findet«.

Dank an meine Patienten, die Tag für Tag ihr Kostbarstes mit mir teilen.

Dank auch dir, Ursula Gauthier, Gefährtin und Forscherin im Labyrinth meiner Erinnerungen, du hast es verstanden, Türen in meinem Innersten zu öffnen, die ich auf immer für versiegelt hielt.

Mein Dank gilt auch meiner Verlagsfamilie: Sylvie Delassus, die das Projekt angestoßen und mich begleitet und unterstützt hat. Manuel Carcassonne für sein Engagement sowie dem ganzen Team von Stock für seine Liebenswürdigkeit und seinen Einsatz.

Allen Buchhändlern, die ich beständig besuche, seit ich »draußen« bin, und die durch ihre Ratschläge dazu beigetragen haben, dass ich mein Leben in Freiheit führen kann. Der *Lettre ouverte*, den es leider nicht mehr gibt.

Ich danke meinen Töchtern, die mich zur Mutter machten und mir die Kraft gaben, nie aufzugeben. Die Welt wird jeden Tag schöner dank euch.

Meinem Mann, meinem treuen Gefährten, der mich an der Hand hielt in den Momenten, als das Schreiben die Ängste der Vergangenheit wieder wachrief, und mich daran erinnerte, dass ich heute eine glückliche Frau bin.

Ein besonderer Dank gilt den Tieren, die meine Kindheit bevölkerten, und meinen vierbeinigen Gefährten Twister und Trésor, die mich geduldig bei der Niederschrift dieses Buchs begleitet haben.

CORINNE HOFMANN

DAS MÄDCHEN MIT DEM GIRAFFENHALS

Wie wird man zu dem Menschen, der man ist?
Aus einfachen Verhältnissen stammend, wegen ihrer Figur als Giraffenhals gehänselt und als deutsches Kind in der Schweiz der sechziger und siebziger Jahre eine Außenseiterin, hat Corinne Hofmann schon früh gelernt, aus widrigen Situationen das Beste zu machen. In ihrem neuen Buch erzählt die Bestsellerautorin sehr offen und ehrlich von ihrem Aufwachsen unter schwierigen Bedingungen – und den positiven Dingen, die sie gerade dadurch gelernt hat.
Die inspirierende Lebensgeschichte einer starken, erfolgreichen und lebensfrohen Frau, die nicht nur erstaunt, sondern auch Mut macht.

KNAUR